VILLE DE VERSAILLES

174705

CATALOGUE

DES LIVRES

DE LA BIBLIOTHÈQUE

RELATIFS

A L'HISTOIRE DE LA VILLE

VERSAILLES

IMPRIMERIE DE E. AUBERT

6, Avenue de Sceaux.

1875

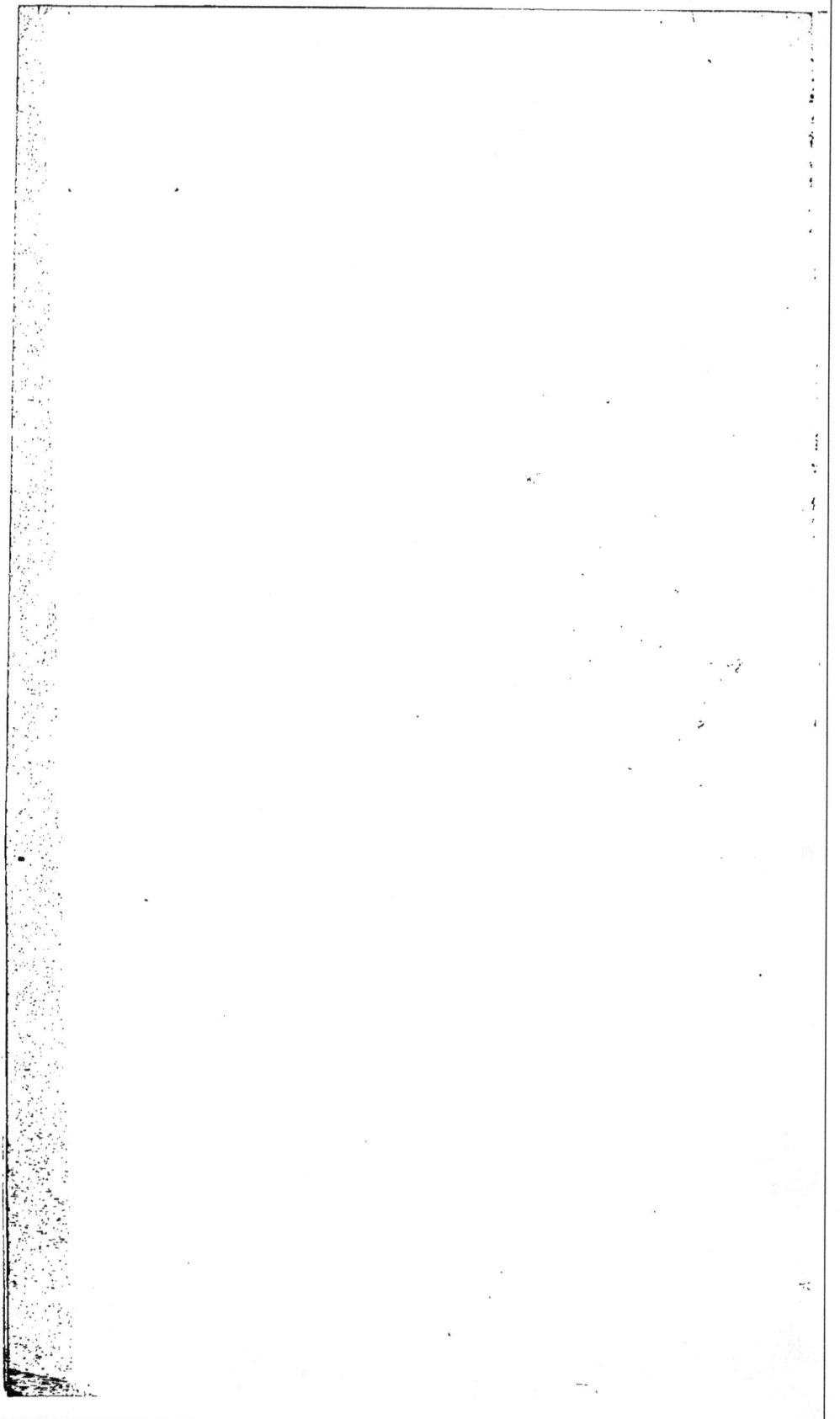

VILLE DE VERSAILLES

CATALOGUE

ES LIVRES

DE LA BIBLIOTHÈQUE

RELATIFS

A L'HISTOIRE DE LA VILLE

VERSAILLES

IMPRIMERIE DE E. AUBERT

6, Avenue de Sceaux.

1875

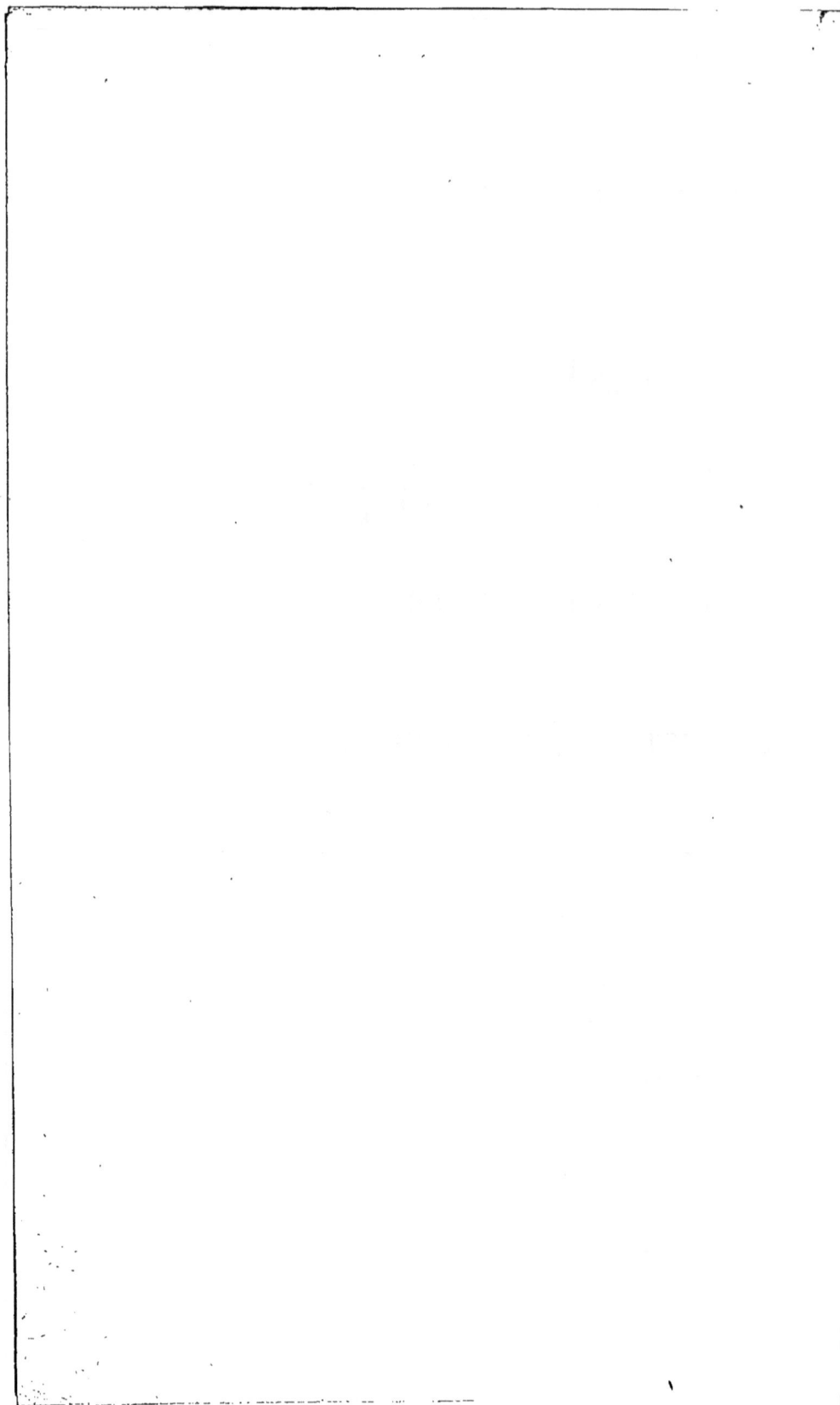

PRÉFACE

Jusqu'à ce jour Versailles n'a pas eu d'historien.

Création de Louis XIV, cette ville, par sa grandeur et la majesté de son château, de ses jardins, rappelle à tous ceux qui viennent la visiter les souvenirs du plus grand règne de la monarchie. Quel est l'étranger qui, en la parcourant, ne désirerait connaître d'une manière précise les lieux où se sont passés tant et de si grands événements depuis le moment ou Louis XIV vint l'habiter, jusqu'au jour où le peuple arracha le malheureux Louis XVI de la demeure de ses pères? Mais par cela

même une histoire de Versailles n'est pas chose facile !
Que d'immenses matériaux doit recueillir celui qui voudrait entreprendre un pareil travail ! C'est pour faciliter
les recherches sur ce sujet, autant qu'il pouvait dé-
pendre de moi, que j'ai entrepris ce catalogue.

J.-A. Le Roi.

VILLE DE VERSAILLES

CATALOGUE DES LIVRES

DE LA

BIBLIOTHÈQUE

RELATIFS A L'HISTOIRE DE LA VILLE

CHAPITRE PREMIER

Histoire générale de Versailles.

§ 1er. — AVANT LOUIS XIII

Carte du Gouvernement de l'Ile-de-France, par Damien de Templeux, gravée par Jean Leclerc, en 1617, où l'on voit Versailles indiqué comme village. — Dans : *Recueil de Cartes, sous le règne de Henri IV.* 1608. 1 vol. in-f°. Carte 14.

Carte du Gouvernement de l'Ile-de-France, par Damien de Templeux, Sr du Frestoy, dans laquelle on voit Versailles indiqué comme village. — Dans : *Nouvel Atlas* ou *Théâtre du Monde.* Amsterdam, Jean Jansson, 1658. 6 vol. in-f°. T. 2.

Dans cette carte, on voit que Versailles faisait partie du *Hurepois.*

1

Versailles village. — Dans : *Nouvelle description du territoire et banlieue de la ville, cité et université de Paris*, par Jean Boisseau, vers 1598. 1 vol. in-f°. *Atlas*, planche 9.

Cartulaires, que l'on trouve à Versailles, aux archives de la Préfecture. — Dans : *Catalogue général des Cartulaires des Archives départementales*, publié par la Commission des archives départementales et communales. Paris, imprimerie royale, 1847. 1 vol. in-4°, p. 112.

Description de la collection de tous les titres et documents antérieurs à 1790, recueillis à l'époque de la Révolution, dans les maisons religieuses ou seigneuriales du département de Seine-et-Oise, qui se trouvent à Versailles dans les archives de la Préfecture. — Dans : *Tableau général numérique par fonds des Archives départementales antérieures à 1790*, publié par la Commission des archives départementales et communales. Paris, imprimerie nationale, 1848. 1 vol. in-4°, p. 74.

Bandes italiennes revenues de la campagne d'Italie, en 1525, pendant la captivité de François Ier, qui désolent les pays autour de Paris et qui sont détruites par le comte de Brayne à Versailles et dans ses environs. — Dans : *Histoire de la Ville de Paris*, par Félibien. Paris, G. Desprez, 1725. 5 vol. in-f°. 4e vol., p. 666.

Itinéraire des Rois de France, dans lequel sont indiqués les jours où les rois Louis XIII et Louis XIV ont habité Versailles. — Dans : *Pièces fugitives, pour servir à l'Histoire de France avec des notes historiques et géographiques.* Paris, H.-D. Chaubert, 1759. 3 vol. in-4°, t. 1er, p. 119 du Voyage de Charles IX en France.

Histoire du Val de Gallie, sur la fondation de Versailles. — Dans : *Dictionnaire historique des usages et coutumes des Français.* Paris, Vincent, 1767. 3 vol. in-8°, t. 3, p. 742.

Versailles et Glatigny, réunis, avaient 1,864 feux en 1653. — Dans : *Le Royaume de France et les États de*

Lorraine disposés en forme de dictionnaire, par Doisy. Paris, Tilliard, 1753. 1 vol. in-4°, p. 1084.

Origine de Versailles et description de cette ville et de ses environs. — Dans : *Histoire de la Ville et de tout le Diocèse de Paris*, par l'abbé Lebeuf. Paris, Prault, 1754. 15 vol. in-12; t. 7, p. 307.

Versailles, Seigneurie, Château et Ville. — Essai historique avec planches et fac-simile, depuis le xi° siècle jusqu'à nos jours, par un membre de la Société des Sciences morales, Lettres et Arts de Seine-et-Oise (De Sainte-James-Gaucourt). — Le Val de Gallie, le Château de Louis XIII. Versailles, Angé, 1839. 1 vol. in-8°.

§ 2. — DEPUIS LOUIS XIII JUSQU'A NOS JOURS.

Curiosités historiques sur Louis XIII, Louis XIV, Louis XV, Mme de Maintenon, Mme de Pompadour, Mme Du Barry, etc., par J.-A. Le Roi; précédées d'une introduction, par Théophile Lavallée. Paris, H. Plon, 1864. 1 vol. in-8°.

Histoire anecdotique des Rues, places et avenues de Versailles, depuis l'origine de cette ville jusqu'à nos jours, par J.-A. Le Roi. Versailles, Bernard, 1854. 2 vol. in-8°.

Histoire abrégée de Versailles, depuis son origine et sous les rois Louis XIII, Louis XIV, Louis XV et Louis XVI. Description de la ville et de ses environs. — Dans : *Histoire physique, civile et morale des environs de Paris,* depuis les premiers temps historiques jusqu'à nos jours, etc., par J.-A. Dulaure. Paris, Guillaume, 1825. 6 vol. in-8°, t. 1er, p. 174,

Précis historique sur les fêtes, les spectacles et les réjouissances publiques, par Claude Ruggieri. Paris, Bachelier, 1830. 1 vol. in-8°.

Page 104, Petit-Trianon, devenu jardin public; p. 213, fêtes à l'occasion de la naissance de Louis XIV; p. 233, naissance du duc de Berry, 1686; p. 234, naissance du duc de Bretagne, 1704; p. 236, naissance du deuxième duc de Bretagne, 1707; p. 240, naissance de deux princesses jumelles, 1727; p. 252, naissance du duc d'Anjou, 1730; p. 257, mariage de Louise-Elisabeth, fille de Louis XV, avec le duc de Parme, 1739; p. 274, mariage du Dauphin, fils de Louis XV, 1745; p. 272, naissance du duc de Bourgogne, 1751; p. 282, naissance du duc d'Aquitaine, 1753; p. 284, naissance du duc de Berry, 1754; p. 288, naissance du comte d'Artois, 1757; p. 298, mariage du Dauphin et de Marie-Antoinette, 1770; p. 305, mariage du comte de Provence et de Marie-Louise de Savoie, 1771; p. 308, mariage du comte d'Artois et de Marie-Thérèse de Savoie, 1773; p. 312, naissance de Thérèse-Charlotte de France, 1778.

Galerie de l'ancienne Cour, ou Mémoires anecdotes pour servir à l'histoire des règnes de Louis XIV et de Louis XV, 1786. 3 vol. in-12.

Tome 1er, p. 31, un maréchal-ferrant, de *Salon*, en Provence, vient trouver Louis XIV, en 1692, à Versailles, et l'entretient longuement sur une *apparition* qu'il eut quelque temps avant; p. 39, visite du doge de Gênes au roi; p. 40, ambassade de Siam; p. 76, visite du duc de Lorraine au roi, à Versailles; p. 79, Louis XIV reconnait le fils de Jacques comme roi d'Angleterre; p. 83, le roi et Mme de Maintenon font porter à la Monnaie leur argenterie, en 1709; p. 89, influence de Mlle de Chausseray, sur l'esprit de Louis XIV, et ses visites à Versailles; p. 97, gonflement des jambes de Louis XIV dans la dernière année de sa vie, anecdote à ce sujet; p. 188, le duc d'Anjou part de Versailles pour être roi d'Espagne; p. 199, ouverture du corps du Dauphin dans son appartement de Versailles; p. 202, mariage du duc de Bourgogne; p. 308, anecdote sur Louvois à l'occasion de la croisée de Trianon; p. 356, mariage du roi et de Mme de Maintenon; p. 370, paroles du curé de Notre-Dame de Versailles, à l'occasion des représentations d'*Esther* et d'*Athalie*, par les demoiselles de Saint-Cyr; p. 376, Mme de Maintenon entend la messe dans une des lanternes dorées de la chapelle du Château.

Tome 2, p. 12, anecdote sur le Dauphin, fils de Louis XIV; p. 147, Louis XIV suit le viatique dans les rues de Versailles; p. 192, Racine reçoit du roi une bourse de mille louis à Versailles; p. 197, Mme de Maintenon a un entretien à Versailles avec Racine; p. 296, histoire de Le Nôtre et du parc de Versailles; p. 354, maladie et mort de Mme la Dauphine à Versailles; p. 370, Jean Bart à Versailles; p. 387, mariage de la duchesse de Bourgogne à Versailles; p. 410, manière dont Dangeau obtint un appartement à Versailles; p. 452, anecdote sur le duc de Brissac, major-général des gardes du corps, à l'occasion des dames qui venaient tous les jours à la tribune de la chapelle de Louis XIV.

Tome 3, p. 103, arrivée de Mme d'Etiolles à Versailles; p. 118, Louis XV vient dans la chambre de la reine après la mort de cette princesse; Lassone, son médecin, s'y trouve mal; p. 124, un nommé Dupré essaie sur le canal une machine incendiaire pour détruire les flottes; p. 147, les élèves du collège Louis-le-Grand vont visiter, à Versailles, Louis XV, enfant.

Versailles sous la régence du duc d'Orléans et sous les règnes de Louis XV et de Louis XVI. — Dans : *OEuvres complètes de Marmontel*. Paris, Née de La Rochelle, 1787-1804. 32 vol. in-8°.

Tome 26, p. 41, le duc de Berry meurt à Marly après avoir bu de l'eau de cerise que lui avait fait prendre la duchesse de Berry à Versailles.

Tome 27, p. 278, la cour étant à Versailles, le cardinal Dubois est nommé premier ministre; p. 306, Saint-Simon cherche à persuader au régent de se faire à Versailles une société et des amusements décents; p. 332, mort du duc d'Orléans à Versailles; p. 351, le czar visite Versailles; p. 352, il va voir à Saint-Cyr Mme de Maintenon.

Tome 22, p. 382, Marmontel vient habiter Versailles.

Tome 23, p. 1, il va remercier Mme de Pompadour; p. 8, son bonheur à Versailles; p. 10, le parc est insalubre; p. 12, amusements de Versailles; p. 22, sa société la plus intime à Versailles; p. 28, sa liaison avec Quesnay et Mme de Marchais; p. 57, l'abbé de Bernis à Versailles; p. 127, salle des tableaux au-dessus de l'appartement de Marmontel; p. 142, le fermier général Pelletier devient amoureux d'une aventurière à Versailles; p. 180, Marmontel vient trouver à Versailles Mme de Pompadour à sa sortie de la Bastille; p. 266, démarche de Marmontel auprès de Mme de Pompadour pour être nommé à l'Académie; p. 273, Marmontel présente sa *poétique* au roi.

Tome 24, p. 137, *l'Ami de la Maison*, opéra, est représenté à Versailles, 1772; p. 241, l'abbé Maury prêche l'Avent et le Carême devant le roi à Versailles; p. 325, ouverture de l'assemblée des notables à Versailles, 22 février 1787.

Tome 25, p. 22, lit de justice tenu à Versailles le 8 mai 1788; p. 56, on décide que les États-Généraux se tiendront à Versailles; p. 89, ouverture de l'Assemblée le 5 mai 1789; p. 116, séances du Jeu-de-Paume et de l'église Saint-Louis; p. 124, le peuple se porte chez Necker après la séance du 23 juin 1789; p. 134, le peuple de Versailles imbu des maximes républicaines; p. 144, le peuple de Paris se porte à l'Assemblée nationale; p. 238, journées des 5 et 6 octobre 1789.

Détails et Anecdotes sur Versailles et la cour, sous Louis XIV, Louis XV, etc. — Dans : *Mémoires du maréchal duc de Richelieu,* pair de France, premier gentilhomme de la chambre du roi, etc., pour servir à l'histoire des cours de Louis XIV, de la régence du duc d'Orléans, de Louis XV, et à celle des quatorze premières années de Louis XVI, roi des Français, et restaurateur de la liberté. Londres, de Boffe, 1790. 9 vol. in-8°.

Tome 1er, p. 193, audience de l'ambassadeur de Perse à Versailles par le roi Louis XIV; p. 267, construction de Versailles par Louis XIV.

Tome 3, p. 317, orgies grecques sous les fenêtres de Louis XV à Versailles; p. 324, mort du cardinal Dubois à Versailles; p. 335, mort du régent à Versailles.

Tome 5, p. 73, aventure arrivée au roi Louis XV, la nuit, dans les rues de Versailles; p. 84, Bachelier, valet de chambre du roi, est fait lieutenant du roi au gouvernement de Versailles; p. 131, Mme de Vintimille, maîtresse du roi, accouche à Versailles.

Tome 6, p. 55, aventure arrivée à Mme de Flavacourt dans la cour du Château de Versailles.

Tome 7, p. 8, le 2 mai 1744, Louis XV part de Versailles pour l'armée; p. 75, Louis XV fait dire des messes, dans les églises de Versailles, pour Mme de Châteauroux, sa maîtresse, dangereusement malade.

Tome 8, p. 58, Jomard, curé de Versailles, publie les confessions du duc d'Orléans; p. 62, la duchesse d'Orléans ne donne aucune fête après le mariage de son fils le duc de Chartres; p. 65, Louis XV fait imprimer sous ses yeux, à Versailles, les ouvrages de Quesnay; p. 69, querelle entre le gouverneur et la fruitière de Trianon; p. 131, le 19 juillet 1746, la Dauphine meurt à Versailles en accouchant; p. 152, Mme de Pompadour occupe à Versailles l'ancien appartement de Mme de Mailly; p. 180, représentations théâtrales dans les petits appartements; p. 250, concile de vingt-sept évêques à Versailles; p. 301, la Dauphine accouche à Versailles du duc de Berry, depuis Louis XVI; p. 318, le parlement est appelé à Versailles.

Tome 9, p. 84, réponse curieuse de *Dagé*, coiffeur de Mme de Pompadour, à une de ses questions; p. 165, ermitage de Mme de Pompadour; p. 251, acte de dévotion du Dauphin dans son appartement; p. 346, tableau du Parc-aux-Cerfs; p. 356, Mme Du Barry à Versailles; p. 404, présentation de Mme Du Barry; p. 466, mort de Louis XV à Versailles.

Mémoires sur le Château et la Ville de Versailles. Manuscrit. In-f°.

1° Mémoire concernant la *régie* du domaine de Versailles à S. A. R. Mgr le duc d'Orléans, régent du royaume, 1716; 2° Mémoire adressé à Mgr le duc d'Orléans pour la *régie* de Versailles, 1717; 3° Arrêt du Conseil qui ordonne que les propriétaires des héritages qui aboutissent au pourtour des ceintures des parcs de Versailles et de Marly seront tenus de remplir les fossés, arracher les haies et bois plantés sur lesdites ceintures pour les retirer sur leurs terrains, 1745; 4° État de ce qui reste appartenir au roi depuis Marly jusqu'à Rocquencourt, 1750; 5° Établissement de la compagnie de maréchaussée des voyages et chasses du roi, 1772; 6° Mémoire sur le cimetière Saint-Louis, 1777; 7° Aperçu de la recette et de la dépense générale du domaine de Versailles, 1789; 8° État de ce qui est dû pour restant d'acquisitions de maisons pour l'utilité de Versailles, 1791; 9° Sursis mis à la vente du Petit-Trianon par le représentant du peuple Ch. Delacroix, 1795; 10° Suspension de la vente du Grand et du Petit-Trianon, par André Dumont, représentant du peuple, 1795; 11° Tableau des opérations de la Commission des Arts du département de Seine-et-Oise, présenté aux autorités constituées de Versailles, 1796.

Paris, Versailles et les provinces au xviii° siècle.

Anecdotes sur la vie privée de plusieurs ministres, évêques, magistrats, etc., etc., connus sous les règnes de Louis XV et Louis XVI, par Dugast de Bois-Saint-Just. 3° édit. Paris, H. Nicole. 2 vol. in-8°.

Tome 1er, p. 25, Turgot à Versailles et la directrice du spectacle de Lyon; p. 33, MM. de Calonne et Miromesnil à Versailles; p. 115, Claudine Bouvier et la reine Marie-Antoinette à Versailles; p. 120, Justin Sciol et M. de Malesherbes à Versailles; p. 247, le cardinal de La Roche-Aimon; p. 261, anecdotes du chevalier de Courten sur Versailles; p. 284, l'abbé de Jarente au dîner des princes à Versailles; p. 296, propos de la duchesse d'Orléans; p. 349, aventure d'un officier des gardes du corps à Versailles; p. 370, M. Lenoir, chargé de la police de Versailles.

Tome 2, p. 14, anecdotes sur le comte de Talaru de Chalmazel; p. 19, le marquis de Létorières de garde à Versailles; p. 97, aventure arrivée au duc de Villeroi dans le Château de Versailles; p. 157, le maréchal duc de Brissac à Versailles.

Anecdotes sur Versailles, la cour de Louis XV

et celle de Louis XVI. — Dans : *Souvenirs d'un homme de Cour* ou *Mémoires d'un ancien page,* contenant des anecdotes secrètes sur Louis XV et ses ministres, des observations sur les femmes, les mœurs, etc., suivis de notes historiques, critiques et littéraires, écrits en 1788, par de La Gorse. Paris, Dentu, 1805. 2 vol. in-8°.

Tome 1er, p. 35, le chevalier de Modène, capitaine du régiment Dauphin, expulsé d'une fête du Château à cause de son uniforme; p. 36, l'œil-de-bœuf au Château de Versailles; p. 38, aventure arrivée à trois dames et six pages dans la chapelle du Château; p. 43, équipages de chasse de Louis XV; p. 45, Louis XV et le jardinier Richard à Trianon; p. 68, les pages du roi; p. 70, le maréchal de Brissac à Versailles; p. 72, le duc de Montauzier et le Dauphin, fils de Louis XIV, visitant les chaumières des environs de Versailles; p. 158, Louis XV compose et imprime lui-même, à Versailles, un ouvrage sur le *Cours des fleuves et rivières de l'Europe;* p. 299, construction de l'hôtel de la Guerre à Versailles; p. 300, visite du roi à l'hôtel de la Guerre et à celui des Affaires étrangères.

Tome 2, p. 354, Mme de Pompadour et Louis XV; p. 369, le Parc-aux-Cerfs; p. 373, Louis XV fait la cuisine; p. 381, un page et le coucher du roi; p. 384, le marquis de Souvré à Versailles; p. 386 et 387, réponses d'un officier des gardes et du comte de Narbonne-Pelet à Louis XV; p. 391, amour de Louis XV pour le Petit-Trianon.

Détails et Anecdotes sur Versailles et la Cour,

sous Louis XIV et Louis XV. — Dans : *Mémoires du Comte de Maurepas*, rédigés par Sallé, son secrétaire, et publiés par Soulavie l'aîné. Paris, Buisson, 1792. 4 vol. in-8°.

Tome 1er, p. 28, Louis XIV et la princesse de Soubise; p. 46, rendez-vous de la duchesse de Bourgogne à la Ménagerie; p. 58, origine de la fortune de Blouin, gouverneur de Versailles; p. 279, Mme la duchesse de Bourbon à Versailles après la mort de M. le duc; p. 289, mort de Mgr le duc d'Orléans, régent, à Versailles.

Tome 2, p. 82, mariage du prince de Conty et de Mlle de Chartres; p. 120, Josenay, contrôleur de la bouche de la reine à Versailles, amant de la maréchale d'Estrées; p. 236, Mme la vicomtesse de Polignac à Versailles.

Tome 3, p. 131, lit de justice tenu à Versailles, en 1732 ; p. 302, deux Anglaises se présentent pour la première fois à la cour, en 1714, avec des paniers.

Tome 4, p. 24, carnaval de 1739 à Versailles; p. 201, gentillesse des pages à Versailles; p. 236, le castrat Farinelli à Versailles.

Détails concernant Versailles,

sous Louis XIV et Louis XV. — Dans : *Mémoires secrets sur les Règnes de Louis XIV et de Louis XV*, par Duclos. Paris, Buisson, 1791. 2 vol. in-8°.

Tome 1er, p. 34, le Dauphin, fils de Louis XIV, et Mlle Choin ; p. 45, la duchesse de Bourgogne, près de mourir, appelle pour la confesser le P. Noël, récollet; p. 60, désolation du duc de Berry à Versailles; p. 139, Mlle de la Chausseraie à Versailles ; p. 142, dépérissement du roi Louis XIV; p. 155, conférence tenue à Versailles chez le duc de Noailles, pour la régence du duc d'Orléans; p. 169, Louvois et la fenêtre de Trianon ; p. 183, cause de la construction de Versailles; p. 189, Brissac et le roi Louis XIV à la chapelle du Château; p. 215, la duchesse de Berry reste à Versailles pendant que son mari se meurt à Marly; p. 220, retour du duc d'Orléans à Versailles, après la séance du Parlement, où il est nommé régent; p. 260, la bénédiction de la chapelle du Château est faite par le cardinal de Noailles; p. 323, le czar Pierre à Versailles.

Tome 2, p. 217, le roi Louis XV revient habiter Versailles; p. 262, le cardinal Dubois à Meudon ; p. 263, le cardinal Dubois meurt à Versailles; p. 274, le roi retourne à Versailles après la mort du cardinal Dubois.

Le Dauphin,

fils de Louis XV et père de Louis XVI et de Louis XVIII, ou Vie privée des Bourbons, depuis le mariage de Louis XV, en 1725, jusqu'à l'ouverture des Etats-Généraux, en 1789, par Charles du Rozoir. Paris, Alex. Eymery, 1815. 1 vol. in-12.

Page 16, l'Infante d'Espagne part de Versailles; p. 23, aventure arrivée à la reine Marie Leckzinska dans les appartements de Versailles; p. 32, trait de bienfaisance de la reine; p. 55, le Dauphin et Mᵐᵉ de Chatillon à Versailles; p. 58, mariage du Dauphin et de Marie-Thérèse d'Espagne, le 23 février 1745, à Versailles; p. 70, mariage du Dauphin et de Marie-Josèphe de Saxe, le 8 février 1747, à Versailles; p. 146, assassinat du roi par Damiens; p. 199, le Dauphin tue par accident à la chasse son écuyer Chambors; p. 209, mort de la marquise de Pompadour dans le palais de Versailles; p. 251, détails sur Louis-Philippe, duc d'Orléans, né à Versailles, en 1725; p. 253, mort du Dauphin; p. 281, mort de Marie Leckzinska; p. 288, quelques détails sur Mᵐᵉ Louise à Versailles; p. 311, maladie et mort de Louis XV; p. 316, enfance de Louis XVI; p. 338, arrivée de Marie-Antoinette à Versailles; p. 347, trait de bienfaisance de Marie-Antoinette dans le parc de Versailles; p. 363, mariage du comte de Provence; p. 400, trait de justice de Louis XVI à Versailles; p. 417, autre trait arrivé dans les environs de Versailles; p. 423, attroupement séditieux à Versailles, le 2 mai 1775; p. 444, mariage de Mᵐᵉ Clotilde avec Charles-Emmanuel de Savoie dans la chapelle du Château; p. 454, séjour de Mᵐᵉ Elisabeth à Saint-Cyr; p. 465, les tantes du roi à Bellevue, la reine à Trianon, Mᵐᵉ Elisabeth à Montreuil; le pauvre Jacques; p. 480, naissance de Mᵐᵉ Royale; p. 484, naissance du Dauphin; p. 489, anecdote sur le Dauphin à Versailles; p. 546, affaire du collier.

Gazette de France. Recueil des nouvellles ordinaires et extraordinaires. Relations et récits des choses avenues tant en ce royaume qu'ailleurs. Paris, 1631. In-4°.

gondoles, qui sont placées sur le canal; 227, 239, 264, 274, le 24 mars, le roi communie dans l'église de la paroisse et touche ensuite plus de 500 malades dans les allées de l'orangerie; 300, 322, 347, 642, fête à l'occasion de l'arrivée du roi; 678, fête à Trianon; 714, autre fête dans les jardins de Versailles; 722, 746, fête dans le parc de Versailles; 782, 906, 932, 18 août, représentation d'*Iphigénie*, de Racine, dans l'orangerie de Versailles, ensuite fête dans le parc et feu d'artifice sur le canal; 973, même fête; 996, 1,009, 1,080, 1,166, le roi donne une abbaye au curé de Versailles, 1242.

Année 1675, p. 220, 232, 284, le roi fait ses dévotions à la paroisse et touche des malades; 308, revue des gardes françaises; 542, 565, 581, 605, 622, 637, 649, 666, 689, 737, 764, 804, le roi a la fièvre double tierce; 819, 1er novembre, le roi communie et touche les malades dans l'orangerie; 884, 900.

Année 1676, p. 520, 532, 543, 580, 595, 727, 772, 796, 800.

Année 1677, p. 459, 484, 499, 516, procession de la Fête-Dieu de la paroisse au reposoir du Château; 532, 548, 564, 579, 612, 676, 768, 784, 800, 832, 848.

Année 1678, p. 860, 872, 909, 922, 998, 1,010.

Année 1679, p. 108, le roi donne l'abbaye de Boisgroland, en Poitou, au sieur Legris, chapelain de la chapelle du Château de Versailles; 384.

Année 1680, p. 472, 484, 496, 508, 520, 556, 568, 580, 591, le roi touche des malades après avoir communié dans la paroisse de Versailles; 608, 632, revue des gardes françaises à Versailles; 656.

Année 1681, p. 288, 298, réception de Potemkin et de Polskow, ambassadeurs du grand duc de Moscovie; 311, 336, 346, le 29 mai, le nommé François Amyot, convaincu de blasphème, fait amende honorable à Versailles, et a la langue percée en exécution d'un jugement rendu par le lieutenant de robe longue de la prévôté de l'hôtel; le 5 juin, le roi et la cour assistent à la procession, à la grand'messe et au salut, à la paroisse de Versailles; 372, 408, 420, 432, 436, 456.

Année 1682, p. 106, le 10 février, l'ambassadeur de Maroc vient visiter Versailles; 262, l'archevêque de Paris fait la bénédiction de la chapelle du Château de Versailles sous le titre de Saint-Louis; 274, 295, le 17 mai, le roi, revêtu de son collier de l'ordre, communie en l'église de la paroisse et touche un grand nombre de malades dans l'une des cours du Château; 310, le 27 mai, le roi et la cour suivent la procession de la paroisse; 322, 346, 358, juin, le roi va voir les travaux que le sieur De Ville, gentilhomme et échevin de Liége, fait faire sur la Seine, afin d'élever l'eau de cette rivière à 470 pieds de haut, pour être conduite à Versailles, et la première épreuve en fut faite en présence de Sa Majesté avec beaucoup de succès; 394, 406, 418, 430, 431, les particularités de la naissance de Mgr le duc de Bourgogne et les réjouissances faites pour la naissance de ce prince; 489, 491, suite des réjouissances; 553, 604, 616, 642, 664, 702, 736, 748, 759, 772, Fléchier prêche devant le roi; 783.

Année 1683, p. 11, le 24 décembre, le roi communia dans la chapelle du Château et toucha les malades; 24, 36, 72, 96, 120, 156, 168, 191, le roi fait la cérémonie de la cène; 203, 216, 228, 240, 251, 264, 276, 360, 371, 396, mort de la reine Marie-Thérèse à Versailles; 407, 409, la pompe du convoi de la reine en l'église Saint-Denis, avec ce qui s'est passé à l'exposition du corps au Château de Versailles, et au transport du cœur au Val-de-Grâce; 431, 599, 612, 623, 634, le roi communie et touche les malades; 648, 660, 672, 683, 696, 720, la Dauphine accouche à Versailles du duc d'Anjou, le 19 décembre; 730, le 24 décembre, le roi communie et touche les malades.

Année 1684, p. 11, 36, 47, 49, messe et procession des chevaliers des ordres du roi dans la cour du Château; 83, 96, 108, 132, le 10 mars, le roi pose la première pierre de l'église de Notre-Dame et celle des Récollets; 143, 155, le 26 mars, procession dans la cour du Château; le 30, le roi fait la cérémonie de la cène; 167, le 1er avril, le roi communie à la paroisse et touche plus de 900 malades et leur fait distribuer de grandes aumônes; 178, fiançailles et mariage à la chapelle de Mademoiselle avec le duc de Savoie; 204, 360, 396, 443, 456, 479, 504, 539, le roi communie et touche les malades; 575, 588, 599, 623, 680, 744, 756, le roi visite, le 19 novembre, la nouvelle église de Versailles et le couvent des Récollets; 765, le 27 novembre, réception des ambassadeurs de Siam à Versailles; 780, 791, 804, 815, le 24 décembre, le roi communie et touche des malades.

Année 1685, p. 11, 24, 35, 48, 71, procession des chevaliers de l'ordre dans la cour du Château; 84, 96, 119, 143, réception à Versailles de Hadgi-Mehemet, envoyé du dey d'Alger; 156, 167, 179, 192, 203, 19 avril, cérémonie de la cène par le roi; 215, le 21 avril, le roi communie à la paroisse et touche les malades; 227, 247, 270, le 15 mai, réception du doge de Gênes à Versailles; 295, le doge se promène dans les jardins de Versailles; le 22 mai, réception de l'ambassadeur du czar de Moscovie; 319, 343, carrousel du Dauphin à Versailles; 367, 380, le roi assiste à la procession de la Fête-Dieu, qui va de la paroisse dans la cour du Château; 392, 416, fête donnée par le Dauphin; 428, 439, mariage du duc de Bourbon et de Mlle de Nantes; fête à cette occasion; 441, la cérémonie du mariage du duc de Bourbon avec Mlle de Nantes, faite au Château de Versailles; 464, 487, 512, 523, 536, 675, 683, 708, 719, 735, 747.

Année 1686, p. 10, 24, 35, 48, 72, 95, maladie du roi; 108, 119, 132, 144, 168, 180, le Dauphin communie à la paroisse et fait la cérémonie de la cène; 191, le 13 avril, le roi communie à la paroisse et touche près de 1,300 malades; 202, 216, 227, 240, 263, les 28 et 29 mai, a lieu le carrousel d'Alexandre et de Talestrié, dans la cour de la Grande-Écurie; 275, le 1er juin, le roi communie et touche 500 malades; 290, le roi assiste à la procession du Saint-Sacrement; 291, relation de la cérémonie observée à la réception de M. le duc de Chartres, du duc de Bourbon, du prince de Conti et du duc du Maine, à l'ordre du Saint-Esprit, à Versailles; 309, 322, 369, le 12 juillet, le roi va à Maintenon visiter l'aqueduc; 381, 394, 418, 441, 479, 503, 516, le 20 septembre, le roi va à Maintenon visiter les travaux du canal de l'Eure; 539, 564, 664, l'évêque de Bethléem fait la consécration de l'église Notre-Dame de Versailles; 676, 688, le 18 novembre, on fait au roi l'opération de la fistule; 700, 712, 724, 774, 784.

Année 1687, p. 11, les officiers de la musique du roi font chanter un *Te Deum*, le 30 décembre 1686, dans l'église Notre-Dame de Versailles, pour la convalescence du roi ; 49, le 14 janvier, audience de congé des ambassadeurs de Siam; 61, baptême des trois princes dans la chapelle ; le même jour, 18 janvier, les bourgeois de Versailles font chanter un *Te Deum* dans l'église Notre-Dame; 73, 85, 110, 122, 134, 147, le roi passe le 3 mars la revue des gardes suisses dans la cour du Château; 157, 172, 195, le 24 mars, la Dauphine communie à la paroisse, et le 27 le Dauphin ; 207, le roi communie la veille de Pâques et touche 1,100 malades dans la première cour du Château; 220, 232, 254, cérémonie de réception de chevalier, de l'ambassadeur de Venise ; 268, le 6 mai, le prince d'Izenghien meurt à Versailles; 280, 327, 364, 400, 412, le 26 août, le roi va à Maintenon visiter les travaux du canal de l'Eure ; 436, 447, 459, présentation des envoyés de Tripoli ; 483, 547, 560, 620, 644, 668, 680, 691, la veille de Noël, le roi communie et touche 300 malades.

Année 1688, p. 12, 24, 36, 48, 72, 96, 108, 120, 131, 144, 156, 168, 180, 192, 203, le Dauphin communie à la paroisse; le 15 avril, la veille de Pâques, le roi communie et touche les malades ; le 20, la Dauphine communie à la paroisse; 216, 228, 240, 251, 264, voyage du roi à Maintenon ; 276, 287, le roi signe dans son cabinet le contrat de mariage du duc de Valentinois avec la princesse Marie de Lorraine ; 300, 312, 335, 347, 371, 383, 408, 423, le 15 août, le roi communie et touche les malades ; le roi assiste à la procession et au salut à la paroisse; 443, 455, 468, 480, 491, 620, *Te Deum* à la paroisse, feu d'artifice pour la prise de Philipsbourg ; 631, 653, les bourgeois de Versailles allument des feux pour l'entrée du Dauphin à Versailles, le 22 octobre; 667, 680, 692, 703.

Année 1689, p. 9, réception de chevaliers du Saint-Esprit ; 23, 35, le roi d'Angleterre vient voir le roi à Versailles, le 13 janvier; 48, 58, procession des cordons bleus; 72, 84, 96, 108, 119, 145, 156, 167, 179, la veille de Pâques, le roi communie et touche les malades; 223, 235, 268, la veille de la Pentecôte, le roi communie et touche les malades; 292, 304, 376, 412, le roi communie et touche les malades; 448, 450, 638.

Année 1690, p. 10, 60, 72, 83, 95, 108, 120, 130, 144, 155, le 23 mars, le Dauphin communie à la paroisse; 166, 179, 192, le 20 avril, mort de la Dauphine à Versailles; 204, détails sur les cérémonies de la mort de la Dauphine; 215, suite des mêmes détails; 227, 239, 251, le 20 mai, le roi fait les stations du jubilé à la paroisse Notre-Dame; 263, 287, 347, 372, 392, 428, 439, 452, 524, 572, 583, 644, 656, 668, 680.

Année 1691, p. 12, 24, 84, 120, 131, 144, 155, 192, 240, 288, 410, le roi communie et touche les malades la veille de la Pentecôte; 423, 436, 469, 528, 542, 578, 619, 652, 676, 704, 716, 728, 739.

Année 1692, p. 11, 48, 71, 95, mariage de Mᵍʳ le duc de Chartres et de Mˡˡᵉ de Blois, dans la chapelle, le 27 février; 108, 120, 143, cérémonie du mariage du duc du Maine et de Mˡˡᵉ de Charolais, le 19 mars; 156, 167, 179, le roi, la veille de Pâques, communie à la paroisse et touche les malades; 192, 227, 240, 391, 415, 487, 512, 560, 583, 633, 656.

Année 1693, p. 12, 23, 48, 72, 84, le 7 février, Pélisson meurt à Versailles; 120, 132, 144, 154, le 19 mars, le Dauphin, et le 21, le roi communient à la paroisse; le roi touche les malades; 178, 216, 228, 239, 251, 316, 412, 424, 460, 554, 566, 577, Fagon est nommé premier médecin du roi; 601, 626, 638, 650.

Année 1694, p. 11, 23, 48, 71, 82, 108, 120, 132, 144, 167, 190, 191, le 8 avril, le roi va à pied à la paroisse faire la station du jubilé; le 9, le Dauphin va faire ses stations à la paroisse; 203, 228, la marquise de Barbezieux meurt à vingt ans, à Versailles, le 4 avril; 275, le 29 juin, le roi communie et touche plus de 1,500 malades; 283, 297, 407, 419, le 24 août, l'Académie française présente son dictionnaire au roi; 444, 540, 599, 612, 634.

Année 1695, p. 11, 24, 59, 84, 92, 104, 116, 127, 140, 155, 167, 190, 224, 240, 251, 263, 276, le 9 juin, le Dauphin et ses trois fils assistent à la procession et à la messe de la Paroisse; 323, 335, le 10 juillet, Fénelon, archevêque de Cambrai, est sacré dans la chapelle de Saint-Cyr; 360, 395, 423, 435, 443, 456, 528, 531, 562, 577, 589, 600, 613, Dangeau prête serment entre les mains du roi comme grand-maître de l'ordre de Notre-Dame du Mont-Carmel et de Saint-Lazare, le 18 décembre; 624.

Année 1696, p. 10, 58, le 1er février, le cardinal Cavallerini reçoit le bonnet des mains du roi; 72, 84, 108, 120, 132, le 10 mars, le roi fait ses stations pour le jubilé dans les églises de la paroisse et des Récollets, et y fait faire de grandes aumônes; 143, la duchesse de Guise meurt à Versailles, le 17 mars; 168, 179, 192, 202, le 21 avril, le roi communie à la paroisse et touche les malades; le 21, le Dauphin communie à la paroisse; 214, 228, 239, 276, 287, 300, le roi et les princes assistent à la procession de la paroisse; 311, 347, l'évêque de Senez prête serment entre les mains du roi dans la chapelle de Trianon; 371, mort à Versailles, le 28 août, de M. Ch. Colbert, marquis de Croisy; 393, 395, 407, 432, 442, maladie du roi; 456, 478, 599, 624.

Année 1697, p. 9, 72, 92, 106, 119, 130, 156, 166, 178, 251, les envoyés de Suède et de Tripoli sont reçus par le roi; 265, 275, le roi et les princes assistent à la procession de la Fête-Dieu à la paroisse, 6 juin; 286, 336, 360, 372, 384, 395, 408, 432, 456, 516, 539, 576, 599, le 7 décembre, mariage du duc de Bourgogne dans la chapelle du Château; 623.

Année 1698, p. 10, 35, 59, 71, 83, 96, 107, 119, 131, 144, 156, 166, le 3 avril, le roi passe en revue, dans la cour du Château, les régiments des gardes françaises et suisses; 180, le 6 avril, la duchesse de Bourgogne communie à la paroisse; 204, 216, 228, 251, 264, 275, 287, 312, le 21 juin, le prince de Montbazon est fiancé dans le cabinet du roi avec Mlle Château-Thierry; 336, 348, 371, 407, 417, 419, 468, 479, le 28 septembre, le prince de Dombes, fils du duc du Maine, meurt âgé de deux ans et dix mois, enterré à Notre-Dame; 564, 575, le 24 novembre, baptême du duc d'Enghien dans la chapelle du Château; le même jour, le duc de Bourgogne monte à cheval pour la première fois; 600, 611, 623.

Année 1699, p. 11, 23, 34, Mansart est nommé surintendant des bâtiments; 60, 72, 96, 108, 120, 132, 144, 155, 168, 180, 192, 202, le 18 avril, le roi communie à la paroisse et touche les malades; 215, 239, 252, 264, 287, 300, le 18 juin, le roi et les princes et princesses vont à la procession à la paroisse; 311, 324, 384, 406, 420, le 24 août,

Mlle d'Aumale, fille du duc du Maine, meurt à Versailles, enterrée à Notre-Dame; 431, 514, 540, 565, 574, 587, 600, 611, 624.

Année 1700, p. 11, 24, 48, 72, 84, 108, 120, 132, 144, 155, 168, 180, 191, 272, le 18 mai, baptême du prince de Dombes, deuxième fils du duc du Maine, dans la chapelle du Château; 284, 294, 308, 320, 380, revue des gendarmes et des chevau-légers; 427, 462, 488, 512, 582, le 16 novembre, le roi, étant dans son cabinet, fait reconnaître le duc d'Anjou comme roi d'Espagne; 593, suite des cérémonies de la nomination du roi d'Espagne; 606, *idem*; 617, *idem*; 630, 642, 655.

Année 1701, p. 10, 22, 35, 47, 59, 71, 83, 95, 106, 118, 130, 142, maladie du Dauphin; 148, 154, 161, 167, 171, 183, 228, 238, 251, le 21 mai, le roi fait ses stations pour le jubilé à l'église de la paroisse et à celle des Récollets; fait de grandes aumônes; le 22, communie et touche 2,400 malades; 264, 286, 298, 323, 346, 369, 381, 394, maladie de la duchesse de Bourgogne; 405, 417, 430, 454, 551, 563, 574, 587, 599, 612, 622.

Année 1702, p. 11, 23, le 9 janvier, l'Académie des inscriptions présente au roi son ouvrage des médailles du règne du roi; le 10, le roi reçoit comme capitaine-lieutenant des chevau-légers de la garde le duc de Montfort; 36, 47, 58, 72, 96, 108, 119, 130, 142, 153, 166, 176, 190, 202, 227, 238, 261, 272, 284, 298, 309, 359, 392, 406, 431, 443, 526, 562, 585, 597, 610, 621.

Année 1703, p. 9, 21, 34, 47, 58, 69, 83, 107, 120, 131, 143, 158, 166, 181, 215, 227, 239, 262, 275, 287, 346, 371, 406, 419, 444, 468, 480, 560, 571, 595, 607, 619, 642, 655, le sieur Hébert, curé de Versailles, est nommé à l'évêché d'Agen.

Année 1704, p. 11, le 2 janvier, le roi passe la revue des gendarmes à Trianon; 39, 47, 59, 70, 83, 96, 107, 120, 131, 143, 154, le 22 mars, le roi communie à la paroisse par les mains du cardinal de Coislin, grand aumônier, et touche un grand nombre de malades; 167, 179; le 6 avril, le curé de Versailles, Hébert, est sacré évêque d'Agen, par le cardinal de Noailles, archevêque de Paris, assisté des évêques de Senlis et de Châlons; le 7, il prête serment entre les mains du roi, dans la chapelle de Marly; 191, 203, 214, 227, 236, 250, 263, 269, 276, 287, baptême du comte d'Eu, fils du duc du Maine, dans la chapelle du Château, le 15 juin; 311, le 25, la duchesse de Bourgogne accouche d'un fils, nommé le duc de Bretagne; 323, 334, 347, le 5 juillet, Sidi Mehemet, fils de l'envoyé de Tripoli, présente au roi des vers arabes écrits en or, sur la naissance du duc de Bretagne; 359, 371, 383, 406, 418, 431, 515, 526, 539, 563, 576, 588, 599, 623.

Année 1705, p. 11, 35, 47, 71, 119, 131, 143, 156, 168, 178, 190, le 13 avril, mort du duc de Bretagne; cérémonie; 262, 271, 288, 295, 334, 360, 372, 407, 431, 443, 464, 535, 546, 584, 595, 608, 631.

Année 1706, p. 10, 24, 35, 60, 72, 84, le cardinal de Coislin, grand aumônier de France, meurt à Versailles, le 5 février; 95, 108, 131, 144, 156, 167, 179, 191, 213, 227, 262, 275, 288, 300, 312, 336, 348, 383, 392, 407, 419, 444, 467, 504, 527, 539, 552, 564, 587, 600, 612, 614. 631.

Année 1707, p. 11, 23, le 8 janvier, la duchesse de Bourgogne accouche d'un fils, qui est nommé duc de Bretagne, sa nourrice est la femme du sieur Giraut, chirurgien à Saint-Just, près Beauvais; 36, 48, 59, 72, le roi fait ses stations pour le jubilé en l'église de la paroisse de Versailles; 83, 95, 131, 143, 155, 167, 179, 191, 201, 215, 276, 287, 299, 312, 372, 384, 394, 430, 527, 562, 576, 608, 619, la comtesse d'Armagnac meurt à Versailles, le 25 décembre, âgée de soixante-huit ans.

Année 1708, p. 11, le roi reçoit, le 20 décembre, le duc d'Orléans à son retour d'Espagne; 36, 59, 107, 120, 132, 144, 156, 167, 178, 192, 240, 252, 263, 275, 288, 420, 432, 444, 468, 470, 493, 528, 552, 564, 598, 610, 623.

Année 1709, p. 12, 36, 47, 53, 98, 107, 119, 131, 141, 154, 165, 178, 192, 203, 215, 250, 263, 275, 324, 336, 348, 360, 394, 408, 429, 444, 516, 539, 564, 588, 599, 612, la duchesse d'Orléans accouche d'une princesse; 623.

Année 1710, p. 12, 60, 72, 96, le 15 février, la duchesse de Bourgogne accouche d'un fils qui est nommé le duc d'Anjou; 107, 119, 131, 142, 156, 168, 191, 203, 216, 251, 276, le 5 juin, le cardinal de Noailles, archevêque de Paris, bénit la nouvelle chapelle du château de Versailles; 287, le 7 juin, le roi communie dans la nouvelle chapelle; 300, 312, 335, le 6 juillet, mariage du duc de Berry avec Mademoiselle dans la chapelle du Château; 383, 395, 406, 456, 466, 480, 539, 544, 587, 599, 612, 623.

Année 1711, p. 10, 71, 143, 155, 167, 179, le roi passe la revue des deux compagnies de mousquetaires, le 28 mars, dans la place d'Armes; 191, 226, 276, 456, 467, 492, 503, 540, 551, 600, 611, 624, 634.

Année 1712, p. 11, 24, 35, 71, 84, 91, le 12 février, mort de la duchesse de Bourgogne; 119, cérémonie funèbre pour la mort du duc et de la duchesse de Bourgogne; 130, 143, 155, le 8 mars, mort du Dauphin, fils du duc de Bourgogne; cérémonie funèbre; 167, 179, 192, 203, 263, 276, 288, 420, 492, 528, 551, 564, 612, 622, 635, 648, 655.

Année 1713, p. 11, 23, 59, 71, 83, 120, 131, 144, 155, le 26 mars, la duchesse de Berry met au monde un fils, qui est nommé duc d'Alençon; 167, 179, 191, 205, 216, 228, 240, 273, 286, 299, 324, 335, 583, 595, 608, 620, 631.

Année 1714, p. 12, 23, 36, 71, 84, 96, 108, 119, 132, 143, 155, 167, 179, 228, 250, 262, 276, 299, le 16 juin, la duchesse de Berry accouche d'une princesse, qui meurt le 17; 395, 407, 419, 528, 588, 600, 611, 624.

Année 1715, p. 11, 23, 35, 48, 60, 71, 93, cérémonie de la présentation au roi de Mehemet-Riza-Bey, ambassadeur de Perse, le 19 février; 120, 132, 144, 156, 168, 180, 191, 203, 276, 288, le 8 juin, le roi communie et touche les malades; 300, 394, réception de l'ambassadeur de Perse par le roi, le 13 août; 406, maladie du roi; 419, continuation de la maladie du roi; 413, le 1er septembre, mort de Louis XIV; 442, le 9 septembre, départ du roi Louis XV, et cérémonie de l'enterrement de Louis XIV.

Sous Louis XV. — Année 1717, p. 276, le 24 mai, le czar, *Pierre le Grand*, vient visiter Versailles; le 25, il se promène dans les jardins et dans les bosquets et voit jouer les eaux; le soir, il va à Trianon et passe à la Ménagerie en traversant le canal en gondole; 288, le 3 juin, le czar vient encore à Versailles et y reste jusqu'au 11; 300, visite du czar à Versailles et à Saint-Cyr.

Année 1722, p. 311, le 15 juin, le roi Louis XV vient habiter le château de Versailles; son entrée dans la ville; 324, 336, 348, 360, 372, le 18 juillet, le roi va voir jouer à la paume; 384, 395, 408, le 9 août, le roi reçoit la confirmation dans la chapelle du Château; 419, détail de la cérémonie de la première communion du roi, qui se fit à Versailles, dans l'église de la paroisse, le 15 août; 431, 444, 456, 468, le 16 septembre, le roi se rend au camp de Porchefontaine où il passe en revue le régiment du roi infanterie ; 476, le 18 septembre et jours suivants, on commence l'attaque du fort de Montreuil, pour simuler une attaque de place forte devant le roi; 489, le 24 septembre et jours suivants, continuation du siége du fort de Montreuil; 503, le 2 octobre, petite guerre au camp de Porchefontaine, exécutée devant le roi; 515, 541, sacre du roi; 577, suite du sacre; 611, 623, 625, suite du sacre et arrivée du roi à Versailles; 648, 717, réception de don Patricio-Lawlès, ambassadeur d'Espagne; 731, 743, 755, le 24 décembre, le roi communie et touche les malades.

Année 1723, p. 12, 23, 36, 48, 60, 71, 85, le 7 février, le roi tombe malade ; 95, 104, 119, 131, 144, 155, 168, le 27 mars, le roi communie à la paroisse et touche les malades; 180, 191, 204, le 20 avril, le roi reçoit chevalier de Saint-Louis le sieur Nicolas de Caruel, âgé de cent onze ans et six mois; 216, 228, 240, 251, 264, 275, le 1er juin, réception du sieur Morosini, ambassadeur de Venise; 286, 595, le 10 août, le cardinal Dubois meurt à Versailles; 407, le 11 août, le corps du cardinal Dubois est porté à Paris; 419, 431, 444, 467, 480, 492, 503, 524, 536, 548, 559, le 10 novembre, le roi monte à cheval pour la première fois dans son manége; le 6, le marquis de Livry meurt à Versailles; 572, le 15 novembre, représentation d'*Inès de Castro* devant le roi; 583, 595, le 2 décembre, le duc d'Orléans, régent, meurt à Versailles d'une attaque d'apoplexie; 606, 619, le 13 décembre, on porte le corps du duc d'Orléans de Versailles à Saint-Cloud; 631, 644.

Année 1724, p. 11, le 28 décembre 1723, l'infante reine est atteinte de la rougeole, le roi va coucher à Trianon; 24, 48, 58, le 2 février, le roi tient chapitre des chevaliers du Saint-Esprit; 71, 84, 96, 108, 120, 132, 144, 155, 168, 179, 191, 204, 216, 228, le 6 avril, le roi passe en revue, sur l'avenue de Paris, les régiments des gardes françaises et suisses; 240, 252, 264, 276, le 5 juin, le roi touche des malades dans la Cour de Marbre; 277, relation des cérémonies observées à la réception des commandeurs et des chevaliers de l'ordre du Saint-Esprit, faite à Versailles, le 3 juin 1724; 320, 331, 343, 404, 416, 427, 439, 619, 632, 655, le 23 décembre, le roi va à l'église de la paroisse et à celle des Récollets faire ses stations du jubilé.

Année 1725, p. 11, 24, le 8 janvier, le comte de La Vauguyon meurt à Versailles; 36, 60, 71, 96, le 20, maladie du roi; 108, 115, 132, 167, le 5 avril, l'infante part du château de Versailles pour retourner en Espagne; 180, 192, 204, 215, 227, 240, le 12 mai, la duchesse d'Orléans accouche, à Versailles, d'un fils qui est nommé duc de Chartres; 251, 263, le 27 mai, le roi annonce son mariage avec la fille du roi Stanislas; 275, 288, 384, le 9 août, le roi signe, dans son cabinet, son contrat de mariage avec la princesse Marie, fille du

2

roi Stanislas; 395, 407, 420, 616, le 1ᵉʳ décembre, le roi et la reine
arrivent à Versailles; 627, le 11 décembre, *Te Deum* à la paroisse
pour le mariage du roi, feux et illuminations dans la ville; 640,
651.

Année 1726, p. 11, 71, 131, 144, 155, 167, le 30 mars, réception
de la reine douairière d'Espagne à Versailles; 179, 191, 203, le
20 avril, le roi communie à la paroisse et touche les malades; le 21,
la reine communie à la paroisse; 216, 226, 240, 252, 264, 267, 287,
299, le 18 juin, meurt à Versailles Michel Lalande, surintendant de
la musique du roi; 312, 324, 336, 348, 360, le 23 juillet, maladie
du roi; 372, suite de la maladie du roi; 383, le 3 août, maladie de la
reine; 394, suite de la maladie de la reine; 406, 419, 423, 588, 600,
612, 624.

Année 1727, p. 11, 71, 120, 142, 155, 168, 179, 203, le 13 avril,
le roi rend le pain bénit à la paroisse; le 20, la reine rend le pain
bénit à la même paroisse; 216, 228, 239, 251, 263, 275, 288, 300,
312, 324, 336, 348, 360, 372, 384, 396, le 14 août, la reine accouche
de deux princesses; 405, détails de l'accouchement de la reine, fêtes
à Versailles; 419, 431, 443, 468, le 21 septembre, la reine fait ses
relevailles dans la chapelle du Château; 492, le 24 septembre, le roi
Stanislas vient voir sa fille à Versailles; 504, 588, 600, 611, 623.

Année 1728, p. 11, 69, 95, 108, Helvétius est nommé médecin de
la reine à la place de Boudin; 120, 132, 143, 155, 166, 179, 204, 216,
228, 239, 250, 264, 274, 288, la reine est indisposée; 312, le 17 juin,
première sortie de Mesdames; 336, 348, 360, 371, le 28 juillet, la
reine accouche d'une princesse; 384, 396, 407, 431, 444, 456, indisposition de la reine; le roi et la reine Stanislas viennent voir leur
fille; 575, 587, 599, 624, 636.

Année 1729, p. 10, 36, indisposition du roi; 48, 59, 120, 132, 144,
155, 167, le 5 avril, le roi, pour la première station du jubilé, va à
l'église des Récollets, à la chapelle du Château et à l'ancienne église
de la Paroisse; le 6, le roi va faire ses stations dans l'église de la
nouvelle paroisse Saint-Louis, du Parc-aux-Cerfs; 178, 190, 204, 240,
264, 275, 288, 300, 311, 336, 348, 360, 384, 395, 407, 419, le 28 août,
réception des envoyés de Tripoli; 421, le 4 septembre, naissance de
Mgr le Dauphin; 447, le 5 septembre, l'archevêque de Paris reçoit le
Pallium des mains du cardinal de Billy, dans l'église des Récollets
de Versailles; 457, le 11 septembre, le roi entend le *Te Deum* chanté
par les musiciens de la chapelle, dans l'église de la paroisse, magni-
fiquement illuminée en dedans et en dehors; 472, 496, 508, le 5 octobre, on exécute un grand concert et un ballet sur un théâtre dressé
dans la Cour de Marbre du château de Versailles; 518, 532, 543, 555,
568, 580, 592, 603, le 25 décembre, on tire, dans l'avant-cour du
château de Versailles, un magnifique feu d'artifice, par les soins du
duc de Mortemart; 616, 628, 639.

Année 1730, p. 10, 24, le 3, les prêtres de la Mission commencent
dans l'église de la paroisse la fête pour célébrer la béatification de
Vincent de Paul, leur fondateur; 34, 58, 108, 120, 132, 144, 155,
166, 179, 192, 204, 275, 287, 323, 336, 360, 372, 384, 395, 408, 418,
le 30 août, la reine accouche d'un fils qui est nommé duc d'Anjou;
fête et feu d'artifice à Versailles à cette occasion; 430, 443, 455, 468,
le 21 septembre, l'évêque de Bethléem fait la consécration et dédi-

cace de l'église des Récollets de Versailles, bâtie par Louis XIV; 480, 492, 503, 515, 527, 550, 564, 586, 600, 612, 623.

Année 1731, p. 11, 24, 60, 70, 84, 96, 108, 120, 132, 143, 155, 168, 179, 186, 204, 216, 239, 252, 263, 300, 395, 407, 419, 432, 443, 455, le 19 septembre, le roi passe en revue, dans l'avenue de Paris, le régiment de dragons d'Orléans, à la tête duquel était le duc d'Orléans; 467, 504, 516, 527, 540, 552, 588, 600, 612, 623.

Année 1732, p. 8, 24, 36, 46, le 19 janvier, M\u1d49 de Chartres est baptisée dans la chapelle du Château; 59, 70, 119, 132, 144, 156, le 23 mars, la reine accouche d'une princesse; 168, 179, 191, 204, 228, 274, le 2 juin, le duc de Chartres est baptisé dans la chapelle du château de Versailles; le roi et la reine le nomment Louis-Philippe; 300, 336, le 5 juillet, le duc de Penthièvre est baptisé dans la chapelle du château de Versailles; il est nommé par le roi et la reine Louis-Jean-Marie; 348, 360, 372, 382, 396, 407, 431, le 2 septembre, le roi tient un lit de justice à Versailles; 444, 564, 587, 600, 612, 624.

Année 1733, p. 11, 36, 71, 96, le 19 février, Madame de France, 3e, meurt à Versailles, âgée de quatre ans, six mois et vingt-un jours; 119, 132, 143, 156, 167, 179, le 7 avril, le duc d'Anjou meurt à Versailles, âgé de deux ans, sept mois, huit jours; 191, 203, 216, 227, 240, le 11 mai, la reine accouche d'une princesse; 252, 262, 276, 288, 324, 336, 384, 396, 408, 419, 432, 444, 456, 468, 480, 576, 588, 600, 610, 624.

Année 1734, p. 11, 23, 71, 151, 156, 168, 177, 192, 202, 215, 228, le 3 mai, le Dauphin est atteint de la rougeole; 238, 251, 263, 275, 287, 299, 322, le 28 juin, le Dauphin va pour la première fois à la paroisse et assiste au salut; 334, 367, 403, le 27 juillet, la reine accouche d'une princesse; 416, 428, indisposition du Dauphin; 438, 451, 464, 476, 488, 499, 510, 536, 664, 675.

Année 1735, p. 12, 23, 35, 48, 59, 71, 118, 132, 143, 155, 167, le 30 mars, maladie et fausse couche de la reine; 179, 191, 204, 216, 227, 240, 252, 264, 275, 287, 300, 310, 324, 336, 348, 359, 372, 383, 396, 407, 418, 432, 444, 455, 468, 480, 492, 552, 563, 574, le roi nomme le sieur Bouillac médecin des enfants de France; 587, 600, 612, 624, 635.

Année 1736, p. 11, 35, le 15 janvier, le Dauphin est remis des mains de sa gouvernante dans celles du comte de Chatillon; 48, 59, 72, 84, 96, 108, 120, 131, 144, 155, 167, le 31 mars, le roi communie à la paroisse et touche les malades; 180, 191, 200, 215, 228, 240, le 16 mai, la reine accouche d'une princesse; 251, 264, 276, 287, 300, 311, 323, 348, 396, 431, 442, 455, 468, 679, 492, 527, 540, 552, 564, 576, 587, le 30 novembre, remise à la reine, dans la chapelle du Château, de la rose d'or envoyée par le pape; 600, 612, 623.

Année 1737, p. 11, 36, 48, 70, 83, 95, 120, 132, 144, 155, 177, 179, 191, 204, 215, le 27 avril, le Dauphin et les trois princesses aînées filles du roi reçoivent le baptême dans la chapelle du Château, par les mains du cardinal de Rohan, en présence du sieur Jomard, curé de la paroisse Notre-Dame; 230, 239, 251, 264, 276, 287, 298, 312, 347, le 15 juillet, la reine accouche d'une princesse; 372, 384, 396, 407, 420, 432, 444, 456, 564, 576, 600, 612, 623, le 19 décembre, dernier jour de l'octave que les prêtres de la Mission ont célébrée pour la canonisation de saint Vincent de Paul, le roi se rend à l'é-

glise de la paroisse Notre-Dame, et y entend le salut, l'évêque de
Valence donne la bénédiction.

Année 1738, p. 11, 24, 35, 48, 71, 84, 96, 107, le 7 février, on
ouvre un abcès à la mâchoire du Dauphin; 124, 136, 148, 160, 169,
182, 195, 205, le 20 avril, cérémonie de la barrette, remise au cardinal
d'Auvergne, par le roi, dans la chapelle du Château; 220, 244, 267,
280, 292, 304, 316, 328, 376, 388, le 3 août, la duchesse d'Hostun
meurt à Versailles; 400, 411, 423, 448, 458, 566, 578, 590, 601, 614,
624.

Année 1739, p. 11, 23, 36, 59, le 26 janvier, le roi donne un
grand bal masqué dans le salon d'Hercule; 71, 83, 96, 108, 120, 132,
144, le 15 mars, Madame et Mme Henriette reçoivent la confirmation
dans la chapelle du Château; 155, le 21 mars, le marquis de Mina
remet au roi et au Dauphin le collier de la Toison-d'Or, de la part du
roi d'Espagne; 167, le 31 mars, Madame et Mme Henriette font leur
première communion à l'église de la paroisse Notre-Dame; 179,
192, 203, 216, 228, 250, 264, 275, 288, 407, 419, le 26, mariage de
Madame avec l'infant don Philippe, dans la chapelle du Château;
feu d'artifice à cette occasion; 432, 433, relation des cérémonies observées et des fêtes données à l'occasion du mariage de Madame;
456, 479, 492, 504, 600, 612, 624, 636.

Année 1740, p. 12, 23, 36, 48, 70, 82, 108, 120, 132, 144, 162, 172,
186, 197, 209, 222, 234, 282, 293, 305, 317, 330, 341, 438, 449, 462,
570, 582, 594, 606, 618, 630, 642.

Année 1741, p. 11, 24, 36, 48, 59, 72, 84, 96, 108, le 26 mars, le
Dauphin est confirmé par le cardinal de Rohan; 120, 132, 144, 156,
167, 180, le 8 avril, le Dauphin fait sa première communion à l'é-
glise de Notre-Dame; 191, 202, 251, maladie du Dauphin; 263, 274,
299, 311, 336, 348, 360, 393, 407, 418, 432, 444, 467, 478, 504, 530,
589, 601, 614, 624.

Année 1742, p. 11, 23, 25, relation de l'entrée de l'ambassadeur
extraordinaire du Grand Seigneur à Paris, et de l'audience publique
qu'il a eue du roi; 46, 58, 70, 77, 89, 102, 114, 125, 137, 149, 161,
173, 257, 269, 280, 293, 286, 334, 358, 381, 405, 418, 429, 454, 464,
501, 514, 526, 538, 570, 581, 594, 606, 617, 630.

Année 1743, p. 11, 23, 36, 58, 70, 83, 96, 111, le 24 février, l'évêque de Clermont est sacré dans l'église de Notre-Dame de Versailles
par le cardinal de Tencin et les évêques de Langres et de Mâcon;
123, 133, 147, 160, 171, 183, 194, 208, 220, 232, 244, 255, 268, 278,
291, le 11 juin, le roi pose la première pierre de la nouvelle église
de Saint-Louis; 303, 315, 326, 340, 351, 364, 376, 388, 400, 412,
423, 436, 445, 592, 604, 614, le 17 décembre, mariage du duc de
Chartres et de Mlle de Conty dans la chapelle du Château; 628.

Année 1744, p. 11, 24, 36, 48, 71, 83, 96, 107, 120, 131, 143, 155,
167, 179, 192, 202, 214, 226, 249, 263, 275, 335, 406, 537, 560, 574,
577, relation de ce qui s'est passé à l'arrivée et pendant le séjour du
roi à Paris, et à l'occasion du retour de Sa Majesté à Versailles (on
trouve dans cette relation des détails curieux sur la garde bourgeoise
de Versailles à cette époque); 599, 610, 623, le 15 décembre, la duchesse de Ventadour meurt à Versailles, âgée de 93 ans; 636.

Année 1745, p. 11, le 29 décembre 1744, mariage du duc de Penthièvre et de la princesse de Modène, dans la chapelle du Château; 23,

68, 82, 94, 106, le 23 février, arrivée de la nouvelle Dauphine à Versailles ; on joue la comédie intitulée la *Princesse de Navarre*, dans la salle préparée pour les fêtes ; 118, fêtes à Versailles à l'occasion du mariage du Dauphin; le 24 février, le chevalier de Créquy meurt à Versailles; 121, relation des cérémonies observées et des fêtes données à l'occasion du mariage de Mgr le Dauphin; 147, le 10 mars, représentation de l'opéra de *Zaïde*, dans la salle préparée pour les fêtes, au Manége; 159, continuation des fêtes; 171, continuation des fêtes; 183, le 31 mars, représentation du ballet de *Platée*; 195, 206, 217, 229, 239, 265, 306, 317, 344, 379, 427, 485, 511, 622, le 27 novembre, représentation du *Temple de la Gloire,* ballet, dans la salle du Manége; 634, 646, le 11 décembre, représentation, dans la salle du Manége, de *Jupiter vainqueur des Titans,* opéra, musique de Blamont et Buri; 659.

Année 1746, p. 11, 21, le 30 décembre 1745, représentation d'*Armide* dans la salle du Manége; 35, 47, 69, 95, 106, 118, 129, 142, le 10 mars, représentation du ballet de *Zélisca* dans la salle du Manége; 155, le 17 mars, ballet de *la Félicité,* musique de Rebel et Francœur, dans la salle du Manége; 167, 178, 190, 203, 213, 226, 275, 287, 299, 324, 336, 347, 358, le 19 juillet, la Dauphine accouche d'une fille; 371, le 22 juillet, la Dauphine meurt à Versailles; 381, cérémonie de l'enterrement de la Dauphine; 395, 407, 419, 431, 441, 454, 466, 479, 491, 587, 598, 611, 623, 635.

Année 1747, p. 8, 36, 48, 58, 70, le 9 février, arrivée à Versailles de la nouvelle Dauphine; le soir, bal dans la salle du Manége; 84, fêtes à l'occasion du mariage du Dauphin; 92, 106, 119, 130, le 15 mars, représentation, dans la salle du Manége, de *les Fêtes de l'Hymen et de l'Amour,* musique de Rameau; 141, 154, 167, 179, 187, 202, 214, 224, 238, 251, 263, 274, 404, 452, 475, 487, 596, 607, 619, 632.

Année 1748, p. 10, 44, 78, 91, le 10 février, maladie de Mme Adélaïde; 103, 115, 127, 140, 150, 163, 175, 184, 197, 209, 223, le 27 avril, mort de Madame, fille du Dauphin; 236, 259, 272, 283, 294, 308, 331, 427, 440, 451, 488, 583, 596, 608, 619, 632.

Année 1749, p. 11, 24, 48, 58, 70, 83, 96, 107, 117, 130, 141, 150, 164, 178, 190, 201, 214, 275, 286, 299, 311, 336, 430, 442, 455, 466, 489, 624, 636.

Année 1750, p. 11, 24, 36, 71, 83, 95, 107, 120, 132, 144, 155, 167, 204, 214, le 16 avril, le roi voit exécuter, dans le parterre de l'Orangerie, par plusieurs détachements, les différents exercices proposés pour le maniement des armes de l'infanterie; 228, 240, 251, 263, 286, 359, 406, 416, le 26 août, la Dauphine accouche d'une princesse; 430, 442, on chante le *Te Deum* dans l'église Notre-Dame et dans celle des Récollets, pour l'accouchement de la Dauphine; la statue de l'Amour, par Bouchardon, est placée dans le salon d'Hercule; description de cette statue; 455, le 15 septembre, le comte de La Feuillade présente au roi une médaille en or; 466, 480, 491, 575, le sieur Larcher présente au roi le plan en relief de la ville et des environs de Namur; 584, 598, 609, 624.

Année 1751, p. 11, 23, 36, 59, 70, 95, 108, 131, 156, 167, 178, 191, 204, 215, 227, maladie de Mme Victoire; 252, 261, 273, indisposition de Mlle Adélaïde; le 1er juin, on chante un nouveau motet de

M. Blanchard, maître de chapelle du roi; 287, 295, 311, 336, le 2 juillet, la demoiselle Le Maure, cantatrice, chante devant le Dauphin, à Versailles; 396, 406, 413, 430, 443, 452, le 13 septembre, la Dauphine accouche d'un prince, qui est nommé duc de Bourgogne; fêtes à Versailles à cette occasion; 463, le 21, on chante un *Te Deum* de l'abbé Blanchard, à la paroisse, à l'occasion de la naissance du duc de Bourgogne; à cette même occasion, les gardes du corps donnent un bal dans leur grande salle du Château; fêtes de Versailles; 482, 494, 504, indisposition du roi et du Dauphin; 516, 528, fêtes à Versailles; 579, 590, 602, 615, 627, le 19 décembre, fête dans les jardins de Versailles.

Année 1752, p. 9, description du feu d'artifice tiré dans le parc, le 30 décembre 1751; 22, 35, 46, le 13 janvier, le roi et toute la cour vont en traîneaux sur le canal; 59, 69, 80, maladie et mort de Mme Henriette, le 10 février; 92, 105, 118, 129, 141, 153, 163, 177, 189, 201, le 14 avril, on fait un service solennel, pour le duc d'Orléans, dans le collège que ce prince a fondé à Versailles; son oraison funèbre est prononcée par le sieur Lemoine, l'un des professeurs du collège; 212, 222, 248, 260, 272, 286, 298, 310, le 15 juin, on fait jouer toutes les eaux du parc pour les députés des Etats de Bretagne; le même jour, le fils du roi d'Anamabou visite Versailles; 322, 382, le 1er août, le Dauphin est attaqué de la petite vérole; 394, maladie du Dauphin; 403, le 16, Ali-Effendi, envoyé de Tripoli, est présenté au roi; 418, fête à l'occasion du rétablissement du Dauphin; 427, fête et *Te Deum* à Versailles; 442, autres fêtes; 456, 465, fête à Versailles; 479, 568, 579, 592, le 27 novembre, spectacle à la cour; 606, concert chez la reine; 617, le 7 décembre, spectacle à la cour; 628, spectacle à la cour; 639.

Année 1753, p. 9, 21, 31, le 22 janvier, Richer fait exécuter un *Laudate*, de sa composition, à la messe de la chapelle; 45, le 20, on exécute un *Oratorio* de Hasse chez le Dauphin; 57, 66, 80, le 9 et le 10 février, services à la chapelle de la paroisse, pour le repos de l'âme de Mme Henriette; on chante un *De profundis* de Mondonville; le 12, on chante pour la Dauphine un *De profundis* de Rebel; 91, le 15 février, *Te Deum* chanté à la paroisse; illuminations; feux et salves faites par les invalides; 106, 116, 129, le 8 mars, mort à Versailles du marquis de Grammont; 139, 153, 165, 178, 190, 201, le 19 avril, la reine fait la cérémonie de la cène et lave les pieds à douze jeunes filles; 212, le 3 mai, mariage de M. le prince de Condé et de Mlle de Soubise, dans la chapelle de Versailles; 226, le jour du mariage du prince de Condé, il y a appartement, et ensuite le roi donne la chemise au prince et la reine à la princesse; 235, 237, 249, 263, 273, 285, 297, le roi assiste à la procession de la Fête-Dieu à la paroisse; Maupertuis vient à Versailles; 310, description d'un dais magnifique donné à la paroisse par le roi; 320, le sieur Cafarieli, célèbre chanteur napolitain, chante devant le roi à Versailles; 346, 371, 383, 393, 406, le nouvel uniforme des cent-suisses, qui, jusqu'alors, portaient la livrée, est présenté au roi, qui l'adopte; 416, 427, 437, le 8 septembre, la Dauphine accouche d'un prince qui est nommé duc d'Aquitaine; le même jour, feu d'artifice dans la place d'Armes à cette occasion; 452, le 19 septembre, le roi de Pologne vient à Versailles; 463, le 21 septembre, *Te Deum* dans l'église de la paroisse pour la naissance du duc d'Aquitaine, salves, illuminations; la Dauphine et Mesdames se promènent dans les rues de Versailles; le 25, mort de Mlle de Penthièvre à Versailles; le 25, le graveur Massé présente au roi sa Galerie de Versailles, d'après Lebrun; 477, 487, le 2 octobre, le roi de Pologne va voir les différents exercices des chevau-légers, à leur caserne, à Versailles; 514, 574, 586, 598, 611, 621.

Année 1754, p. 10, 20, 24, description de la pendule astronomique que l'on vient de placer dans le cabinet du roi; cette pendule est du sieur Passemant, ingénieur du roi; 46, 85, 69, nouveaux renseignements sur la pendule du sieur Passemant; 83, 93, le 21 février, on baptise le duc d'Aquitaine, à cause de son état maladif; 94, mort de ce prince; 104, le 6 février, on place à Trianon une autre pendule du sieur Passemant, destinée au roi de Golconde; sa description; 116, 131, 142, 155, 166, le 2 avril, le roi fait à Trianon une des expériences du nouveau système d'agriculture du sieur Duhamel du Monceau; 176, 191, 200, mort de la comtesse de La Rivière, le 20 avril; 213, 224, 237, 249, 260, 274, 286, 299, 310, 322, 333, 375, 386, 403, 404, le 23 août, la Dauphine accouche d'un prince qui est nommé le duc de Berry; 413, à cette occasion, *Te Deum* de Colin de Blancourt, chanté à la chapelle; feu d'artifice tiré dans la place d'Armes; le 24 août, la nouvelle église de Saint-Louis est bénite par le curé de Rance; détails de cette cérémonie; 426, *Te Deum* chanté dans les deux paroisses de Versailles, pour la naissance du duc de Berry; illuminations et promenade des princes dans la ville; 438, 453, le 13 septembre, le duc de Bourgogne fait tirer un petit feu d'artifice sur la terrasse qui tient à son appartement; le sieur de Saint-Yves, oculiste, examine les yeux de Mlle Louise et du roi de Pologne; 465, le 20 septembre, le sieur Pereire présente au roi de Pologne et au Dauphin un sourd-muet, instruit par lui, qui répond en termes distincts à toutes les questions des princes; 475, 561, 569, 583, le 1er décembre, le roi étant à son balcon, les tambours-majors de tous les régiments de l'armée battent dans la cour du Château les diverses batteries de nouvelle ordonnance; 595, 606, 620, le 23 et le 24 décembre, on exécute à la chapelle le psaume *Lauda Jérusalem,* musique de Philidor.

Année 1755, p. 10, 19, 34, 47, 58, 69, 82, 95, 105, 117, le 2 mars, M. d'Argenson présente au duc de Bourgogne un fusil de Saint-Etienne, de deux pieds de long, chef-d'œuvre de travail et de richesse; 130, 141, 154, 166, 175, 189, 202, 214, 228, 239, 248, 260, 273, le 3 juin, les guidons des chevau-légers de la garde sont bénis par le curé de la paroisse Saint-Louis; 285, 300, 309, 321, 335, 383, 406, 414, le 26 août, le sieur Garnier fait tirer un feu d'artifice sur la terrasse de l'appartement du duc de Bourgogne, pour la naissance de Madame; le 11, on inhume le corps de l'ancien évêque de Mirepoix dans le chœur de la vieille église de la paroisse; 429, le 30 août, Madame meurt à Versailles de violentes coliques; 440, 453, 466, 503, 515, 525, 538, le 3 octobre, le roi assiste à Trianon aux expériences sur la cause de la corruption des blés et sur les moyens de la prévenir, par le sieur Tillet; 550, 561, le 17 novembre, la Dauphine accouche d'un prince qui est nommé comte de Provence; *Te Deum;* feu d'artifice sur la place d'Armes; 576, 589, le 29 novembre, le roi fait recevoir le comte d'Eu comme colonel-général des gardes-suisses sur la place d'Armes; *Te Deum* dans les deux paroisses de Versailles, pour la naissance du comte de Provence; illuminations; 603, 613, le 15 décembre, bénédiction de six cloches de la paroisse Saint-Louis; 626.

Année 1756, p. 8, 22, 34, le 15 janvier, le Dauphin et les princesses assistent à Saint-Cyr à une représentation d'*Esther*; 42, lettres de Rouillé, ministre des affaires étrangères, à Fox, et réponse de Fox; le 18, meurt à Versailles le P. Radominski, confesseur de la reine; 58, 69, 71, le sieur Jodin présente au roi une montre de sa composition, qui va 32 jours, 5 heures, 20 minutes; 81, le sieur Le Mazurier présente au roi une pendule à secondes et à sonnerie, qui n'a ni roues ni pignons; 95, le 15 février, *Te Deum* à Notre-Dame; illuminations et feu d'artifice, etc., pour la naissance du roi; le 16, le sieur Vallé, suisse de la porte de Saint-Cyr, présente au roi un animal moitié biche, moitié ours, ayant un cinquième pied sur le milieu de la tête; cet animal provient d'une vache; 106, 118, 130, 142, 153, le 20 mars, la reine et la famille royale assistent à une représentation d'*Athalie*, à Saint-Cyr; 165, 176, quelques observations sur la pendule du sieur Le Mazurier; 188, 201, 213, 226, le 30 avril, secousses de tremblement de terre senties à Versailles; 238, 248, le roi, pour faire changer d'air aux jeunes princes, les envoie à Meudon le 17 mai; 259, 272, 283, le 7 juin, le cardinal de Tavannes, le 8, le cardinal de Guise, reçoivent la barrette de la main du roi dans la chapelle du Château; 295, le 10 juin, le cardinal de Gesvres reçoit la barrette du roi dans la chapelle; 300, le 11 juin, le roi visite les chevau-légers dans leur hôtel à Versailles, et assiste à tous leurs exercices; 311, 313, 320, le 22 juillet, le roi assiste aux expériences faites à Trianon, par le sieur Tillet, sur la cause de la corruption des blés; le 27, le tonnerre tombe dans la cour du Château; 412, 413, description du lit de justice tenu à Versailles le 21 août; 429, 442, 454, 456, précis du procès-verbal du lit de justice tenu à Versailles le 21 août, dans la grande salle des Gardes, au Château, accompagné d'un plan de ce lit de justice, 471, 481, 566, 579, 590, 603, 614, 631.

Année 1757, p. 10, 21, le 5 janvier, à cinq heures trois quarts, le roi reçoit un coup de couteau de Damiens, dans la cour du Château, en sortant de chez Mesdames; détail de cet assassinat; le sacrement est aussitôt exposé dans les églises de Versailles; 30, détails sur l'assassinat du roi; 45, *Te Deum* chanté dans la chapelle par la musique du roi, à l'occasion de la convalescence du roi; la musique était de Mondonville; 57, 68, 82, 92, 104, le 15, fête à l'occasion de la naissance du roi; 116, le 27 mars, le duc de Bourgogne fait l'exercice dans le cabinet du roi; 127, le 4 mars, le roi tient le sceau dans la pièce qui précède la chambre de Sa Majesté; détails de cette cérémonie; 142, 155, le 18 mars, le roi tient le sceau pour la deuxième fois; 164, 176, le 2 avril, le roi tient le sceau pour la troisième fois; 188, 192, le sieur Jodin présente au roi une horloge qui va 32 jours, 5 heures, 20 minutes, et une montre à répétition qui va 8 jours; elle indique les secondes par le centre et répète les demi-quarts; 201, 211, le 26 avril, le roi tient le sceau pour la quatrième fois; 224, 237, le 10 mai, le roi tient le sceau pour la cinquième fois; 247, 259, 273, le 27 mai, le roi tient le sceau pour la sixième fois; 285, 295,

le 14 juin, le roi tient le sceau pour la septième fois; 309, 318, le
24 juin, le roi tient le sceau pour la huitième fois; le duc de Berry
est nommé grand maître des ordres royaux de Notre-Dame du Mont-
Carmel et de Saint-Lazare de Jérusalem; détails de la cérémonie de
réception; 403, 418, 430, 432, le 26 août, le sieur Lor présente au
roi un nouveau thermomètre qui est placé dans le cabinet de Sa
Majesté; 443, 494, 506, le 9 octobre, la Dauphine accouche d'un
prince qui est nommé comte d'Artois; feu d'artifice à cette occasion;
529, 530, 542, fête donnée par les chevau-légers à l'occasion de la
naissance du comte d'Artois; feu d'artifice sur l'avenue de Sceaux,
bal, etc.; 554, 567, 577, le 7 novembre, le sieur Pereire présente au
Dauphin une jeune sourde-muette, fort remarquable par la manière
dont il lui a appris à prononcer; 596, 616, 633, 647, 662, 674.

Année 1758, p. 9, 19, 35, 52, 66, 80, 89, 102, 116, 127, 137, 148,
159, 172, 182, 197, 210, 222, le 1er mai, le duc de Bourgogne, passant aux hommes, l'état de sa santé est vérifié par la Faculté; 230,
245, 258, 266, 281, 290, 302, 320, 328, 343, 354, 365, 374, 389, 412,
424, 436, 448, 456, 482, le duc de Bourgogne présente au roi un
livre contenant tous les problèmes de la géométrie pratique qu'il a
résolus, tracés et enluminés de sa main; 493, 509, 523, 550, 569,
580, les gendarmes de la garde donnent une fête dans leur hôtel;
illuminations, feu d'artifice, à l'occasion de la victoire remportée
par le maréchal de Soubise, leur commandant; 591, 605, le 30 novembre, le cardinal de Bernis reçoit la barrette des mains du roi dans
la chapelle du Château; 617, 630, 644, 655.

Année 1759, p. 11, 21, 35, le 14 janvier, l'évêque de Limoges est
sacré dans la chapelle du Château; c'est le premier sacre d'évêque
qui ait eu lieu dans la chapelle du roi; 46, 59, 70, 76, le 12 février,
le duc de Bourgogne va aux Menus-Plaisirs, à Versailles, voir le cabinet de physique que vient d'y établir l'abbé Nollet; 90, 105, 113,
131, 142, 153, 160, 179, le 5 avril, MM. de Lisle et Messier présentent au roi une carte où est tracée la route de la comète qui a été
observée depuis peu; 195, 218, 233, 247, 257, 284, 295, 304, 316,
329, 351, 366, 376, 391, 397, 416, le sieur Passemant, ingénieur du
roi, présente au roi, le 12 août, un télescope qu'il a imaginé pour
l'usage des officiers de terre et de mer; 427, 450, 461, 464, 474, le
20 septembre, le roi tient un lit de justice à Versailles; 487, le 23 septembre, la Dauphine accouche d'une princesse; 500, 513, 525, 537,
547, 569, 581, 595, le 18 novembre, baptême du duc de Chartres
dans la chapelle du Château; le roi et la reine sont parrain et mar-
raine; 601, 614, le 16 décembre, Madame, infante de Parme, meurt
de la petite vérole à Versailles; 627, 639, 654.

Année 1760, p. 11, 22, 33, 48, 59, 70, 81, 95, le 14 février, le
sieur Colin de Blamont, surintendant de la musique du roi, meurt
à Versailles; 106, le 26 février, le roi fait assembler la 1re compagnie
des mousquetaires, dans le parc, près la porte du Dragon, et fait reconnaître plusieurs officiers; 115, 129, 140, 154, 166, 178, 189, le
duc de Bourgogne subit une grave opération à la cuisse droite; 202,
214, le 27 avril, le sieur de Lisle présente au roi une mappemonde,
pour servir au passage de Vénus sur le soleil, que l'on attend le
6 juin de l'année prochaine; 227, 237, 250, 261, 272, le sieur Passemant vient de présenter au roi une montre à répétition de son inven-

tion, dont tout le rouage se voit à découvert; 285, 299, 320, 333, 343, 357, 368, 379, 391, 404, 417, le 23 août, on tire un feu d'artifice du sieur Garnier sur la terrasse, pour l'anniversaire de la naissance du duc de Berry; 430, 442, 456, 478, 489, 503, le 7 octobre, le sieur Pingré, qui va à l'Isle-Rodrigue, et l'abbé Chappe, qui va à Saint-Pétersbourg, pour observer le passage de Vénus devant le disque du soleil, sont présentés au roi; 530, 542, 554, 567, 579, 589, le 29 novembre, le duc de Bourgogne, à cause de sa maladie, est baptisé et confirmé dans son cabinet; le lendemain il fait sa première communion dans sa chambre; 614, 626.

Année 1761, p. 9, 22, 31, 46, 57, 69, 82, 93, 104, 122, 132, 145, 155, le 22 mars, le duc de Bourgogne meurt au château de Versailles; 167, 177, 191, 205, 217, 229, 244, 258, 330, 343, 358, 367, 384, 395, 408, 419, 429, 443, 453, 465, 479, 492, 502, 515, 527, le 18 octobre, baptêmes du duc de Berry, nommé Louis-Auguste, du comte de Provence, nommé Louis-Stanislas-Xavier; le 19, baptêmes du comte d'Artois, nommé Charles-Philippe, et de Madame, nommée Marie-Adélaïde-Clotilde-Xavière, en présence du sieur Alard, curé de Notre-Dame; 537, 552, 565, 576, 585, 600, 616, 626, 647.

Année 1762, p. 7, 14, 23, 32, 40, 51, 60, 77, 85, 95, le 31 janvier, le roi remet dans la chapelle la barrette au cardinal de Choiseul; le 1er février, il célèbre la même cérémonie pour le cardinal de Rohan; 104, 113, 122, 130, 138, 144, 154, 161, 168, 177, 186, 192, 208, 216, 226, 233, 240, 248, 257, 265, 273, 289, 298, 306, 313, 333, 358, 374, 385, 398, 405, 413, 432, 439, 456, 468, le 26 juin, le roi et le Dauphin vont, pour la première fois, voir l'hôtel de la Guerre de Versailles; 475, 483, 521, 537, 545, 551, 569, 585, la dame Lepaute, femme de l'horloger, présente au roi une carte de la grande éclipse de soleil qui doit arriver en 1764; 593, 613, 621, 628, 636, 644, 647, 656, 665, 677, 690, 700, 712, 724, 733, 745, 871, 882, 889, 900, 908, 926, 934, 949, 959.

Année 1763, p. 7, 15, 26, 34, le 4 janvier, la veuve Le Tellier, de Versailles, meurt âgée de 101 ans; 42, Mlle de Bretagne meurt le 14 janvier; 47, le 17 janvier, grand bal dans la salle de spectacle du Château; 56, 65, 74, 83, 94, 98, 106, 117, 126, 133, 141, 151, 159, le duc de Choiseul présente au roi un nouvel uniforme pour les gardes-suisses; il est agréé par Sa Majesté; 166, 176, 186, 207, 214, 222, 231, 247, 255, 262, 272, 281, 289, 297, 308, 316, 324, 331, 356, 363, 374, 380, 404, 412, 422, 428, 436, 453, 461, 573, 582, 590, 606, 622, le 11 septembre, la duchesse de Luynes meurt à Versailles; 630, 636, 644, 653, 668, 678, 685, 782, 790, 797, 808.

Année 1764, p. 8, 14, 23, 31, 39, le sieur Coupson, horloger, présente au roi une montre de son invention; on la met en mouvement sans clef pour vingt-quatre heures, en pressant sur un poussoir semblable à celui d'une montre à répétition; 70, 79, 87, 95, 103, 111, 126, 134, 143, 160, 176, 183, 192, 198, 208, 214, 222, 232, 238, 255, le 15 avril, Mme de Pompadour meurt à Versailles; 264, 271, 279, 287, 294, le 3 mai, la Dauphine accouche d'une princesse qui est nommée Elisabeth-Philippe-Marie-Hélène; 303, 311, 319, 328, 336, le 19 mai, les Récollets de la province de France tiennent un chapitre à Versailles; 342, 351, 359, 368, 376, 383, 394, 402, 546, 551, 559, 578, 585, 592, 602, 617, 626, 634, 641, 657, 746, 753, 762, 770,

778, le 28 novembre, fête à Trianon pour les jeunes princes; 802, 810, 818, 825, 834.

Année 1765, p. 7, 16, 24, 31, 40, 48, 55, 72, 79, 87, 96, 103, 119, le 14 février, on transporte processionnellement une relique de saint Roch, demandée par la reine à l'archevêque d'Arles, de l'église de Notre-Dame au Grand-Commun, où elle a été déposée dans la chapelle; 135, 144, 151, 166, 182, 191, 198, 205, 214, 222, 231, 238, 246, 272, 279, 288, 294, 303, 311, 336, 341, 351, 359, 367, le roi envoie le sieur Antoine, lieutenant de ses chasses, pour détruire la bête féroce du Gévaudan; 375, 384, 399, 407, 414, 422, le 29 juin, le roi visite la maison de Saint-Cyr; 550, le 24 août, le sieur Boucher est présenté au roi comme premier peintre en remplacement de Carle Vanloo; 559, 566, 575, 583, 591, 599, le Dauphin est atteint de la dyssenterie; 615, le 24 septembre, le duc de Bourbon est baptisé dans la chapelle du Château; 623, 630, 640, le 2 octobre, les sieurs Passemant et Bellart présentent au roi un plan en relief et un mémoire contenant des moyens très simples pour faire arriver des vaisseaux à Paris; 815, 823, 831.

Année 1766, p. 6, 14, 23, 46, 54, 63, 69, 79, 84, 95, 103, 108, 118, 134, 142, 148, maladie de la reine; 164, 170, 180, 187, 196, 203, 211, 221, 229, 236, 243, 252, 261, 269, 277, 285, 301, 311, 319, 333, 344, 349, 359, 367, 383, 396, 415, 423, 430, 438, 447, 455, 471, 478, 486, 495, 503, 510, 520, 648, 657, 665, 672, 681, 689, le 15 octobre, le comte de Noailles, gouverneur de Versailles, va au couvent des PP. Récollets; il y est reçu, en cérémonie, à l'entrée de leur église, par le P. Maurice Miet, provincial, à la tête de toute la communauté, et il est reconnu père et syndic apostolique de ce couvent et protecteur de tous les Récollets de France; 697, 703, 711, 721, 728, 737, 744, 751, 761, 778, 784, 792, 800, 809, 824, 833, le 17 décembre, le parlement vient à Versailles, sur l'ordre du roi, pour écouter ce que Sa Majesté avait à lui dire; 839, 849.

Année 1767, p. 7, 13, 14, le 31 décembre 1766, le sieur du Vancel présente au roi la carte des éclipses du soleil visibles à Paris, jusqu'en 1900 (cette carte est à la Bibliothèque de la Ville); 22, 28, 37, 49, 57, 73, 77, 87, 97, 104, le 5 février, la princesse de Lamballe est présentée à la cour; 121, 128, 136, 145, 153, 161, 169, 176, le 13 mars, mort de la Dauphine; 185, 193, 199, description du convoi de Mme la Dauphine; 208, 217, 224, 232, 241, 248, le 13 avril, le Dauphin (Louis XVI) se rend à la paroisse Notre-Dame, où il fait ses Pâques; 256, 262, 276, Mme Louise est atteinte de la rougeole; 286, 298, 308, 331, le 10 mai, la comtesse de Saint-Florentin meurt à Versailles; 341, le 9 mai, les Récollets, de la province de Paris, tiennent un chapitre provincial au couvent de Versailles; 348, le 10 mai, le sieur Pontavice présente au roi, à Versailles, deux sauvages de la Guiane; 395, le 7 juin, Mlle d'Orléans est baptisée dans la chapelle du Château; 404, 413, 420, 437, 443, 452, 460, 594, 602, 609, 617, 627, 633, 643, 737, 755, 763, 770, 779, le 17 novembre, les sieurs Dagoty, père et fils, gravent et impriment en couleurs, en présence du roi, à Versailles, le portrait de Sa Majesté; cette opération se fait en cinq tours de presse et en six minutes de temps; 785, 795, 801, 811, 823, 831, 838, 847, 855, 862.

Année 1768, p. 7, 14, 21, 30, 38, 55, 70, 78, 86, 94, 102, 111, 119,

127, 135, 143, 148, le 11 février, le sieur Germain présente au roi un vinomètre ou pèse-vin; maladie de la reine; 159, 166, 176, 190, 198, 207, 213, 230, 254, 260, 270, 278, 287, 294, 301, 318, 326, le sieur Roland de Virloy, inventeur du pantographe, dessine, à l'aide de cet instrument, dans le cabinet du roi, sous les yeux de Sa Majesté; 334, réponse du roi à la grande députation du parlement; le 20 mai, la reine reçoit l'extrême-onction; 350, 367, 383, 399, 407, 415, 423, le 24 juin, la reine meurt au château de Versailles; 438, le 2 juillet, convoi de la reine; 446, 463, le 11 juillet, service pour la reine dans la paroisse de Notre-Dame de Versailles; l'archevêque de Tours officie; 470, 476, 484, 495, 518, 583, 589, 597, 606, 615, le 15 septembre, service solennel dans l'église Notre-Dame de Versailles pour la reine; description de ce service; 622, 637, 647, 655, 726, 767, le 21 novembre, le roi de Danemark vient à Versailles; 775, 783, 791, 797, le 6 décembre, le roi de Danemark va voir la machine de Marly, va à Trianon et à Versailles; 807, le 7 décembre, baptême de Mlle de Bourbon dans la chapelle du Château; 816, 823, 832, 841, 848.

Année 1769, p. 14, 31, le 11 janvier, le roi tient un lit de justice à Versailles; 38, 46, 66, 83, 91, 99, le 4 février, accident arrivé au roi en chassant; 107, 115, 131, 139, 147, 155, 163, 171, 179, 187, le 13 mars, le sieur Couppey présente au roi une sphère mouvante, d'après le système de Copernic; 194, 202, 210, 220, 226, 233, le 5 avril, le duc de Chartres se marie avec Mlle de Penthièvre dans la chapelle du Château; détails des cérémonies; 243, 275, le 22 avril, la comtesse du Barry est présentée au roi; 283, 291, 315, 322, 339, 347, 355, 363, 370, 403, 412, 419, 428, 434, 451, 581, le 2 septembre, le sieur Dupré, médecin de Versailles, présente au roi son traité des *Maladies de poitrine*; 589, 596, 613, 628, 645, 768, 775, 783, 791, 798, 807, 815, 822, 831, 839, 847, le 21 décembre, le sieur de Montigny et le sieur Macquer, commissaires du roi à la Manufacture de porcelaine de Sèvres, présentent au roi une porcelaine blanche faite avec des terres de France, sans mélange de sels ni de métaux, et ayant toutes les qualités des porcelaines de Saxe.

Année 1770, p. 7, 15, 23, 30, 39, 46, 56, 63, 71, 79, 86, 95, 111, 119, 127, 135, 157, 165, 173, 181, 186, 199, 206, 214, 222, le 3 avril, Mlle de Condé est baptisée à la chapelle du Château; 230, 239, 247, 254, 263, 269, le 24 avril, mariage du duc de Bourbon avec Mademoiselle dans la chapelle du Château; détails de la cérémonie; 279, 286, 293, 301, le roi visite la salle de l'Opéra du Château, qui vient d'être construite sous la conduite du marquis de Marigny, directeur général des bâtiments; la compagnie des cent-suisses fait bénir son drapeau dans l'église de Notre-Dame de Versailles; 311, 320, le 15 mai, la Dauphine arrive à Versailles; le lendemain, elle se marie dans la chapelle du Château; 328, détails de la cérémonie du mariage de la Dauphine et des fêtes qui suivirent; 340, suite des mêmes détails; 351, 358, 367, détails des illuminations faites dans les jardins du château de Versailles; 378, 387, 394, 402, le 13 juin, deuxième représentation de l'opéra de *Castor* dans la salle de l'Opéra du Château; 408, le 20 juin, représentation de *Tancrède* et de la *Tour enchantée* dans la même salle; le sieur d'Arcis, âgé de neuf ans, exécute plusieurs sonates de sa composition devant Mme Adélaïde;

418, 425, 460, 467, 475, le 14 juillet, les comédiens français jouent *Sémiramis* et l'*Impromptu de campagne* dans la salle de l'Opéra du Château; 483, 500, 507, 578, 586, 594, 602, 611, le comte de Vasa est présenté au roi le 9 septembre; 618, 627, 635, 643, 651, 659, 676, 764, 779, 787, 795, 801, 810, le 10 décembre, la Dauphine, qui se propose de donner des bals tout l'hiver, donne son premier; 820, 826, 835, le sieur Sénac, premier médecin du roi, meurt à Versailles le 20 décembre; 842, 851.

Année 1771, p. 5, 15, 22, 30, 40, 47, la Dauphine se promène en traîneau dans les environs de Versailles; le sieur l'Epine, horloger du roi, présente à Sa Majesté une montre astronomique et à répétition de sa composition; 55, 63, 72, 79, 86, 96, 103, 111, 119, 127, 135, 143, 151, 159, 167, 176, 183, 191, 199, 207, 215, 223, 230, 238, 246, 263, 271, 279, 285, 293, 302, 313, 319, le 14 avril, mariage du comte de Provence et de la princesse Marie-Josephe-Louise de Savoie dans la chapelle du Château; détails de la cérémonie et des fêtes qui la suivirent; 333, description du feu d'artifice tiré dans le parc de Versailles le 15 avril; 343, 350, 358, le 29 avril, première représentation des *Projets de l'Amour* dans la salle de l'Opéra; le 31, *Gaston et Bayard*, tragédie; 367, 375, le 5 juin, deuxième représentation des *Projets de l'Amour*; 391, 399, 415, 423, 431, 439, 447, 456, 479, le 17 juillet, un immense météore lumineux paraît à Versailles, à Paris, etc.; 566, 575, 591, 599, 607, 616, 628, 637, 649, 657, le 30 novembre, le roi passe la journée dans le nouveau palais du Petit-Trianon; la veille, en arrivant, le roi avait eu la surprise d'une charmante décoration de fleurs qui occupait tout le devant de l'Orangerie, et qui était illuminée; cette décoration avait été faite par les sieurs Richard père et fils, jardiniers des jardins botaniques de Trianon; 665, 775, 783, 792, 810, 819, 826, 834, 847, le 9 décembre, les comédiens de Versailles donnent spectacle gratis, pour l'arrivée de la comtesse de Provence à Versailles; elle venait d'avoir la petite vérole; 858, 865, 879.

Année 1772, p. 9, le 29 décembre, l'évêque de Lombez est sacré dans la chapelle du Château par le cardinal de La Roche-Aymon, assisté des évêques de Meaux et de Treguier; 19, 27, 35, 46, 55, 62, 69, le 23 janvier, le roi remet la barrette au cardinal de La Roche-Aymon dans la chapelle du Château; 78, 87, 97, 113, 130, 139, 151, 158, 171, 189, 198, 211, 218, 230, 241, 251, 259, 267, 286, 293, 303, 315, 322, 335, 346, 354, le 6 mai, les chevau-légers font leurs divers exercices, dans leur hôtel, devant le comte d'Artois; 365, 375, 386, 396, 407, 420, 429, 438, 444, 455, 463, 479, le 21 juin, l'évêque de Riez est sacré dans la chapelle du Château; 486, 505, 513, 660, 673, 679, le roi étant allé au Petit-Trianon, on lui fait la même décoration que l'année dernière; 691, 701, 708, 715, 724, le 29 septembre, le roi se rend au couvent destiné à recevoir les religieuses de la congrégation de Compiègne, dont l'établissement à Versailles est dû à la piété de la reine qui en avait ordonné l'exécution d'après les dessins du sieur Mique; 732, 744, le 4 octobre, le roi entend le salut au couvent des religieuses de Compiègne, nouvellement établies dans cette ville; 879, 898, 906, 915, 930, 939, 947, 955.

Année 1773, p. 6, 14, 30, 39, 52, 75, 90, 100, 106, 119, 127, 134, d'après le désir qu'en avait manifesté le feu Dauphin, on vient de faire dans la chapelle du Château un nouvel autel consacré à la dévotion du cœur de Jésus. Ce beau monument a été exécuté d'après les dessins du sieur Gabriel. Le tabernacle sert de base à un crucifix d'ivoire de trois pieds cinq pouces de haut. Ce morceau précieux avait été donné au Dauphin par Auguste II, roi de Pologne et électeur de Saxe; 142, 151, 162, 171, 178, 188, 198, 208, 218, le 19 mars, le roi visite la nouvelle caserne des gardes-françaises, élevée sur l'un des côtés de la place d'Armes de Versailles, sur les dessins de M. Trouard; description de cette caserne; 227, 236, 254, 263, 270, 279, 287, 295, 309, 322, 331, 340, Mᵐᵉ Victoire est attaquée de la rougeole; 345, 358, 371, 379, 390, 399, 409, 419, 424, 440, 447, le sieur Mitoyen, ordinaire de la musique du roi, fait hommage à Sa Majesté d'un volume de dessins contenant le plan des tribunes de musique des chapelles de Versailles, Fontainebleau, etc. (ce volume est à la Bibliothèque de la ville); mariage du comte d'Artois avec Marie-Thérèse de Savoie dans la chapelle du Château; 871, le 19 novembre, bal dans le salon préparé sur le théâtre de la salle de l'Opéra du Château; 880, 882, détails du feu d'artifice tiré dans le parc de Versailles; 890, 901, 911, 917, 926, 943, 952, 957, 968, 977.

Année 1774, p. 10, 18, 28, 34, 43, 52, 58, 68, 74, 81, 91, 99, 118, 128, 136, 156, 164, 174, 190, 203, 213, 223, 230, 240, 250, 264, 272, 278, 291, 300, le 19 avril, le comte de Provence tient un chapitre des ordres royaux, militaires et hospitaliers de Notre-Dame du Mont-Carmel et de Saint-Lazare de Jérusalem dans l'église de Saint-Louis de Versailles; 306, 314, le mercredi 27 avril, le roi est pris à Trianon de la petite vérole; 324, 331, le 7 mai, le roi reçoit le saint viatique; 340, le 9 mai, le roi reçoit l'extrême-onction et meurt le lendemain à trois heures de l'après-midi; 356.

Sous Louis XVI.— Le 12 mai, le corps du feu roi est emmené sans cérémonie à Saint-Denis; le clergé des deux paroisses de Versailles et les Récollets le suivent jusqu'à la place d'Armes; 381, 403, les musiciens de la chapelle font célébrer un service funèbre pour Louis XV dans l'église de Notre-Dame de Versailles; on y chante une messe de Gilles et un De profundis de l'abbé Gauzargues; 455, le 18, le roi, le comte d'Artois et la comtesse d'Artois sont inoculés; 470, bulletin de l'inoculation du roi et des princes; 478, id.; 643, 651, 659, 666, 675, 682, 699, 706, 714, 722, 803, 811, 819, 828, 841, 855, 869, 879, 886, 897, 906, la maison de Mᵐᵉ Adélaïde fait chanter dans l'église de Notre-Dame de Versailles un Te Deum pour le rétablissement de la santé de cette princesse; 918, le 16 décembre, Quesnay, médecin du roi, meurt à Versailles; 931, 938.

Année 1775, p. 11, 18, 27, 35, 46, 57, 66, 75, 83, 93, 102, 112, 122, 131, 139, 151, 159, 166, 174, 185, 193, 206, 215, 226, 234, le sieur Mique est nommé premier architecte du roi en remplacement du sieur Gabriel; 243, 253, Monsieur tient un chapitre de l'ordre de Saint-Lazare dans l'église Saint-Louis; 261, 282, le roi, la reine, Monsieur, Madame et Mᵐᵉ la comtesse d'Artois vont en grande cérémonie communier à la paroisse Notre-Dame; 290, 298, Mᵐᵉˢ Victoire et Sophie, Adélaïde et le comte d'Artois vont communier à la paroisse Notre-Dame; 311, 319, 335, 341, le 5 mai, le roi tient un lit de justice à Versailles; 350, 358, 368, 378, 387, 395, 402, 410, 421, 454, 467, 474, 480, 486, 494, 502, 510, 526, 534, 543, 551, 558,

562, le 6 août, la comtesse d'Artois accouche d'un fils nommé par le roi duc d'Angoulême ; 571, le 8 août, l'ambassadeur de Sardaigne demande en mariage, pour le prince du Piémont, Mme Marie-Adélaïde-Clotilde-Xavière de France ; 580, 588, le 13 août, Mme Elisabeth fait sa première communion dans la chapelle du Château ; 591, le 17 août, signature du contrat de mariage de Mme Clotilde ; 604, mariage de Mme Clotilde dans la chapelle ; 613, id.; 626, le 26 août, représentation du *Connétable de Bourbon*, tragédie de Guibert, dans la salle de l'Opéra du Château ; 364, 641, 651, 657, 671, 678, 687, 693, 710, 832, 839, 852, 869, 883, 893, 900, 909, 914.

Année 1776, p. 6, 14, le 30 décembre, on ressent à Versailles une légère secousse de tremblement de terre ; 22, 38, 47, 57, 68, 77, 84, 93, 100, 110, 127, 139, 147, 153, 161, 170, 178, 189, 198, 207, 219, 230, 239, 246, 253, 262, 270, 279, 286, 295, 320, 329, 346, 357, 364, 373, 379, le 19 mai, le roi va dans toutes les paroisses de Versailles pour le jubilé ; 389, 396, 404, 412, 420, le comte d'Artois est attaqué de la rougeole ; 428, 455, Monsieur est atteint de la rougeole ; 462, 479, 505, 513, 530, 538, 547, 555, 560, le 5 août, la comtesse d'Artois accouche d'une fille qui est nommée Mademoiselle ; trait de bonté de la reine dans le village de Saint-Michel, près Versailles ; 571, 579, 586, 602, 609, le 16 août, on exécute à la chapelle un motet dont la musique est de Champein ; 618, 628, 636, 644, 655, 663, 674, 682, 702, 710, 720, 824, 832, 841, 849, 856, 873, 880, 888, 896, 904, 912.

Année 1777, p. 6, 13, 24, 34, 42, 50, 58, 66, 75, 84, 93, 112, 121, 130, 140, 152, 161, 167, 177, le 18 mars, le sieur Heurtier, architecte du roi, présente à Sa Majesté, dans les petits appartements, le modèle de la nouvelle salle de spectacle qu'il a projeté pour la ville de Versailles ; cette salle doit être terminée le 1er janvier 1778 ; l'entreprise en est confiée au sieur Boullet, inspecteur des théâtres de Sa Majesté ; 184, 192, 200, 216, 224, 233, le 29 mars, on chante à la chapelle du Château un *O filii* de Giroust, maître de chapelle du roi ; 240, 248, 257, 286, 294, 301, 309, 318, 331, 342, 352, 359, 378, 388, 397, 408, 417, 437, 464, 471, 491, 509, 519, 527, 539, le vicomte de Carbonnières présente au roi un lynx pris dans les Pyrénées ; le roi fait placer cet animal à la ménagerie de Versailles ; 569, 577, 586, 595, 604, 615, 622, 643, 653, 663, 682, 692, 701, 710, 718, 727, 744, 854, 862, 871, 889, 898, 904, 925, 936, 944, 951.

Année 1778, p. 7, 11, 12, 31, 37, 46, 55, 62, le 24 janvier, la comtesse d'Artois accouche d'un prince qui est nommé duc de Berry ; 71, 82, 90, 107, 117, 125, 135, 142, 166, 175, 183, 190, 196, le 20 mars, Franklin, Deane et Lee, députés des Etats-Unis, sont présentés au roi ; 205, 226, 235, 242, 262, 269, 279, 289, 298, 307, 318, 328, 338, 346, 356, 400, 411, 419, 428, 436, 444, 453, 462, 471, 479, 488, 499, 516, 533, 554, 570, 580, 589, 605, 613, 621, 632, 643, 652, 659, 669, 693, 708, 766, 785, 793, 805, 813, 823, 832, 842, 858, 869, 882, 883, 900, le 11 décembre, le roi remet la barrette au cardinal de La Rochefoucault dans la chapelle du Château ; 912, le 19 décembre, la reine accouche d'une princesse qui est nommée Marie-Thérèse-Charlotte ; le sieur Regnier, bailli de Versailles, est nommé conseiller d'Etat ; 920, 930, 933, détails sur la naissance de Mme Marie-Thérèse-Charlotte.

Année 1779, p. 3, 7, 11, 18, 25, 33, 39, 43, 46, 53, 57, 75, 81, 91, 96, 101, 105, 100, 119, 123, 128, 131, le 10 mars, les Etats de Corse, représentés par l'évêque de Nebbio, pour le clergé, par le sieur Buonaparte, pour la noblesse, et par le sieur Casabianca, pour le tiers, sont présentés au roi à Versailles; 135, 139, 143, 147, 152, 157, 161, 192, 198, 203, 209, 214, 221, 225, 233, 244, 248, 257, 260, 271, 278, 281, 290, 295, 301, 305, 309, 314, 321, 330, 338, 344, 350, 356, 361, 364, 369, 375, 380, 390, 395, 400, 406, 416, 439, 445, 449, 455, 464, 469, 474, 480, 485, 494, 504, 509, 513.

Année 1780, p. 4, 9, 15, 20, 26, 31. 39, 45, 55, 59, 64, 69, 73, 78, 83, 91, le 29 février, le marquis de Lafayette vient prendre congé du roi avant de partir pour l'Amérique; 96, 101, 105, 109, 113, 119, 123, 130, 137, 141, 145, 149, 153, 159, 164, 169, 174, 178, 182, 188, 192, 199, 208, 211, 216, 221, 226, 230, 233, 237, 241, 246, 249, 253, 267, 271, 275, 283, 294, 302, 312, 320, 325, 330, 340, 351, 360, 367, 370, 376, 379, 384, 389, 410, 417, 425, 430, 433, 438, 443, 456, 461, 465, 469, 475, 479, 483.

Année 1781, p. 3, 7, 11, 18, 25, 34, 36, 43, 46, 51, 55, 59, 63, 66, 71, 76, 86, 89, 95, 100, 103, 108, 112, 117, 121, 125, le roi établit le dépôt des Chartes des colonies dans le local des archives de la marine, rue de la Surintendance, à Versailles; 131, 136, 139, 145, 151, 156, 161, 166, 176, 190, 194, 197, 202, 207, 215, 221, 226, 231, 235, 245, 256, 263, 266, 277, 281, 286, 294, 300, 305, 314, 319, 324, 328, 337, 354, 361, 366, 370, 377, 385, 393, le 22 octobre, la reine accouche d'un prince, le Dauphin ; 397, 399, relation de ce qui s'est passé à Versailles à la naissance du Dauphin ; 403, le roi ordonne des agrandissements à l'infirmerie royale de Versailles et dote cet établissement d'une rente annuelle de 20,000 livres; 411, 417, 421, le 4 novembre, *Te Deum* à Versailles, illuminations, distribution de pain, de vin et de viande sur les places publiques; 426, 431, 435, 437, 451, 460, 463, 469, 477, 487, 491, 496.

Année 1782, p. 3, la comtesse d'Artois, étant fort malade, est administrée ; 9, 15, 21, 26, 29, 35, 40, 43, 52, 55, le 30 janvier, les gardes du corps donnent un bal masqué et paré dans la salle de l'Opéra du Château; 60, 67, 75, 79, 83, le 21 février, Mᵐᵉ Sophie est administrée; 87, 93, le 2 mars, Mᵐᵉ Sophie meurt à Versailles; 97, 107, 111, 115, 120, 125, 129, 139, 143, 148, 151, 156, 161, 167, 171, 175, 179, 183, 189, 195, 200, 203, le 20 mai, le comte du Nord, empereur de Russie, et la comtesse, vont à Versailles; 207, 211, 218, 222, 227, 235, 243, 247, 251, 262, 265, 271, 275, 279, 283, 290, 297, 301, 305, 310, 314, 317, 322, 325, 331, 335, 341, 345, 351, 362, 424, 428, 432, 437, 441, 445, 450, 457, 469, 475, 479, 485, 488, 496, 499.

Année 1783, p. 3, 6, 9, la comtesse d'Artois accouche, le 6 janvier, d'une princesse que l'on nomme Mˡˡᵉ d'Angoulême; 13, le 7 janvier, réception du nonce du pape; 17, 25, 29, 33, le 20 janvier, les préliminaires de la paix avec l'Angleterre sont signés à Versailles; 37, 41, 45, 53, 57, 63, 67, 71, 76, 81, 85, 91, 95, 101, 105, 108, 119, 123, 131, 139, 143, 146, 151, 156, 163, 167, 170, 176, 181, 185, 189, 193, 197, 201, 205, 209, 214, 223, 227, 231, 238, 242, 245, 250, 254, 260, 264, 268, 271, 276, 280, 284, 292, 296, 300, 304, 307, 311, 322, 325, 330, 339, le 19 septembre, le roi assiste à l'enlèvement du premier ballon que Montgolfier fit partir dans la première cour du Château de Versailles; 344, 348, 352, 355, 362, 365, 422, 430, 434, le 15 décembre, mort de Mademoiselle à Versailles; 437, 441, 450, 455, 459.

Année 1784, p. 3, 7, 13, 17, 21, 25, 30, 33, 38, 42, 46, 49, 53, 57, 61, 66, 74, 78, 82, 86, 90, 94, 97, 101, 106, 109, 113, 119, 123, 127, 131, 135, 139, 144, 150, 153, 157, 161, 165, 170, 173, 177, 182, 185, 193, 197, 201, 205, 210, 214, 215, description de l'ascension faite à Versailles en présence du roi, le 22 juin, par Pilatre de Rozier; 219, 228, 232, 236, 243, 247, 251, 259, 263, 267, 272, 276, 284, 285, 289, 293, 298, 302, 306, 310, 314, 325, 329, 333, description d'une étoffe de soie présentée au roi, le 27 octobre, dont le fond, la texture et la couleur sont trois choses nouvelles de l'invention du sieur Perron et de la dame veuve Pallonïs; 338, 342, 348, 351, 355, 359, 367, 371, 375, 383, 391, 395, 399, 403, 407, 411, 415, 423, 427, 433.

Année 1785, p. 4, 12, 19, 27, 31, 35, 39, 43, 47, 51, 55, 59, 63, 67, 75, 79, 83, 87, 91, 99, 103, 105, le 27 mars, la reine accouche d'un prince qui reçoit le nom de Louis-Charles duc de Normandie; 109, 111, relation de ce qui s'est passé à Versailles à l'occasion de la naissance du duc de Normandie; 116, 121, 125, 129, 133, le 15 avril, le sieur Doray de Longrais présente au roi une pendule de son invention, et qui a été exécutée par le sieur Lamy, horloger à Versailles; le globe qui renferme cette pendule représente une Mongolfière qui, tous les dimanches, au dernier coup de midi, s'élève au-dessus d'un socle de marbre et enlève une galerie dans laquelle sont placés deux voyageurs aériens; 138, 147, 151, 155, 163, 167, 171, 177, 181, 185, 189, 193, 197, 201, 205, 209, 213, 217, 225, 230, 237, 241, 245, 250, 259, 265, 269, 273, 278, 281, pièce de draps présentée au roi, fabriquée avec la laine des moutons espagnols de la bergerie établie à Montbard, par Daubenton; 285, 289, 293, 297, baptême du duc d'Angoulême et du duc de Berry dans la chapelle du Château de Versailles; 301, 389, 393, 397, 401, 405, 409, 413, 417, 421, 425, 437.

Année 1786, p. 3, 7, 17, 26, 31, 35, 39, 43, 47, 51, 55, 59, 63, 69, 73, 78, 85, 89, 93, le roi ordonne qu'à l'avenir on ne sera reçu dans ses pages, dans les écoles militaires et à la maison de Saint-Cyr qu'après avoir été inoculé; trait de courage de Joseph Chrétien, âgé de 17 ans, garçon cordonnier, qui se jette dans le canal pour sauver deux enfants tombés sous la glace, le 28 décembre; le roi le décore d'une médaille et d'une chaîne d'or, la reine lui donne de quoi payer sa maîtrise; 97, 103, 107, 111, 115, 119, 123, 127, 131, 136, 139, 143, 147, 151, 155, 159, 163, 167, 171, 175, 179, 183, 192, 195, 199, 203, 207, 219, 223, 227, 229, le 9 juillet, la reine accouche d'une princesse qui est nommée Mme Sophie; 234, détails de l'accouchement de la Reine; 243, 251, 255, 259, 263, 267, 275, 279, 283, 288, 293, 302, 305, 318, 321, 325, 329, 333, 337, 385, 393, 409, 417, 421, 425, 429, 433, 437, 441, 445.

Année 1787, p. 3, le 26 décembre 1786, les enfants de l'école des aveugles, sous la direction du sieur Haüy, font devant le roi les divers exercices dont ils ont été rendus capables; 7, 12, 16, 19, 25, 30, 35, 42, 46, 49, 53, 57, 61, le 12 février, le comte de Vergennes meurt à Versailles; 65, 70, 73, le 22 février, ouverture de l'assemblée des notables; 79, 81, discours prononcés à l'ouverture de l'assemblée des notables; 93, 97, 102, 105, 109, 113, 118, 122, 125, 129, 133, 137, 141, 145, 150, 153, 161, 165, 169, 173, 179, 183, 187, 193, 197, le 25 mai, clôture de l'assemblée des notables; 201, 203, discours prononcés à la clôture de l'assemblée des notables; 213, 221, 231, 235, 241, 245, le 19 juin, mort de Mᵐᵉ Sophie à Versailles; 250, 256, 262, 272, 279, 284, 287, 291, 303, 307, 315, 334, 345, 351, 355, 359, 363, 367, 375, 381, 386, 391, 395, 399, 404, 413, 421, 425, 433, 436, 442, 445, 453, 458, 465, 473, 477, 489, 498, 501, 506.

Année 1788, p. 7, 11, 15, 19, 24, 28, 32, 39, 53, 58, 65, 69, 74, 78, 82, 86, 90, 94, 97, 101, 105, 109, 113, 117, 121, le sieur Robin présente au roi une montre à secondes, à répétition et à échappement libre; toutes les parties frottantes et le balancier sont de platine, c'est la première fois qu'on emploie ce métal; 125, 133, 137, 141, 145, 149, 157, 161, le 8 mai, le roi tient un lit de justice à Versailles; 165, 173, 205, 213, 217, 222, 228, 234, 244, 254, 258, 263, 273, 279, 283, détails de la réception faite par le roi, le 10 août, des ambassadeurs du nabab Tipou, sultan de Bahabour; 289, 294, 299, 303, 307, 311, 320, 323, 327, 331, 338, 342, 348, 358, 363, 367, 371, 373, 375, 379, 381, 385, 389, 393, 397, 399, le 6 novembre, ouverture de l'assemblée des notables; 409, 413, 417, 423, 427, 431, 435, 439, 443, 448, clôture de l'assemblée des notables; 451, 455, 459, 463, discours.

Année 1789, p. 4, 7, 16, 24, 29, 33, 37, 45, 51, 55, 59, 67, 73, 77, 82, 85, 89, 93, 98, 101, 106, 109, 113, 117, 123, 127, 131, 135, le 6 avril, la reine et les princesses vont communier à la paroisse Notre-Dame (dernière fois); 139, le 8 avril, Monsieur communie à la paroisse Notre-Dame; 144, le 13 avril, le roi communie à la paroisse Notre-Dame (dernière fois); 148, 153, 158, 161, le 27 avril, on proclame dans les rues de Versailles la remise de l'ouverture des États généraux au 4 mai; 165, le 2 mai, les députés, réunis à Versailles, sont présentés au roi dans le salon d'Hercule; le même jour, le duc de Berry fait sa première communion à la paroisse Notre-Dame; 173, détails de la procession et de l'ouverture des États généraux; 179, 183, 185, ouverture des États généraux (discours); 195, 197, suite des discours; 208, 209, suite des discours; 219, 221, suite des discours; 231, 235, 239, mort du Dauphin à Meudon, le 4 juin; 243, 247, le 11, procession de la Fête-Dieu à la Paroisse Notre-Dame, à laquelle assistent le roi, la cour et les députés aux États généraux; 251, 257, 261, le 22 juin, séance royale; 266, séance royale (discours); 273, 281, 287, 292, 296, 300, 303, 307, 311, 315, 320, 323, 327, le 13 août, le roi reçoit les membres de l'Assemblée nationale dans la grande galerie; l'Assemblée et le roi entendent ensuite le *Te Deum* dans la chapelle du Château; 334, 340, 347, le 25 août, Bailly, maire de Paris, et Lafayette, commandant de la garde nationale de Paris, sont présentés au roi à la tête d'une députation des représentants de la Commune de Paris; la garde nationale de Versailles fraternise avec celle de Paris; 361, 365, 370, 375, 383, 389, 411, le 27 septembre, le corps municipal et les officiers d'état-major de la garde nationale de Versailles sont présentés au roi dans la chambre de Sa Majesté; 419.

Année 1790, p. 400, désordres dans le grand parc de Versailles.

Année 1791, p. 51, bruits répandus à Versailles et ses environs sur l'enlèvement du roi ; procès-verbaux du major de la garde nationale de Rocquencourt ; délibérations du directoire du département de Seine-et-Oise, 30 janvier ; 164, tumulte à Versailles, le 25 avril, à l'occasion du départ du régiment de Flandres, remplacé par celui du royal Roussillon ; 172, proclamation du roi qui ordonne l'exécution du décret de l'Assemblée nationale de Versailles, du 30 juin 1790, relatif au commandant de la garde nationale de Versailles, du 20 avril 1791 ; 183, extrait du registre des délibérations du directoire du département de Seine-et-Oise, du 6 mai 1791, à l'occasion des sieurs Berthier et Villantrois, commandant et capitaine de la garde nationale de Versailles.

Collection et Manuscrit de Narbonne, premier commissaire de police de Versailles. 26 vol. in-4°.

Tome 3, p. 300, procès-verbal de ce qui s'est passé au lit de justice, tenu à Versailles, le mercredi 3 septembre 1732 ; p. 313, lit de justice tenu à Versailles ; p. 367, les députés du Parlement viennent à Versailles, le 31 décembre 1733.

Tome 4, p. 16, état des gages, appointements, entretien et autres dépenses ordinaires des bâtiments du roi pour l'année 1733 ; p. 19, entretien des couvertures des maisons royales ; p. 253, prétendue grossesse, à Versailles ; p. 258, grossesse triple d'une femme de la rue du Bel-Air, à Versailles, 1733 ; p. 300, mort de Madame, troisième fille de Louis XV, à Versailles, 1733 ; p. 303, mort du duc d'Anjou, à Versailles, 1733.

Tome 5, p. 76, mémoire sur une fille inconnue arrivée dans la ville de Dreux ; p. 80, son passage à Versailles ; p. 86, mémoire sur la même fille et son séjour à Versailles ; p. 92, divers voyages du roi Louis XV, 1733 ; p. 104, arrestation de quatre individus à Port-Royal, 1733 ; p. 180, le 8 mai 1733, une députation du Parlement vient trouver le roi à Versailles ; p. 380, retraite spirituelle établie par M. Jomard, curé de Notre-Dame de Versailles, 1734 ; p. 381, établissement de francs-maçons à Versailles, 1743.

Tome 6, p. 103, requête présentée à Versailles, le 20 juin 1738, à M. le cardinal de Fleury, par les paysans de la route de Paris à Chartres ; p. 130, appétit vorace de J. Petit, rôtisseur à Versailles ; p. 212, en 1740, débordement de la Seine qui empêche les arrivages à Paris, et pendant lequel le marché aux farines de Versailles fut d'un grand secours à la capitale ; p. 216, prophétie du sieur Morel, ordinaire de la musique du roi, à Versailles ; p. 230, mariage de dom Philippe, infant d'Espagne, avec Madame première, fille de Louis XV, à Versailles, 1739 ; p. 237, gravure représentant ce mariage ; p. 238, gravure représentant le feu d'artifice tiré sur la terrasse du Château à cette occasion ; p. 239, description de la fête donnée à Versailles à l'occasion du mariage de Mme Louise-Elisabeth, fille aînée du roi, avec dom Philippe, infant d'Espagne ; p. 246, autre gravure représentant le même mariage à Versailles ; p. 252, cérémonie observée au départ de Versailles de Madame première.

Tome 7, p. 97, harangue faite au roi, à Versailles, le 19 mars 1734, par Mgr l'archevêque de Tours, pour la clôture de l'assemblée générale extraordinaire du clergé de France ; p. 211, requête et arrêt contre le sieur Tourterel, secrétaire du duc de Noailles, à l'occasion de la construction de l'hôtel des gardes du corps ; p. 273, mémoire concernant la police de Versailles ; p. 280, mémoire adressé au duc de Noailles, gouverneur de Versailles, concernant la police de Versailles, 1733 ; p. 284, opinion de Narbonne, sur l'ordonnance du roi du 27 mai 1721, concernant Versailles ; p. 286, lettre de Narbonne, au comte de Maurepas, à l'occasion d'un prétendu revenant qui se montrait rue de Paris, à Versailles, et des chambres garnies ; p. 292, mémoire à l'occasion de vols faits, à Versailles, par un nommé Salle, 1725 ; p. 296, diverses aventures arrivées à Versailles aux pages de la grande écurie du roi ; p. 301, observations sur la mendicité à Versailles ; p. 314, mémoire sur le même sujet ; p. 316, mémoire concernant les chambres garnies à Versailles ; p. 322, mémoire concernant les colporteurs à Versailles ; p. 324, mémoire adressé au duc de Noailles, gouverneur de Versailles, pour l'établissement, à Versailles, de deux patrouilles sédentaires, de pompes, seaux et autres outils pour le secours des incendies ; p. 332, mémoire sur la police de Versailles ; p. 350, mémoire adressé à M. Bachelier, inspecteur général du domaine et du gouvernement de Versailles sur la police de cette ville ; p. 354, mémoire adressé au cardinal de Fleury, au sujet de la disette d'eau à Versailles ; p. 358, mémoire concernant les lanternes à Versailles ; p. 362, mémoire adressé à M. Dubois, directeur général des ponts et chaussées de France, sur le pavage à faire à Versailles ; p. 381, mémoire à l'occasion du séjour des étrangers dans Versailles.

Tome 8, p. 16, présentation de Saïd-Mehemet, ambassadeur turc, au roi, à Versailles, septembre 1741 ; p. 20, audience de congé du même ambassadeur, 12 juin 1742 ; p. 27, gravure représentant l'audience donnée par le roi Louis XV, au Château de Versailles, à Saïd-Bacha, ambassadeur turc, 10 janvier 1742 ; p. 88, comète vue à Versailles, en 1744 ; p. 193, milice de Versailles, en 1743 ; p. 197, quelques anecdotes à l'occasion du comte de Noailles, gouverneur de Versailles ; p. 218, un homme interpelle directement le roi dans la chapelle du Château de Versailles, le 11 juillet 1743 ; p. 225, prières de 40 heures, dites à Versailles, pour la paix, 1743 ; p. 227, fêtes à Versailles, 1744 ; p. 229, *Te Deum* chanté dans l'église Notre-Dame de Versailles, en réjouissance de la prise de Nice ; p. 232, *Te Deum* chanté dans la chapelle du Château pour la prise d'Ypres ; p. 237, on apprend, à Versailles, la maladie du roi à Metz.

Tome 9, p. 62, en 1719, la princesse de Conty vend son hôtel de Versailles (la Mairie) à M. Bosc, revendu en 1723, à M. le duc de Bourbon ; p. 67, mort de Louis XIV, et tout ce qui se passa alors à Versailles ; p. 105, réception de Riza-Becque, ambassadeur de Perse à Versailles ; p. 108, l'ambassadeur turc, Saïd-Mehemet, vient à Versailles, 1741 ; p. 118, les ducs de Bourgogne, d'Anjou et de Berry, sont baptisés dans la chapelle du Château de Versailles, le 18 janvier 1687 ; p. 129, carrousels, à Versailles, en 1685 ; p. 130, bals donnés, à Versailles, par le duc de Berry, en 1714 ; p. 132, fête donnée, le 17 juillet 1730, dans le labyrinthe, par Mlle de Clermont, et concert donné par la duchesse de Gontaut-Biron dans le bosquet de l'Etoile ; p. 134, bals donnés par le roi dans le Château de Versailles, pendant le carnaval de 1739; p. 140, le dauphin, fils de Louis XV, court la bague pour la première fois dans la carrière de Versailles en 1743; p. 168, départ de l'infante qui devait épouser Louis XV, 1725 ; p. 171, diverses anecdotes concernant Versailles, à l'occasion du dauphin, fils de Louis XIV; p. 184, *id.* sur le duc de Berry; p. 185, *id.* sur la duchesse de Berry ; p. 186, *id.* sur le duc de Bourgogne; p. 196, naissance des enfants de Louis XV, et ce qui se passe à Versailles dans ces occasions; p. 240, mariage de Madame, première fille de Louis XV, avec dom Philippe, infant d'Espagne à Versailles, 1739 ; p. 255, mariage du duc de Penthièvre et de la duchesse de Modène dans la chapelle du Château de Versailles, 1744; p. 272, *Te Deum* chanté dans l'église Notre-Dame de Versailles, en 1686, pour le rétablissement de la santé du roi; p. 279, réjouissances, à Versailles, à l'occasion de la prise de Milan; p. 280, *id.* pour la bataille de Parme ; p. 281, *id.* pour la prise de Philisbourg; p. 283, *id.* pour la paix, 1739; p. 285, *id.* pour la prise de Nice, 1744; p. 287, *id.* pour la prise de Menin, 1744; p. 288, *id.* pour la prise d'Ypres, 1744 ; p. 299, mariage du prince de Conty et de Mlle de Chartres, à Versailles, 1732; p. 328, mort de la reine Marie-Thérèse, femme de Louis XIV, à Versailles, 1683 ; p. 332, pompe funèbre du duc et de la duchesse de Bourgogne, à Versailles, 1712; p. 337, pompe funèbre du roi Louis XIV, à Versailles, 1715; p. 340, pompe funèbre de Madame, troisième fille de Louis XV, à Versailles, 1733; p. 349, deuils du roi Louis XV, à Versailles; p. 353, quelques anecdotes sur Versailles, à propos du duc de Vendôme.

Tome 10, p. 50, réjouissances à Versailles, à l'occasion de la bataille de Parme, 1734 ; p. 258, harangue faite au roi, à Versailles, le 5 juin 1735, par Mgr l'archevêque de Toulouse; p. 410, le roi Stanislas vient à Versailles, 1736.

Tome 11, p. 11, réception des ambassadeurs de Siam, dans la grande galerie du Château de Versailles et harangue qu'ils firent au roi, 1685 ; p. 18, réception de Mehemeth-Riza-Bec, ambassadeur de Perse, 1715; p. 39, aqueducs de Marly, de Montreuil, de Buc et de Maintenon, 1680; p. 114, Paris-Duverney brûle ses papiers dans son hôtel, à Versailles, après l'arrestation du duc de Bourbon; p. 111, arrestation du duc de Bourbon, à Versailles; p. 121, le comte de Charolais vient à Versailles faire sa cour au roi, 1726; p. 122, la jeune Quoniam, maîtresse du comte de Clermont, demeure rue de Tournelles, à Versailles; p. 128, bals donnés par le roi, en 1739, dans le Château de Versailles; p. 133, mort de Blouin, gouverneur de Versailles, 1729; p. 135, Vaillant, chef de cuisine de Mme de Villacerf, l'un des plus grands buveurs de Versailles; p. 140, arrivée à Versailles de Boudin, premier médecin du roi, 1708; p. 143, les prêtres de Notre-Dame de Versailles portaient, en 1718, un petit bouquet de barbe au menton; p. 176, dépenses de Louis XIV à Versailles; p. 187, carrousel du roi dans les grandes écuries de Versailles, 1685, et dans la carrière, en 1686; p. 189, bals donnés en 1714, à Versailles, par la duchesse de Berry; p. 220, arrestation de Marillac, à Glatigny, en 1630; p. 238, ordonnance du roi, portan. permission de faucher les foins avant la saint Jean, dans toute l'étendue du royaume, même dans le parc de Versailles et autres maisons royales, sans en demander aucune permission aux seigneurs aux capitaines des chasses et autres officiers ; 29 mai 1723 ; p. 242, convoi de Louis XIV, à Versailles.

Tome 12, p. 11, le cardinal Dubois et Mlle de Bouillon, à Versailles, 1723. Le cardinal Dubois et un abbé à Versailles, 1723 ; p. 19, notice sur le duc du Maine, né à Versailles, le 31 mars 1670 ; p. 36, le ministre d'Angervilliers meurt, à Versailles, le 15 février 1736 ; p. 111, arrestation du duc de Bourbon à Versailles, 1726 ; p. 213, églises de Versailles.

Tome 13, p. 20, pendant l'hiver rigoureux de 1729, on fait des feux dans les rues de Versailles ; p. 21, rigoureux hiver de 1740, à Versailles ; p. 63, harangue faite au roi, à Versailles, le dimanche 29 août 1723, par Mgr l'archevêque de Sens ; p. 80, départ de Versailles de l'infante qui devait épouser Louis XV, le 5 avril 1725 ; p. 108, Versailles paye 30,000 liv. pour le joyeux avènement de Louis XV ; p. 285, Jean Petit, rôtisseur à Versailles, très grand mangeur, 1738 ; p. 334, le sieur Martinot meurt à Versailles, après avoir mangé un melon, 10 septembre 1735.

Tome 14, page 1, construction du poids à la farine, de la geôle et d'une aile de l'hôpital, en 1723 et 1724 ; p. 34, mort du duc et de la duchesse de Bourgogne, 1712 ; p. 55, derniers jours et mort de Louis XIV, 1715 ; p. 62, le roi Louis XV revient habiter Versailles ; p. 66, Louis XV et Marie Leczinska viennent à Versailles ; p. 68 et suivantes, naissance des enfants de Louis XV, à Versailles ; p. 91, concert dans la cour de marbre pour la naissance du dauphin, 1729 ; p. 92, feu d'artifice dans la cour du Château, 1729 ; p. 98, fêtes à Versailles à l'occasion de la naissance du dauphin, 1729 ; p. 103, naissance du duc d'Anjou, 1730 ; p. 105, naissance de Madame quatrième, 1732 ; p. 106, naissance de Madame cinquième, 1733, singulière aventure arrivée à l'accoucheur de la reine ; p. 107, naissance de Madame sixième, 1734 ; p. 108, naissance de Madame septième, 1736 ; p. 108, naissance de Madame huitième, 1737 ; p. 114, notice sur le duc de Noailles et sur le gouvernement de Versailles ; p. 122 et suivantes, mémoire concernant le procès entre M. le duc de Noailles et le sieur Tourterel, à propos de la construction de l'hôtel des gardes du corps, à Versailles, 1731 ; p. 225, privilége des bourgeois de Versailles ; p. 285, singuliers phénomènes observés, à Versailles, à la mort du cardinal Dubois ; p. 286, le tonnerre tombe sur l'église de Notre-Dame de Versailles, 1730 ; p. 287, divers effets produits par le tonnerre, à Versailles, en 1731 ; p. 328, dureté du contrôleur général Orry envers les pauvres de Versailles, 1740 ; p. 347, enfant pris d'abord pour fille et ensuite reconnu garçon, à Versailles, 1739 ; p. 387, procession de captifs rachetés par la reine, à Versailles, 1729 ; p. 286, procession faite à Versailles, à l'occasion d'une relique envoyée par le pape à la reine, 1739 ; p. 390, M. de Louvois fait pendre deux soldats du régiment du roi, pour avoir violé une femme à Rocquenconrt ; p. 391, le prince du Mont-Liban vient visiter Versailles, 1728 ; p. 400, prix des petits pois à Versailles, au mois de mai de chaque année, 1733.

Tome 15, p. 230, mort du duc d'Orléans, régent, à Versailles, 2 décembre 1723 ; p. 529, même sujet ; p. 363, les musiciens de la chapelle chantent un *Te Deum* à l'église Notre-Dame de Versailles, pour le rétablissement de la santé du roi, 1687 ; p. 404, le roi

Louis XV donne le nom de *grippe* aux rhumes qui régnèrent en février et mars, 1743.

Tome 16, p. 22, hiver de 1709, à Versailles; p. 23, hiver de 1729, à Versailles; p. 26 et suivantes, observations météorologiques faites à Versailles, de l'année 1731 à 1745; p. 198, origine de Versailles; p. 206, on place une grille au bout de l'avenue de Sceaux, 1733, et une autre au bout de l'avenue de Saint-Cloud, 1734; p. 216, état des vignes dans les environs de Versailles, de 1740 à 1745; p. 239, sur l'hôtel de Conty (mairie).

Tome 17, p. 40, procédure faite à l'occasion d'un aqueduc, construit dans la rue de l'Etang (Duplessis), à Versailles; p. 61, arrosement des rues de Versailles, 1731; p. 77, baraques du marché Notre-Dame; p. 157, à Versailles, on ne fait que du pain bis-blanc et bis, en 1740, on le payait cinq sous la livre; p. 175, jugement qui fait défense aux boulangers de Versailles d'augmenter le prix du pain sur le marché, et de vendre plus cher à la fin qu'au commencement, septembre 1725; p. 207, le sieur Gouget, boulanger, rue Dauphine, à Versailles, est condamné à 300 liv. d'amende pour vente de pain à faux poids, 1726; p. 218, le nommé Lenormand, boulanger à Versailles, condamné à 10 liv. d'amende pour n'avoir pas marqué son pain, 1727; p. 314, arrêt du Conseil d'Etat du roi, servant de règlement pour la régie et la perception des droits sur le bétail à pied-fourché en la ville de Versailles, 1722; p. 358, sentence de M. le bailly de Versailles, du 20 mars 1733, qui confisque avec amende et dépens, sur plusieurs bouchers de Versailles, des morceaux de viande : leur fait défense et aux charcutiers de ladite ville, de ne plus à l'avenir acheter des marchands forains aucun morceau de viande de boucherie, porc-frais ou salé, soit dans la place publique ou ailleurs, à peine de confiscation et de cent livres d'amende : fait défense auxdits forains, sous pareilles peines, d'en vendre auxdits bouchers et charcutiers, leur enjoint d'en faire la vente au public, au marché, dans l'endroit qui leur sera, à cet effet, incessamment destiné; p. 365, jugement du bailly de Versailles, à l'occasion d'immondices placés dans les rues, 1731; p. 386, arrêt du bailly de Versailles, qui force tous les marchands de bois à établir leurs chantiers, dans le quartier du Parc-aux-Cerfs, 1724; p. 390, arrêt du bailly de Versailles, qui empêche les charpentiers de mettre leur bois sur la voie publique, 1733.

Tome 18, p. 1, cérémonie que l'on fait à Versailles, le jour de la naissance du roi Louis XV; p. 11, devoirs des commissaires de police; p. 23, cérémonie pour la paix de 1739, à Versailles; p. 90, arrêt du bailly de Versailles qui défend aux bouchers de vendre de la charcuterie, 1721; p. 92, arrêt du bailly de Versailles, qui fait saisir chez un charcutier du porc qui contenait des grains de ladrerie; p. 96, autre arrêt qui défend de brûler les porcs dans les cours, 1724; p. 100, autre arrêt concernant les charcutiers, 1731; p. 111, arrêt du bailly de Versailles, contre un cabaretier et un limonadier qui donnaient à boire à une heure indue; p. 155, autre arrêt qui défend de loger aucune personne sans papiers; p. 159, jugement de police du 24 mars 1730, qui condamne Georges Boutignou, logeur, rue du Vieux-Versailles, à 150 liv. d'amende pour avoir logé des femmes et filles de mauvaise vie ; p. 191, statuts et règlements pour la communauté des maîtres chirurgiens de la ville de Versailles, 1721 ; p. 211, arrêt du bailly de Versailles contre plusieurs individus qui exercent la chirurgie sans diplômes, 1722 ; p. 330, jugement de police, au sujet des charrettes des paysans, 1728 ; p. 360, jugement de police contre plusieurs individus qui attachaient des chiens à des charrettes, à Versailles, 1728 ; p. 374, jugement de police contre un marchand de bas de la rue Duplessis, qui avait étallé des peaux pendant le service divin, le dimanche 27 octobre 1726 ; p. 399, les chirurgiens de Versailles se refusent à dénoncer les blessés qu'ils auraient pansés chez eux ; p. 433, discussion entre les huissiers de Saint-Germain et ceux de Versailles, 1734.

Tome 19, p. 6, le roi Louis XV ne touche pas les écrouelles pendant les années 1738-39-40-41-42-43 ; p. 40, règlement de M. le grand prévost concernant les écrivains suivant la cour, 1732 ; p. 62, foires de Versailles ; p. 66, règlement de police concernant l'enlèvement des fumiers à Versailles, 1705 ; p. 73, règlement sur la vente des farines, à Versailles, 1709-1710 ; p. 97, cherté du pain, à Versailles, 1709 ; p. 99, tarif de ce que doit être le prix du pain sur le marché de Versailles, suivant le prix de la farine, 1709 ; p. 102, famine de 1725 à Versailles ; p. 123, arrêt qui force les verduriers, maraîchers, etc., à ne vendre que sur le marché aux herbes, 1715 ; p. 144, arrêt qui force les marchands de foin et de paille à vendre leur marchandise sur le marché de Versailles, 1724 ; p. 148-150, arrêts pour contravention par les marchands de foin ; p. 175, arrêt contre les revendeurs d'habits de Versailles, 1709 ; p. 181, jugement qui enjoint aux fripiers d'avoir des registres pour écrire ce qu'ils achètent des gens connus ou qui ont des répondants, 1733 ; p. 192, les grainetiers de Versailles ne peuvent acheter sur le marché que passé deux heures, 1620 ; p. 197, ordonnance du roi qui force les entrepreneurs de Versailles à porter les gravois et démolitions, dans les lieux indiqués par les inspecteurs des bâtiments, 1717 ; p. 203, jugement de police pour les glaces, 1729 ; p. 238, lettres-patentes portant établissement d'un hôpital à Versailles avec le règlement concernant ledit hôpital, 1720 ; p. 311, arrêt qui défend de jouer aux quilles dans les rues de Versailles, 1733 ; p. 366, lanternes publiques de Versailles, 1741 ; p. 430, jours des marchés de Versailles.

Tome 20, p. 1, procession des chevaliers du Saint-Esprit, à Versailles ; p. 3 et suivantes, procession des Rogations, de l'Ascension, de la Pentecôte, de la grande fête Dieu, de l'Octave, à Versailles ; p. 93 ; jugement du bailly de Versailles, concernant les pigeons ; p. 97, jugement du même bailly contre les porteurs d'eau ; p. 102, arrêt du conseil d'Etat du roi, concernant les propriétaires et possesseurs des hôtels, maisons bâties et place à bâtir dans la ville de Versailles, octobre 1722 ; p. 104, arrêt du bailly de Versailles, forçant le maréchal de Montesquiou de faire paver le devant de son hôtel, rue de l'Orangerie, août 1727 ; p. 109, arrêt du bailly de Versailles qui empêche de casser la glace sur les étangs du roi, janvier 1732 ; p. 161, arrêt du bailly de Versailles, contre les marchands de paille qui vendent à faux poids, mai 1724 ; p. 170, arrêt du bailly de Versailles contre les pâtissiers qui vendent aux portes des églises les dimanches, janvier 1730 ; p. 189, *Te Deum* chanté à Versailles pour la prise de Pizzighitone, décembre 1733; p. 193, réjouissances à Versailles pour la prise de Milan, janvier 1734; p. 195, réjouissances à Versailles pour la victoire de Parme, juillet 1734; p. 196, réjouissances, à Versailles, pour la prise de Philisbourg, août 1734, et pour la prise de Nice, 1734; p. 198, réjouissances à Versailles pour la prise de Menin, juin 1744; p. 199, *id.* pour la prise d'Ypres, juillet 1744; p. 247, arrêt du bailly de Versailles contre les marchands de volailles, février 1724 et p. 269-270; p. 304, arrêt sur le ramonage, à Versailles, novembre 1731 et p. 307; p. 372, ordonnance contre les marchands de suif de Versailles, 1711; p. 476, règlement fait par le roi, entre le prévot de son hôtel et le bailly de Versailles, le 21 août 1684; p. 478, règlement de police, du 18 juillet 1684, portant défense de s'établir à Versailles, sans faire de déclaration, à peine de 50 livres d'amende; p. 480, règlement de police du 27 mai 1689, portant défense de pêcher dans l'étang de Clagny, à peine de 100 livres d'amende; p. 482, édit du roi pour l'union de plusieurs terres et fiefs au domaine et à la justice de Versailles, décembre 1693; p. 486, règlement de police du 28 mai 1694, pour la nomination d'un syndic et seize quartiniers, à Versailles; p. 492, arrêt du conseil d'Etat du roi, qui force les propriétaires des maisons de Versailles à faire paver le devant de leurs maisons et à les éclairer la nuit par des lanternes, novembre 1698; p. 494, autre arrêt, sur le même sujet, février 1703; p. 496, autre arrêt sur le même sujet, octobre 1722; p. 496 *bis*, ordonnance du roi, du 30 septembre 1676, par laquelle le roi fait don de la propriété du terrain à ceux qui bâtiront à Versailles du côté du vieux village et les exempte des logements par craie, pendant dix ans; p. 497, ordonnance du roi du 12 décembre 1695, qui exempte de la craie toutes les maisons de Versailles, jusqu'au 1er janvier 1699; p. 499, lettres-patentes pour le papier terrier de Versailles et dépendances, octobre 1698; p. 501, règlement de police du 17 avril 1703, qui ordonne à tous propriétaires de maisons, à Versailles, de faire des fosses d'aisances, à peine de 100 livres d'amende; p. 503, arrêt du conseil, tarif et lettres-patentes, pour les droits qui doivent être payés dans les marchés de Versailles, 31 juillet 1703; p. 505, lettres-patentes du roi, qui fixent pour toujours la taille de la ville et paroisse de Versailles à la somme de 600 livres, août 1706; p. 507, lettres-patentes du roi, portant exemption de taille en faveur des habitants de la ville de Versailles; novembre 1715; p. 508 *bis*, édit du roi pour la régie du domaine de Versailles et dépendances, mai 1716; p. 509, règlement de police pour la ville de Versailles, 6 mai 1721; p. 513, ordonnance du roi concernant la ville de Versailles, ceux qui s'y établiront et ceux qui y loueront des maisons, 27 mai 1721; p. 515, déclaration du roi, portant règlement sur les baux des maisons de Versailles, 23 juin 1716; p. 517, arrêt du Conseil d'Etat du roi concernant les baux des maisons de Versailles, 15 avril 1722; p. 519, arrêt du Conseil d'Etat du roi, du 13 juin 1725, pour la diminution des loyers de la ville de Versailles; p. 521, arrêt du Conseil d'Etat du roi, pour la diminution des loyers de la ville de Versailles, 25 août 1725; p. 523, règlement entre la prévôté de l'hôtel et le bailliage de Versailles, juin 1723; p. 527, arrêt du Conseil d'Etat du roi, du 10 mars 1725, concernant les brevets de don de places à bâtir à Versailles et aux environs, etc.;

p. 529, ordonnance du roi, concernant la juridiction et police du port de Marly, et des marchandises qui y arrivent, 27 décembre 1726; p. 530, récapitulation de l'étendue de Versailles, juin 1736; p. 539, plan de la voirie de Versailles, 1735; p. 539, arrêt du bailly de Versailles, contre plusieurs propriétaires à l'occasion de la vidange des fosses d'aisances, 1723; p. 553, arrêt du bailly de Versailles, qui condamne à 100 livres d'amende le sieur Opé, vidangeur, pour la mauvaise confection de ses tonneaux; p. 562, autre arrêt, à l'occasion des vidanges, 1734; p. 563 *bis*, arrêt du Conseil d'Etat du roi, du 29 juin 1734, qui enjoint aux commissaires de police de la ville de Versailles d'assister les commis aux aides et de se transporter avec eux dans les maisons et hôtels appartenant tant à Sa Majesté qu'aux princes et princesses, seigneurs et dames de la cour, pour y dresser procès-verbal de la vente du vin en détail, saisir les vins et être les contrevenants condamnés en la confiscation et en 500 livres d'amende. Enjoint aux propriétaires desdites maisons et hôtels, de tenir la main à ce que leurs concierges, suisses, portiers, domestiques et autres ne vendent et débitent aucuns vins et autres boissons, en détail, dans leurs maisons et hôtels, et à ce que les visites et ouvertures des caves et lieux, soient faites à la première réquisition desdits commissaires de police, qui pourront prendre main-forte; et, en cas de refus, faire faire l'ouverture. Ordonne qu'en cas que lesdits concierges, suisses, portiers, domestiques et tous autres personnes refusent auxdits commis et commissaires, l'entrée desdites maisons et hôtels et les troublent dans leurs fonctions, ils soient condamnés à 500 livres d'amende; et qu'en cas de violence et de rébellion, leur procès leur soit fait et parfait suivant la rigueur des ordonnances; p. 565, arrêt du Conseil d'Etat du roi, du 28 juin 1738, qui ordonne que, sans avoir égard aux scellés apposés par le bailly de Versailles, en la maison et sur les effets du sieur de Forcade, premier commis de la marine, ceux apposés par le lieutenant général de la Prévôté de l'hôtel, seront par lui levés, après une simple sommation faite audit bailly, et que la description et inventaire de ce qui se trouvera sous-iceux sera par lui faite; ensemble qu'il sera par un huissier de la prévôté de l'hôtel, procédé à la vente desdits effets, s'il y échoit; et fait défense au bailly de Versailles, et à tout autre, d'apposer les scellés, ni faire aucun inventaire ou vente, ou autres actes de justice concernant les personnes de la cour et suite, à peine de nullité, cassation de procédure, et de tous dépens, dommages et intérêts.

Tome 21, p. 6, ordonnance de police pour prévenir et empêcher, à Versailles, qu'il ne se commette des assassinats, comme il y en a fréquemment, à Paris, octobre 1742; p. 10, lettre sur les bassins inégaux des balances, à Versailles, 1739; p. 21, jugement rendu par le bailly de Versailles, concernant les déclarations que doivent faire les meuniers et marchands forains de farines, au bureau du Poids-le-Roi, à Versailles, 1733; p. 29, manque de blé à Versailles, en 1740; p. 62, révolte de Versailles en 1725; p. 73, mémoire au vrai concernant l'émotion populaire arrivée à Versailles, le lundi 22 août 1740, à deux heures après-midi; p. 84, suite de cette révolte; p. 87, *id.*; p. 93, pénurie de blé à Versailles et à Paris, septembre 1740; p. 101, départ du roi de Versailles, septembre 1740; p. 104, arrangement avec les marchands de farines sur le prix du blé, à Versailles, septembre 1740 ; p. 115, le grand hiver de 1740, à Versailles; p. 127, procès contre Pierre Verdier, brasseur, à Versailles, à l'occasion du grain, 1740 ; p. 131, sentence de police, qui condamne le nommé Caron, à Versailles, en 300 livres d'amende à l'occasion du pain, 1740; p. 156, mémoire concernant le pillage fait des bois de Porchefontaine, appartenant à MM. les Célestins de Paris, 1740; p. 162, suite du pillage ; p. 186, mémoire concernant les incendies, le nettoyement des boues et les lanternes publiques, à Versailles, 1743; p. 188, projet de lettres-patentes pour un octroi de police à Versailles, 1741 ; p. 198, même sujet; p. 208, mémoire concernant l'incendie arrivé le dimanche 9 avril 1741, à Versailles ; p. 232, secours aux pauvres, à Versailles, 1709; p. 240, mêmes secours, en 1740; p. 250, arrêt concernant les porteurs de chaises bleues; p.253, insulte faite par les pages du roi, à Versailles; p. 254, discussion entre la prévôté de l'hôtel et le bailliage de Versailles ; p. 259, règlement entre les officiers de la prévôté de l'hôtel, et les officiers du bailliage royal de Versailles, 1684 ; p. 268, extrait d'arrêts et règlements du Conseil d'Etat, qui maintiennent les officiers de la juridiction ordinaire dans les fonctions de la police générale, contre les entreprises des officiers de la prévôté de l'hôtel ; p. 283, mémoire concernant les nouvelles entreprises des officiers de la prévôté de l'hôtel; p. 286, continuation du même sujet; p. 294, décisions de M. le chancelier, 1736 ; p. 300, conflit entre le bailliage de Versailles et les officiers de la prévôté de l'hôtel; p. 286, continuation du même sujet ; p. 294, décision de Mgr le chancelier, 1736 ; p. 300, conflit entre le bailliage de Versailles et les officiers de la prévôté de l'hôtel, 1737 ; p. 302, autre conflit, 1742; p. 309, lettres-patentes, qui nomment des commissaires pour faire procéder à un terrier général des domaines de Versailles, Marly, Saint-Germain-en-Laye et Meudon, janvier 1736; p. 313, arrêt du Conseil d'Etat du roi, qui règle les salaires des notaires pour les déclarations qui doivent être passées au terrier de Versailles, Marly, Meudon et Saint-Germain ; les cens qui doivent être payés et la remise qui pourra être faite sur les droits seigneuriaux dus à Sa Majesté, juin 1736 ; p. 318, libertins de Versailles, 1722 ; p. 321, jugement de M. le bailly de Versailles, lieutenant général de police, qui condamne à l'amende plusieurs boulangers de Versailles pour avoir, en contravention des règlements, exposé en vente leurs pains à faux poids. Enjoint aux boulangers de tenir leurs pains du poids qu'il doit être, et de le marquer de marques apparentes des deux premières lettres de leur nom, à peine de 100 livres d'amende, mai 1737; p. 323, jugement de M. le bailly, lieutenant général de police de Versailles, du 12 novembre 1737, qui condamne à l'amende plusieurs particuliers et marchands de la ville de Versailles, pour avoir contrevenu aux ordonnances et règlements de police ; p. 327, arrêt du Conseil d'Etat du roi, qui permet aux marchands boulangers de la ville de Paris, de continuer d'acheter au marché du Poids-le-Roi de la ville de Versailles, des farines pour leur approvisionnement, ainsi que par le passé, 24 novembre 1737; p. 239, arrêt du Conseil d'Etat du roi, du 12 décembre 1737, qui ordonne que les fermiers de Sa Majesté ayant colombiers de pigeons bisets, ou autres particuliers ayant colombiers ou volières dans ses parcs de Versailles, seront tenus d'en détruire les pigeons le 15 février prochain, sinon qu'il y sera pourvu ; p. 331, règlement pour la police du port de Marly; p. 333, jugement de M. le bailly de Versailles, qui ordonne que les édits, déclarations, arrêts et règlements concernant le port d'armes, seront exécutés selon leur forme et teneur : en conséquence, fait défense à toutes personnes non titrées, de porter aucune épée, ni autres armes, soit de jour ou de nuit, en la ville de Versailles, à peine de prison et de 100 livres d'amende, 21 janvier 1738; p. 337, jugement de M. le bailly de Versailles, du 20 mai 1738, qui fait défense à Mme veuve Richer, marchande de poissons sur le marché et à tous autres, d'acheter des marchands forains aucun poisson d'eau douce avant 10 heures du matin, afin que les maîtres-d'hôtel des seigneurs, les bourgeois et habitants de ladite ville, aient le temps de faire leurs provisions, et ce, à peine de confiscation des marchandises et de 500 livres d'amende; p. 339, ordonnance de police du 30 mai 1738, portant très expresses défenses à tous mendiants et gens sans aveu, de mendier en aucun lieu de la ville de Versailles, sous quelque prétexte que ce soit, même de permission par écrit, défend pareillement à toutes personnes de leur donner retraite et de s'opposer à ce qu'ils soient arrêtés et conduits ès-prisons de ladite ville, par les préposés à cet effet, à peine contre les contrevenants de punition exemplaire suivant la rigueur des ordonnances; p. 344, ordonnance de police du 19 décembre 1738, portant défenses à toutes personnes, de quelque état et condition qu'elles soient, d'aller par les rues de Versailles la nuit masquées et armées, et d'entrer de force dans les bals, assemblées de noces et autres où il y aura des violons et autres instruments ; p. 347, bâtiments de Versailles, construits d'après les ordres de M. Blouin, gouverneur de Versailles ; p. 348, le 24 décembre 1740, le roi ordonne de ne plus bâtir dans Versailles ; p. 356, notice sur M. le comte de Noailles, gouverneur de Versailles ; p. 361, ordonnance de M. le bailly de Versailles, portant défense de tirer aucune arme à feu, boîtes, pétards ou fusées, pendant la procession du Très Saint-Sacrement, à peine de 40 livres d'amende, — enjoint aux bourgeois, habitants ou concierges d'hôtels de tendre le devant des maisons, le jour de la Fête-Dieu, avant huit heures, et de ne détendre qu'après que la procession sera rentrée, à peine de 100 livres d'amende ; p. 362, de par le roi et M. le bailly de Versailles, sentence qui fait défense à plusieurs aubergistes. de Versailles de donner retraite à aucun mendiant, etc., s'ils ne sont porteurs de certificats en bonne forme, septembre 1742; p. 364, lettres-patentes sur le tarif des droits qui seront à l'avenir perçus dans le marché de la ville de Versailles, juin 1736; p. 369, arrêt du Conseil d'Etat du roi, du 20 juin 1736, qui permet à Bully et Bruneteau de faire construire, à leurs frais et dépens, dans les quatre pourtours restant des quatre carrés de la place aux Cerfs de la ville de Versailles, des échoppes en forme de halles, au lieu des baraques qu'ils devaient y faire construire; p. 372, règlement de police, du 28 mars 1738, concernant le commerce de farines dans le marché et Poids-le-Roi, de la ville de Versailles; p. 375, effets du tonnerre à Versailles, 1741; p. 383, étendue du terrain de la ville de Versailles; p. 386, églises de Versailles; p. 390, consommation de viande à Versailles, de 1733 à 1741, pendant les carêmes; p. 393, curés de

Versailles; p. 406, viols à Versailles; p. 407, curé de Louveciennes, 1743; p. 408, nombre des habitants de Versailles en 1732; p. 412 *bis*, grand hiver de 1740 à Versailles; p. 418, comparaison de la consommation de Paris à Versailles en 1740; p. 447, fontaines de Versailles; p. 450, mémoire pour supprimer à l'avenir les glaces que les fontaines publiques, distribuées dans la ville de Versailles, produisent lorsqu'il survient de fortes gelées, qui rendent une partie de la ville impraticable; p. 454, greffiers de Versailles, 1744; p. 455, édit du roi pour la régie du domaine de Versailles et dépendances, mai 1746; p. 459, lettres-patentes sur arrêt pour le paiement des charges assignées sur les domaines de Versailles, Marly et dépendances, septembre 1718; p. 463, lettres-patentes portant établissement d'un hôpital à Versailles, avec le règlement concernant ledit hôpital, juin 1720; p. 467, déclaration du roi concernant les domaines de Versailles et Marly, octobre 1722; p. 473, lettres-patentes sur arrêt qui confirme la régie faite par le sieur Blouin du domaine de Versailles, Marly et dépendances, intervenues sur l'arrêt du conseil du 26 janvier de ladite année 1723; p. 485, lettres-patentes sur arrêt concernant les ventes et adjudications des bois de Versailles, Marly et dépendances, juin 1723; p. 489, arrêt du Conseil d'État du roi qui ordonne que les adjudications des bois des parcs de Versailles, de Marly et dépendances, seront tenus de compter incessamment avec le sieur Liart du prix de leurs adjudications, décembre 1723; p. 491, lettres-patentes sur arrêts concernant les comptes du receveur des domaines et bois de Versailles, Marly et dépendances, pour les années y contenues, juin 1724.

Tome 22, p. 89, arrêt du bailli de Versailles contre plusieurs bouchers, rôtisseurs, charcutiers et voituriers de Versailles, mai 1736; p. 154, boues et lanternes à Versailles, 1730; p. 178, une maîtresse du comte de Clermont, demeurant rue des Tournelles, à Versailles; p. 174, crime d'un nommé Eximard à Versailles, 1730; p. 182, un chevau-léger tue un homme à Versailles, rue du Bel-Air, 1734; p. 481, le commissaire de police Narbonne fait une perquisition dans l'hôtel du cardinal de Bouillon, à Versailles, en 1710.

Tome 23, p. 1, prières publiques faites à Versailles pour les biens de la terre, 1740; p. 15, arrêt du bailly de Versailles contre les rôtisseurs de la ville, 1737; p. 57, description du feu de joie tiré à Versailles, le mardi 8 juillet 1704, pour la réjouissance de la naissance de Mgr le duc de Bretagne; p. 101, lettres-patentes du roi portant règlement pour la maison et communauté de Saint-Louis, à Saint-Cyr, 6 mars 1694.

Tome 24, p. 19, emprisonnement fait à Versailles, le jour de l'Assomption de la Vierge, 1736; p. 92, mémoire concernant les fontaines publiques de Versailles, 1736; p. 98, lettres-patentes pour l'établissement de trois foires franches et d'un marché à Versailles, 1634; p. 153, incendie de l'hôtel de Toulouse à Versailles, 1739; p. 211, logements de la maison du roi et revues à Versailles, p. 268, mémoire à l'occasion du grand nombre de fièvres qu'il y a eu à Versailles pendant l'été de 1734; p. 287, ordre du roi pour la vidange des fosses d'aisances à Versailles, 1734; p. 293, mémoire concernant les délibérations entre M. le duc d'Antin et M. Bachelier, suivant l'ordre du roi, pour la suppression de l'étang de Clagny, 1735; p. 294, aqueducs de Versailles; p. 299, aqueducs de Montreuil; p. 308, arrêté du bailly de Versailles, à l'occasion des fosses d'aisances; p. 311, mémoire adressé au maréchal de Noailles sur les aqueducs de Versailles; p. 319, copies de plusieurs lettres écrites par Narbonne à quelques seigneurs, concernant la vidange des fosses, latrines et le pavé.

Tome 25, p. 1, lettres-patentes pour un octroi à Versailles, 1734; p. 44, arrêt du bailly de Versailles, portant défense à tous les habitants de la ville d'avoir des volailles et des porcs dans l'intérieur de la ville, novembre 1734; p. 73, jugement du bailly de Versailles contre les volaillers de Versailles, novembre 1734; p. 75, lettres-patentes sur le tarif des droits qui seront à l'avenir perçus dans le marché de la ville de Versailles, juin 1736; p. 79, arrêt du Conseil d'Etat du roi qui règle les droits à payer par les boulangers au fermier du Poids-le-Roi; p. 83, observations sur les droits du Poids-le-Roi et de la place du Marché, 1737; p. 99, mémoire contenant les droits du Poids-le-Roi et de la place du marché; p. 103, arrêt du Conseil d'Etat du roi, du 12 mars 1737, sur les droits à payer sur les sons et recoupes, au fermier du Poids-le-Roi, et sur ceux à payer sur les légumes, fruits, etc., au fermier du marché; p. 107, autre arrêt du 15 août 1736; p. 109, sentence rendue par M. le bailli de Versailles, concernant la perception des droits des places des marchés de la ville de Versailles, décembre 1736; p. 111, ferme des droits de la place du Marché de Versailles et observations du fermier; p. 114, marché de Versailles, son origine; p. 115, marché du Parc-aux-Cerfs; p. 119, lettres-patentes du roi portant établissement d'un marché dans le quartier du vieux Versailles, grande place du Parc-aux-Cerfs, juin 1735; p. 127, jugement de police qui démembre de l'ancien marché de Versailles le foin et la paille, et ordonne qu'ils seront portés sur le nouveau marché, janvier 1737; p. 139, mémoire à Mgr le maréchal de Noailles concernant l'ancien marché de Versailles; p. 205, procession de la Fête-Dieu à Versailles depuis que je suis commissaire, 1722, 1736, 1745.

Tome 26, p. 84, plan et explication des tableaux de la galerie de Versailles; 129, le grand escalier du Château de Versailles; p. 136, explication des tableaux des grands appartements du Château de Versailles.

Gazette d'Utrecht. — Année 1750 et suivantes. 1 vol. in-4°.

Année 1750, n° 13, en travaillant dans l'appartement du feu comte de Toulouse, au Château, on trouve sous le parquet une baignoire de marbre très bien travaillée et d'un seul bloc; n° 55, on prépare pour l'accouchement de la Dauphine un feu d'artifice sur la pièce d'eau des Suisses et une salle d'opéra dans l'orangerie; n° 59, on essaie devant la Dauphine deux feux d'artifice préparés, l'un par des Italiens, l'autre par des Français, pour l'accouchement de la Dauphine; n° 63, détails sur les préparatifs des fêtes qui doivent se donner à Versailles lors de l'accouchement de la Dauphine; n° 75, on place dans le salon d'Hercule, au Château, la statue de marbre de l'Amour, par Bouchardon; n° 76, le roi de Pologne, électeur de

Saxe, envoie à la Dauphine des groupes de figures, des vases, des miroirs, etc., en porcelaine de Saxe; on les place dans la chambre de la Dauphine; n° 82, on décide qu'une exposition des tableaux appartenant au roi aura lieu, tous les ans, dans les salles de la surintendance de Versailles.

Année 1751, n° 63, les travaux de l'église Saint-Louis sont suspendus pour construire les logements des troupes de la maison du roi; n° 80, le feu prend dans les greniers de la grande écurie et manque de brûler la salle des spectacles construite dans le manége couvert; n° 89, la duchesse de Lauraguais donne une fête dans sa maison de l'avenue de Paris (hôtel des Gardes); n° 105, très belle fête donnée dans la grande galerie du Château.

Année 1752, n° 2, grande fête dans le parc; n° 3, description du feu d'artifice donné dans le parc pour la naissance du duc de Bourgogne; n° 8, le roi et les princesses se promènent en traineaux dans le parc; n° 18, on travaille à démolir le grand escalier des ambassadeurs pour agrandir l'appartement du roi; n° 67, un domestique de la comtesse de Marsan est tué dans une rue de Versailles par un .particulier qui le prend pour un voleur; n° 70, feu d'artifice tiré sur la terrasse du Château pour le rétablissement de la santé du Dauphin.

Année 1753, n° 54, le roi assiste à la procession de la paroisse de Versailles; description du dais donné par le roi; n° 59, on travaille à faire l'appartement de Mᵐᵉ Adélaïde au Château.

Almanach de Versailles. 1774 à 1789. Versailles. Blaizot. 16 vol. in-32.

Gazette nationale ou le Moniteur universel, depuis le 5 mai 1789 jusqu'à nos jours. In-f°.

Voir dans cet ouvrage :

Année 1789, p. 79, de l'introduction ; procès-verbal de ce qui s'est passé au lit de justice tenu par le roi, à Versailles, le 6 août 1787; p. 88 et suivantes, le 21 novembre, le parlement est mandé par députation à Versailles; p. 99, députation du parlement à Versailles; p. 102, lit de justice tenu à Versailles, le 8 mai 1788; p. 143, seconde assemblée des notables tenue à Versailles, en 1788; p. 234, note sur la procession des Etats généraux, mai 1789, et tableau de la salle préparée pour les Etats généraux; p. 44, séance du Jeu de Paume; p. 45, séance à l'église Saint-Louis; p. 49, détails de ce qui s'est passé à Versailles sur le bruit de la démission de M. Necker; p. 57, rassemblement de troupes étrangères à Versailles; p. 60, réunion de la noblesse et du tiers ; illuminations générales à Versailles; p. 73, excès commis par les hussards à Versailles; p. 141, démission du prince de Poix, commandant la garde nationale de Versailles; p. 261, le 23 septembre, arrivée du régiment de Flandres à Versailles; p. 281 et suivantes, récit des événements qui ont amené les journées des 5 et 6 octobre.

Année 1790, p. 507, article de Peuchet sur le privilége exclusif des voitures de Versailles; p. 1085, Laborde fait décréter que la ville de Versailles pourvoira à ses dépenses et percevra, pour cet objet, les droits ci-devant perçus par le roi; p. 1089, rapport de Barrère, annonçant que plus de 2,000 hommes armés de fusils et de bâtons ont violé la clôture du grand parc de Louis XVI à Versailles; décret à ce sujet; p. 1137 et 1139, rapport de Chabroud sur la procédure faite à l'occasion des faits arrivés à Versailles dans la journée du 6 octobre 1789; p. 1142 et suivantes, continuation du rapport de Chabroud et discussion à ce sujet; p. 1400, Vernier propose de décréter une avance de 125,000 livres pour subvenir aux besoins de 41,000 pauvres, sans occupation, dans le district de Versailles.

Année 1791, p. 492, les habitants de Versailles s'opposent au départ du régiment de Flandres; p. 500, Berthier dément le bruit de sa démission de commandant de la garde nationale de Versailles; p. 569, arrêté du département de Seine-et-Oise, ordonnant la poursuite des violences exercées lors du départ des équipages de Mesdames, et déclarant qu'il n'y a pas lieu à inculpation contre Berthier commandant la garde nationale de Versailles, et Villentrois, capitaine; p. 729, le tribunal de Versailles, à qui les corps administratifs avaient dénoncé Mme d'Ossun, dame d'atours de la reine, annonce que cette dame n'a été instruite du départ de la reine que par une lettre postérieure à son départ; p. 740, attestation du maire de Versailles qui constate que les gardes du corps ont mis le plus grand zèle pour maintenir la tranquillité lors du départ du roi; p. 1145, Régnaud - d'Angely fait décréter une gratification de 6,000 livres à Lataille, propriétaire du Jeu de Paume de Versailles; p. 1403, adresse des citoyens de Versailles contre le *veto* du roi au décret des émigrés; Ducos en fait décréter la mention honorable.

Année 1792, p. 420, les soldats de Château-Vieux défilent devant l'Assemblée législative, accompagnés de la garde nationale de Versailles et de citoyens et citoyennes des sociétés populaires de Versailles et de Paris; p. 713, invitation aux membres des sociétés patriotiques et autres de se trouver, le 20 juin, sur la route de Versailles, pour y faire une promenade civique en commémoration de l'anniversaire du serment du Jeu de Paume; p. 1093, détails sur les massacres des prisonniers d'Orléans transférés à Versailles; p. 1096, décret qui met à la disposition de la municipalité de Versailles 100,000 fr. pour payer un quartier de gages aux ci-devant pensionnaires ou gagistes du roi ou des princes, enrôlés comme volontaires; p. 1132, décret de la Convention qui ordonne la suspension du transport des objets d'art de Versailles à Paris; p. 1250, le ministre Roland demande l'autorisation de vendre les meubles du Château de Versailles : accordé; Manuel propose de vendre aussi la maison : ajournement.

Année 1793, p. 280, deux membres du district de Versailles apportent à l'Assemblée un livre rouge, en trois volumes in-4°, trouvé dans un secrétaire à l'usage du roi, à Versailles, sur lequel sont inscrites les sommes distribuées par la cour; l'impression de ce livre est décrétée; p. 349, Romme fait décréter la suppression de la maison d'éducation de filles ci-devant nobles, située à Saint-

Cyr, près Versailles; p. 546, députation des citoyennes de Versailles, avec bannière, portant : *Nous demandons la taxe des grains*; p. 820, Barrère propose au nom du comité de Salut public d'établir dans le palais de Versailles un gymnase public, et de décréter la vente du mobilier des maisons ci-devant royales; le principe du gymnase est décrété ; p. 106, n° 26 du premier mois, décret qui autorise l'adjoint du ministre de la guerre, Jourdeuil, à faire caserner à Versailles la cavalerie de l'armée révolutionnaire.

An II octodi, p. 156, sur le rapport de Chénier, décret portant que la maison du Jeu-de-Paume de Versailles est un domaine national, que le conseil exécutif provisoire est chargé de traiter, au nom de la nation, avec les propriétaires, et que sur les murs du Jeu-de-Paume seront gravés ces mots : *La ville de Versailles a bien mérité de la patrie* ; p. 244, Conseil général de Paris; adoption d'un réquisitoire d'Hébert pour établir à Versailles la fabrication de la monnaie républicaine.

Année 1794, p. 524, réclamation des sociétés populaires de Versailles en faveur de deux administrateurs sans-culottes du district de Conche incarcérés depuis longtemps, tous deux victimes des persécutions de Mouton ; décret qui ordonne l'arrestation de celui-ci, et un rapport sur cette affaire ; p. 608, Lecointre, de Versailles, réclame le rapport ordonné sur les citoyens Vial et Danvers, administrateurs du département de Seine-et-Oise, arrêtés sur la dénonciation de Mouton ; p. 707, plaintes de Bassal, sur l'oppression des patriotes de Versailles ; p. 731, le Conseil général de la commune de Versailles réclame la liberté des patriotes incarcérés par les intrigues des aristocrates ; Bassal déclare que cette ville en est pleine ; Ch. Delacroix atteste que Hébert est venu dans cette ville, chez un dénonciateur des patriotes, pour y concerter des incarcérations ; p. 889, pétition de François Gamain, serrurier des cabinets du ci-devant roi, et depuis trois ans membre du Conseil de la commune de Versailles, qui demande une pension, parce que Louis XVI l'aurait empoisonné après qu'il eut fait l'armoire de fer des Tuileries ; p. 925, Couthon fait décréter que les maisons et jardins de Saint-Cloud, Versailles, etc., seront conservés et entretenus aux frais de la République, pour servir aux jouissances du peuple et former des établissements utiles à l'agriculture et aux arts ; p. 928, une députation de l'administration du district de Versailles annonce le partage des terres du tyran et des émigrés, fait à près de 3,000 indigents, à titre d'arrentement ; p. 977, rapport de Peyssard sur Gamain, serrurier de Versailles ; après avoir peint Louis XVI comme cruel, traître, assassin, il le présente comme ayant empoisonné Gamain, dont il était l'élève depuis 26 ans dans l'art de la serrurerie, et il conclut à ce qu'il soit accordé à ce citoyen devenu perclus par l'effet du poison royal, une pension de 1,200 livres ; Gouly demande l'insertion au bulletin afin que ce trait soit connu de toutes les communes et de l'armée ; ces deux propositions sont décrétées ; p. 1134, une députation de la Société populaire de Versailles demande une modification à la loi qui accorde des secours aux citoyens ci-devant attachés à la maison du tyran.

An III, p. 358, Merlin de Douay fait envoyer le représentant du

4

peuple Ch. Delacroix à Versailles, avec des pouvoirs pour y rétablir l'ordre troublé par des malveillants.

Année 1795, an III, p. 862, André Dumont transmet l'arrêté par lui pris, à Versailles, concernant les prêtres insermentés, auxquels il attribue en partie les mouvements séditieux qui se sont manifestés dans les environs de Paris; p. 875, sur le rapport de Pierret, décret d'établissement de deux écoles rurales vétérinaires, l'une à Lyon, l'autre à Versailles; p. 1292, une députation de Versailles dément l'imputation faite à la commune de Versailles d'avoir laissé manquer de pain les détenus de son arrondissement; André Dumont rend justice aux habitants de Versailles, et demande le renvoi au comité de sûreté générale : décrété; p. 1340, une députation de Versailles expose les pertes qu'elle a essuyées depuis le commencement de la révolution, et demande qu'on emploie les nombreux établissements qu'elle renferme, pour l'utilité du nouveau gouvernement; André Dumont propose à cette occasion de placer les deux conseils législatifs dans deux communes différentes et de choisir Versailles pour y placer l'une d'elles.

An IV, p. 92, lettre de Ch. Delacroix, en mission dans le département de Seine-et-Oise, annonçant le bon esprit des troupes dans ce département et des ouvriers de la manufacture d'armes de Versailles.

Année 1796, an IV, p. 657, arrêté du Directoire exécutif, ordonnant la clôture de l'église Saint-Louis de Versailles et la dissolution du soi-disant synode des curés du département de Seine-et-Oise, qui s'y tenait; p. 1435, Ozun fait adopter au conseil des Cinq-Cents un projet de résolution qui déclare aliénable la ferme de la Ménagerie de Versailles; p. 1458, Ligeret fait un rapport au conseil des Anciens sur la résolution concernant la vente de la ferme de la Ménagerie de Versailles; il propose de l'adopter; après de longs débats, et sur les observations de Paradis, le conseil la rejette.

Année 1798, an VI, p. 459, message du Directoire au conseil des Anciens, sur la question de l'aliénation du château et du parc de Versailles.

Année 1799, an VII, p. 533, inscription donnée par l'Institut national pour être placée sur la façade du Jeu-de-Paume de Versailles; p. 1040, Descloseaux fait un rapport sur une demande des propriétaires du Jeu-de-Paume de Versailles dans lequel les membres patriotes de l'Assemblée constituante se réunirent, le 21 juin 1789, pour prononcer le serment de ne pas se retirer avant d'avoir décrété une constitution; le rapporteur propose d'autoriser le Directoire à donner à ces propriétaires un domaine national, de valeur égale à celui du Jeu-de-Paume, lequel deviendra domaine national : adopté; p. 1444, rapport de Garat au conseil des Anciens, en faveur de la résolution qui règle les indemnités dues aux propriétaires du Jeu-de-Paume de Versailles, célèbre par le serment des patriotes de l'Assemblée constituante; elle est approuvée.

Année 1802, an X, p. 1404, par arrêté du premier consul, le percepteur est assimilé aux receveurs particuliers.

Année 1803, an XI, p. 531, arrêté du premier consul qui érige en écoles secondaires les écoles des sieurs Bellin de Ballu, Mortier et Fauh, de Versailles; p. 910, arrêté du premier consul, qui fixe les dépenses à Versailles pour cette année à la somme de 187,470 francs; p. 1312, extrait du mandement de l'évêque de Versailles relatif à la nouvelle guerre avec l'Angleterre, an XII ; p. 47, arrêté du premier consul qui ordonne l'établissement d'un lycée à Versailles ; p. 65, la Société d'agriculture de Seine-et-Oise couronne le sieur Godine jeune, professeur à l'école vétérinaire d'Alfort, comme auteur du meilleur mémoire sur le lavage et le dégraissage des laines.

Année 1804, an XII, p. 1335, décret impérial qui désigne le maire de Versailles comme l'un de ceux qui doivent assister à la cérémonie de la prestation de serment de l'empereur ; an XIII, p. 382, le Pape vient visiter Versailles, et y est complimenté par les autorités.

Année 1805, an XIII, p. 1064, célébration dans Versailles de l'avénement de l'empereur au trône d'Italie ; an XIV, p. 136, école française, établie par M. Pain, à Versailles, rue des Réservoirs, n° 33.

Année 1806, p. 336, mort à Versailles de J.-P. Moët, littérateur ; énumération de ses ouvrages.

Année 1807, décret du 31 mai, concernant la formation d'un mont-de-piété à Versailles.

Année 1809, p. 916, les habitants de Versailles se font inscrire comme volontaires pour marcher à la défense de la frontière, menacée par les Anglais ; p. 974, célérité dans la formation de la garde nationale mobile; p. 978, le général Vustemberg, âgé de 90 ans, part de Versailles à la tête d'un bataillon de vétérans pour marcher à la frontière ; p. 1011, un bataillon de la garde nationale part de Versailles pour Ostende; p. 1017, un second bataillon de garde mobile part de Versailles pour Ostende ; p. 1363, le roi de Saxe vient visiter le château et le parc de Versailles.

Année 1811, p. 60, nomination de M. Maxime de Choiseul à la sous-préfecture de Versailles.

Année 1813, p. 66, adresse du conseil municipal de Versailles à l'empereur, au sujet de la défection du général Yorck ; p. 1356, M. de Jouvencel est nommé maire de Versailles en remplacement de M. Gravelle de Fontaine, décédé.

Année 1814, p. 534, l'empereur de Russie et le roi de Prusse visitent le parc et le château de Versailles; lettre de l'empereur de Russie au maire de Versailles.

Année 1815, p. 278, revue de la garde nationale de Versailles, par M. de Caylus, et renouvellement de fidélité au roi; p. 303, adresse des gardes champêtres de l'arrondissement de Versailles au roi, sur l'invasion de Napoléon Bonaparte ; p. 441, députation de la garde nationale de Versailles pour féliciter l'empereur; p. 572, départ d'un bataillon de garde nationale de Versailles, pour garder les places fortes ; p. 586, M. Richard est nommé député de l'arrondissement de Versailles, à la chambre des représentants; p. 761, détail du combat livré à Versailles par le lieutenant-général Excelmans à la cavalerie prussienne; p. 802, 806, 811, adresses au roi, de la garde nationale de Versailles, des officiers de la manufacture d'armes de guerre, et du conseil d'arrondissement de cette ville; p. 921, passage par Versailles de M. le duc et de madame la duchesse d'Angoulême ; p. 856, 891, nomination des présidents des colléges électoraux de Versailles; p. 877, du sous-préfet; p. 925, des candidats à la chambre des députés; p. 1229 et 1367, des magistrats du tribunal civil de Versailles ; p. 1009, bénédiction de la chapelle restaurée du château de Versailles, par l'abbé Devins ; p. 1218, cantonnement de la 2e division de l'armée anglaise à Versailles ; p. 1405, cantonnement des troupes hanovriennes à Versailles.

Année 1816, p. 345, 790, 886 et 1383, travaux et secours accordés par le roi aux indigents de Versailles; p. 770, dons de madame la duchesse d'Angoulême aux pauvres de Versailles; p. 387, lettre de reconnaissance de l'envoyé de Prusse au maire et aux religieuses de l'hôpital de Versailles, pour les soins qu'ils ont eus des militaires prussiens ; p. 531, admission auprès du roi d'une députation de la garde nationale de Versailles à l'occasion de l'anniversaire de sa rentrée ; p. 659, installation du corps municipal de Versailles ; p. 726, fête à l'occasion du voyage du roi et des princes à Versailles et à Trianon ; p. 777, témoignage de reconnaissance des Versaillais envers leur ancien maire M. de Jouvencel ; p. 863, ordonnance du roi qui crée trois commissaires-priseurs à Versailles et nomme à ces emplois MM. Thévenin du Rozay, Morin et Gauguin ; p. 975, célébration de la Saint-Louis à Versailles; p. 1062, M. Choiseul-d'Aillecourt est nommé président du collège électoral de Versailles ; p. 1096 et 1112, MM. Usquin, Delaitre, Macips et Jouvencel sont nommés députés de l'arrondissement de Versailles ; p. 1306, cérémonie du baptême du clocher de Notre-Dame de Versailles, dont le roi est le parrain ; p. 387, mort de Ducis à Versailles, p. 140, obsèques de Ducis à Versailles; médaille votée à sa mémoire par la ville de Versailles ; p. 963, le maire de Versailles offre au roi la médaille de Ducis, gravée par Gatteaux ; p. 430, médaille représentant la tête de Ducis, offerte aux habitants de Versailles par le graveur Michaut.

Année 1817, p. 7, les dames de la halle de Versailles présentent des bouquets au roi et à sa famille ; p. 303, travaux pour le système des eaux de Versailles ; p. 367, secours accordés par la garde nationale de Versailles aux indigents ; p. 492 et 678, service de la garde nationale de Versailles auprès du roi à Saint-Cloud ; p. 475 et 480, fête à Versailles dans laquelle Madame attache les cravates au drapeau de la garde nationale ; p. 716, promenade du roi et de Monsieur à Versailles; p. 747, ordre du jour de S. A. R. Monsieur sur le service des gardes nationales de Versailles, pendant le séjour du roi à Saint-Cloud ; p. 943 et 972, fêtes à Versailles ; p. 982, travaux de restauration à la chapelle du château de Versailles ; p. 991 et 1011, service anniversaire pour les prisonniers d'Orléans ; p. 1295 et 1299, projet de circonscription des limites du diocèse de Versailles; p. 1340, dépenses faites par le roi Louis XIV aux bâtiments de Versailles et dépendances depuis 1664 jusqu'en 1690.

Année 1818, p. 312, établissement à Versailles d'un pensionnat pour l'instruction des jeunes aveugles, par Fournier; p. 569 et 594, jeu des grandes eaux du parc de Versailles ; p. 606 et 634, dernière représentation de *Fleury*, du Théâtre-Français, sur le théâtre de Versailles ; p. 734 et 747, le duc de Wellington visite Versailles, et dîne avec les princes à Trianon ; p. 756 et 759, présentation au roi, à Saint-Cloud, d'une députation du tribunal civil de Versailles, de l'état-major de la ville et de l'évêque ; p. 779, détails sur la réception faite au roi à Versailles ; p. 807, séance et distribution de prix par la Société d'agriculture de Versailles; p. 818, restauration du château de Versailles; p. 830, fête donnée à Versailles par le 3e régiment de la garde royale; p. 899 et 923, inspection des études au collége royal de Versailles; p. 927, ordre du jour à la garde nationale de Versailles, après le service de Saint-Cloud; p. 1011, distribution des prix au collége royal de Versailles, dans laquelle M. Guéneau de Mussy annonce que ce collége sera admis dorénavant au concours général; p. 1015 et 1043, fête de Saint-Louis à Versailles; p. 1114, exercice général des différentes classes de la maison d'institution des demoiselles des chevaliers de Saint-Louis à Versailles; p. 1231, monument élevé dans l'église de Notre-Dame de Versailles, à la mémoire du comte de Vergennes; p. 1230, envoi d'élèves au collége de Versailles par la ville de Paris; p. 1234, bénédiction du petit séminaire de Versailles, fondé par l'abbé Chauvel; p. 1239, établissement d'un dépôt de cavalerie à Versailles; p. 1334, concert donné dans la salle des spectacles par MM. Kreutzer et Baillot.

Année 1819, p. 99, accident arrivé dans le café des gardes du corps à Versailles; p. 222, jugement du garde du corps auteur de cet accident; p. 667, sur l'établissement d'une école d'enseignement mutuel à Versailles; p. 938, 941 et 943, admission des autorités de Versailles auprès du roi, à Saint-Cloud; p. 943 et 1008, nomination de magistrat à Versailles; p. 968, approbation des statuts de l'école d'enseignement mutuel; p. 1129, le roi accorde à cette école un local dans le château de Versailles; p. 1008, M. de Verac est nommé gouverneur de Versailles; p. 1394, le sieur Villée est nommé commissaire de police de Versailles; p. 1438, établissement d'une chaire d'histoire au collége royal de Versailles, elle doit être remplie par M. Fauh; p. 1528, réclamation de M. Cardot, à l'occasion de la conduite du maire, au sujet de représentations dramatiques chez M. Eigenschenk.

Année 1820, p. 34, répartition entre divers départements des bourses et portions de bourses dans le collége de Versailles, et fixation de la dépense pour cet objet; p. 94, démenti du bruit répandu de la translation de l'école de droit de Paris à Versailles; p. 101, les avoués près le tribunal de Versailles sont fixés à 14, et les huissiers à 30; p. 130, installation de l'école mutuelle à Versailles, par M. de Jouvencel; p. 204, interrogatoire des parents de Louvel, assassin du duc de Berry, et visite de ses papiers par le procureur du roi de Versailles; p. 383, érection dans l'église Saint-Louis de Versailles d'un monument à la mémoire du duc de Berry; buste en marbre de Ducis, par le statuaire Raggi, pour la bibliothèque de la ville de Versailles; p. 530, bénédiction de la chapelle restaurée du château par le prince de Croy, évêque de Strasbourg; p. 535, le comte de Wall est appelé au commandement de la 2e subdivision de la 1re division militaire à Versailles; p. 679, M. Desceine, artiste de Paris, est chargé, par délibération du Conseil municipal de Versailles, d'élever le monument expiatoire au duc de Berry de l'église Saint-Louis; p. 1575, délibération du Conseil municipal de Versailles, relative à la souscription du domaine de Chambord.

Année 1821, p. 1184, visite de Monsieur, du duc et de la duchesse d'Angoulême, et de la duchesse de Berry, au collége royal de Versailles; p. 1191, établissement d'une école d'arts et métiers à Versailles; p. 1215, le gouvernement refuse l'autorisation royale à l'école d'arts et métiers qui devait s'établir à Versailles; p. 1267, distribution des prix faite aux élèves du petit séminaire de Versailles au clos Toutain, par le duc et la duchesse d'Angoulême.

Année 1822, p. 827, installation à Versailles des frères de la doctrine chrétienne, et discours de l'abbé Fayet, grand vicaire de Rouen, à cette occasion; p. 1469, le traitement des juges du tribunal de première instance de Versailles est fixé à 2,000 fr.; p. 1529, l'évêché de Versailles a pour métropolitain l'archevêché de Paris; circonscription de son diocèse.

Année 1823, p. 175, monument élevé à la mémoire du duc de Berry dans l'église Saint-Louis de Versailles. Statue de M. Pradier; p. 619, construction d'une nouvelle prison à Versailles sur l'emplacement de la maison Ripaille, d'après les dessins de MM. Goy et Duclos, architectes; p. 804, M. Levasseur est nommé substitut au tribunal civil de Versailles; p. 1355, ordonnance du roi qui établit à Versailles une école d'application de cavalerie; p. 1356, ordonnance du roi qui établit à Versailles une école de trompettes.

Année 1824, p. 1220, arrivée à Versailles d'une partie des gardes du corps qui ont fait la guerre d'Espagne. Fête qui leur est donnée; p. 1334, les dames de la Halle de Versailles vont en députation à Saint-Denis jeter l'eau bénite et déposer sur le cercueil de Louis XVIII une couronne d'immortelles; p. 1432, service funèbre pour Louis XVIII, célébré par les israélites de Versailles; p. 1472, médaille en l'honneur de Charles X, faite par M. Michaut, pour la ville de Versailles; p. 1501, deux propriétaires, appartenant à des familles considérées, sont acquittés par la Cour d'assises de Versailles de l'accusation de soustraction frauduleuse.

Année 1825, M. J.-N. A., après avoir essayé deux fois de se donner la mort, consacre, sur les instances d'un vicaire de Saint-Louis de Versailles, à la religion ce qui lui reste encore de moments à vivre; p. 35, réfutation d'un article dans lequel *le Constitutionnel* tirait de fausses inductions sur un discours dans lequel M. de Lamalle avait supposé que le roi pouvait aller habiter le Château de Versailles; p. 980, 997 et 1024, fêtes données à Versailles pour célébrer le sacre de Charles X; p. 1110, visite faite par Madame, duchesse de Berry, et par Mademoiselle, à la maison d'éducation dite de Saint-Joseph, située au Grand-Commun de Versailles. Bénédiction de la chapelle de cet établissement par l'abbé de Rauzan et l'abbé duc de Rohan; p. 1185, distribution des prix aux élèves du collége royal de Versailles; p. 1214, distribution des prix faite aux élèves du petit séminaire de Versailles au clos Toutain, par Mme la Dauphine.

Année 1826, p. 360, réfutation des bruits répandus concernant les dépenses occasionnées par la réparation du Grand-Commun de Versailles; p. 541, le collége royal de Versailles ouvre des cours spéciaux destinés à préparer pour les diverses écoles militaires; p. 1157, le roi Charles X vient visiter Versailles; p. 1215, distribution des prix aux élèves du collége royal de Versailles; p. 1509, ouverture d'une souscription pour l'érection d'un monument, à Versailles, à la mémoire de Ducis; p. 1512 et 1557, sur les troubles qui ont eu lieu au collége royal de Versailles; p. 1532, ouverture des cours de géométrie et de mécanique appliquées aux arts, faits par M. Lacroix, à Versailles; p. 1576, incendie d'une maison située à Versailles, rue de l'Orangerie, n° 36.

Année 1827, p. 485, nomination de l'abbé Borderies à l'évêché de Versailles; p. 775, réponse de M. de Martel, colonel de la garde nationale de Versailles, à une assertion du *Constitutionnel*, relative au service de la garde nationale; p. 1206, nombre de nominations obtenues, au concours général, par le collége royal de Versailles; p. 1256, distribution des prix dans la maison des demoiselles élevées aux frais de l'association des chevaliers de Saint-Louis, à Versailles; p. 1593, audience de rentrée du tribunal civil de Versailles et extrait du discours de M. Gustave de Beaumont, substitut du procureur du roi.

Année 1828, p. 142, une commission visite le collége fondé à Versailles, avenue de Saint-Cloud, par l'association paternelle des chevaliers de Saint-Louis. Succès de l'enseignement dans cet établissement; p. 271, inauguration de l'église protestante de Versailles, par MM. Maron et Moissard, dans le local de l'ancien reposoir, rue Dauphine; p. 645, prix proposé par la Société d'agriculture de Versailles, pour la destruction des hannetons et des vers blancs; p. 1346, nombre de nominations obtenues au concours général par le collége royal de Versailles; p. 1370, distribution des prix dans les deux maisons d'éducation de l'association paternelle des chevaliers de Saint-Louis, à Versailles, en présence de Mme la Dauphine et de Mademoiselle; p. 1685 et 1693, rixe qui a eu lieu au village du Chesnay, près Versailles, entre des militaires français et suisses; p. 1696, on dément la nouvelle du départ du 2e régiment de grenadiers à cheval en garnison à Versailles, à la suite de la rixe du Chesnay.

Année 1829, p. 74, collecte parmi les élèves du collége royal de Versailles, au profit des pauvres, à l'occasion de la fête de leur proviseur; p. 1430, nombre de nominations obtenues au concours général par le collége de Versailles; p. 1478, distribution des prix au petit séminaire de Versailles, au clos Toutain, par Mme la Dauphine; p. 1783, rapport au roi sur l'érection d'une statue équestre de Louis XIV, sur la place d'Armes de Versailles.

Année 1830, p. 141, la loge des amis philanthropes Or∴ de Versailles fait distribuer des secours aux indigents; p. 764, ordonnance du 23 juin, qui autorise la Société d'agriculture de Versailles à prendre le nom de Société royale d'agriculture et des arts du département de Seine-et-Oise; p. 783, relation du banquet donné dans le parc de Versailles par le 2e régiment de la garde royale, à l'occasion de la Saint-Henri; p. 1326, le roi Louis-Philippe et le général Lafayette passent en revue, le 17 octobre, 30,000 hommes de gardes nationales du département et la troupe de ligne en garnison à Versailles.

Année 1831, p. 906, lettre de l'évêque de Versailles aux curés de son diocèse, relative à la fête du roi; p. 1436, distribution des prix du collége royal de Versailles.

Année 1832, p. 713, le roi accorde à Versailles un terrain de cent trente arpents, dépendant de la ferme de Satory, pour faire un champ de manœuvres; p. 1216, note de M. Haussmann, maire de Versailles, qui annonce qu'il n'y a eu que vingt-neuf cas de choléra depuis l'invasion de cette maladie à Versailles, et qu'elle a entièrement disparu; p. 1277, incendie d'un cabinet de lecture, avenue de Saint-Cloud, à Versailles; p. 1323, grande revue de la garde nationale de Versailles et des cantons environnants, passée par le roi le 13 juin. Discours adressés au roi et ses réponses; p. 1519, programme des fêtes nationales de juillet à Versailles; p. 1530, célébration des fêtes de juillet à Versailles; p. 1553, inauguration de la statue du général Hoche à Versailles; discours du maire et du préfet à cette occasion.

Année 1833, p. 223, cérémonie du sacre de l'évêque de Versailles; p. 425, construction de bornes-fontaines sur plusieurs points de Versailles; p. 1059, exclusion de plusieurs élèves internes du collège royal de Versailles; p. 1220, séance solennelle du comité cantonal d'instruction primaire; discours du préfet à cette occasion et distribution de médailles aux instituteurs; p. 1559, la caisse d'épargne et de prévoyance, établie à Versailles, est autorisée par une ordonnance du roi; p. 1683, 1691 et 1706, présentation à la Chambre des députés d'un projet de loi tendant à autoriser la ville de Versailles à faire un emprunt de 500,000 fr.; rapport et adoption de ce projet; p. 1715, incendie de la Ménagerie de Versailles; p. 1740, 1756 et 1759, présentation à la Chambre des pairs du projet de loi adopté par l'autre Chambre, tendant à autoriser Versailles à faire un emprunt pour la construction des abattoirs; rapport et adoption; p. 1911, célébration des anniversaires de juillet à Versailles; pose de la première pierre des abattoirs; p. 2043, rapport fait au roi, par M. de Montalivet, sur la nouvelle destination à donner au château de Versailles, en y établissant un musée historique; p. 2057, détails sur la nouvelle destination donnée au palais de Versailles; p. 2164, lettre de Mgr l'évêque de Versailles aux curés de son diocèse, relative à l'instruction primaire; p. 2195, ordonnance du roi qui autorise la Caisse d'épargne de Versailles à élever à 300 fr. par semaine le montant des versements qui pourront être faits par chaque déposant; p. 2355, délibération du Conseil municipal de Versailles, qui ordonne un concours d'architectes pour l'érection du piédestal de la statue du général Hoche; délibération du Conseil municipal de Versailles pour la création de salles d'asile dans cette ville.

Année 1834, p. 147, le roi visite les travaux du musée historique du château de Versailles; p. 523, recette et mouvement de la Caisse d'épargne de Versailles; compte rendu par le trésorier pour l'année 1833; p. 1499, ordonnance royale qui autorise l'établissement à Versailles d'une société d'assurances mutuelles contre la grêle; p. 1740, distribution des prix, faite par le préfet, aux élèves du collège de Versailles; p. 1903, réunion à Versailles des délégués du Comice agricole de Seine-et-Oise et composition de son bureau; p. 2201, Mgr l'évêque de Versailles officie pontificalement dans la chapelle de l'école normale primaire de Versailles.

Année 1835, p. 115, organisation du Comice agricole; nomination de son bureau et programme de ses concours et prix; p. 1523, ordonnance du roi qui modifie l'article 8 des statuts primitifs de la Caisse d'épargne de Versailles; p. 1704, avis concernant l'ouverture du concours des bourses et demi-bourses vacantes à l'école normale primaire de Versailles; p. 1725, nombre des écoliers dans les diverses écoles primaires du département et celui des élèves de l'école normale de Versailles; p. 2043, le roi vient à Versailles passer la revue de la garde nationale et des troupes; p. 2051, discours de M. Haussmann, maire de Versailles, adressé au roi lors de la revue; p. 2247, ordonnance du roi qui modifie l'art. 4 des statuts de la Caisse d'épargne de Versailles.

Année 1836, p. 89, projet d'établissement d'un cimetière unique pour toute la ville de Versailles; p. 999, fondation, par le Conseil municipal de Versailles, de deux prix pour les courses de cette ville; p. 1021, accident arrivé à plusieurs ouvriers travaillant dans la galerie des batailles, au château de Versailles; don de 1,000 fr. par le roi et ouverture d'une souscription à leur profit; p. 1043, détails sur la séance et inauguration, à l'Hôtel-de-Ville de Versailles, de la Société d'encouragement pour les lettres et les beaux-arts; p. 1251 et 1255, détails sur les courses de chevaux de Versailles et la distribution des prix aux concurrents; p. 1487, concours pour les bourses de l'école normale primaire de Versailles; p. 1553, inondation subite de l'hôtel des Réservoirs, par suite d'une ouverture faite aux réservoirs de l'Opéra de Versailles; p. 1651, inauguration de la nouvelle statue en bronze du général Hoche, exécutée par Lemaire; p. 1704 et 1724, détails sur l'inauguration de la statue du général Hoche, à Versailles, et sur la célébration des fêtes de juillet dans cette ville.

Année 1837, p. 8, la garde nationale de Versailles décerne une épée d'honneur à M. Michel, son colonel; p. 780, le bureau du Comice de Seine-et-Oise se réunit à la mairie de Versailles et fixe le concours agricole à Étampes et à Rambouillet; la Société des Sciences morales de Versailles décerne un prix à M. Mittre, avocat aux conseils du roi; p. 1141, célébration de la fête du roi à Versailles; p. 1166, vote et envoi, par le Conseil municipal de Versailles, de 500 fr., pour les ouvriers lyonnais; p. 1213, M. Haussmann, maire, Deschiens et Frémy, sont réélus au Conseil municipal de Versailles; p. 1460, banquet royal et fêtes à l'occasion de l'ouverture du musée historique de Versailles; p. 1485, lettres du maire de Versailles aux habitants de la ville et offre au roi d'une médaille pour rappeler l'inauguration du musée historique; programme de la fête du 11 juin; liste des personnes invitées par le roi au banquet royal et au spectacle, dans la salle de l'Opéra; p. 1489 et 1505, détail des fêtes de Versailles; p. 1539, description de la médaille gravée par M. Caqué, et offerte au roi par la ville de Versailles; p. 1741, réflexions d'un journal sur la grande affluence des étrangers au musée historique de Versailles; p. 1840, convocation du Conseil municipal pour délibérer sur le tracé du chemin de fer de la rive gauche de Versailles à Paris; p. 2452, Duprez, de l'Opéra, vient chanter à Versailles dans un concert-banquet donné à l'occasion de la Sainte-Cécile.

Année 1838, p. 97, dispositions faites au Jeu-de-Paume de Versailles, pour le transformer en un atelier de peinture pour Horace Vernet; p. 396, mise au concours de la direction du théâtre de Versailles; p. 1195, détails sur la célébration de la fête du roi à Versailles; p. 1451, visite faite par M. le ministre de l'instruction publique au collège royal de Versailles, ainsi qu'à l'école normale primaire et à la bibliothèque publique de la ville ; p. 1545 et 1622, courses de chevaux à Versailles et distribution de prix; p. 1846, travaux au château de Trianon et au musée de Versailles, ordonnés par le roi; p. 2376, M. Rivet, curé de Notre-Dame de Versailles, est sacré dans cette église comme évêque de Dijon ; p. 2367, secours de plus de 6,000 fr. accordés par la famille royale, pendant son séjour à Versailles, et répandus en aumônes à domicile à plus de 400 personnes; p. 2408, vote de 400,000 fr. par le Conseil municipal de Versailles, pour procurer l'eau de la Seine aux habitants de la ville ; p. 2435, réponse du roi au discours de M. le préfet, relativement au système d'alimentation des eaux de Versailles; p. 2566, enlèvement, par les horticulteurs, etc., de Versailles, des feuilles mortes, dans les bois dépendant de la Liste civile.

Année 1839, p. 82, condamnation par le tribunal de Versailles des sieurs Thiébault et Selligne, gérants des journaux le *Bon Sens* et le *Glaneur*, pour délit de diffamation envers M. Chasles; p. 405, banquet offert à MM. de Jouvencel et Remilly, à MM. le préfet, le colonel de la garde nationale, le président et le procureur du roi du tribunal civil et autres fonctionnaires de Versailles; p. 723, augmentation des pompes à incendie et du nombre des sapeurs-pompiers de Versailles; p. 869, détails sur le concours du Comice agricole du département de Seine-et-Oise; p. 913, programme des courses de chevaux du 9 juin, à Versailles; p. 934, détails et résultat des courses, distribution de prix et noms des vainqueurs; p. 1257, conférences établies à l'école normale primaire de Versailles pour les instituteurs en exercice; p. 1308, détails sur les désastres du mois de juin et sur les souscriptions ouvertes pour en secourir les victimes; p. 1604, fête de Versailles ; p. 1686, exposition de plans pour la construction d'un marché à Versailles; p. 1702, 1726 et 1871, établissement d'une ligne d'omnibus à Versailles ; p. 1764, exposition d'horticulture à la mairie de Versailles; p. 1767, les portraits de tous les membres de l'Académie sont placés au musée de Versailles; érection à Versailles d'une statue de l'abbé de l'Epée ; p. 1780, affluence des visiteurs au musée de Versailles ; p. 1795, par ordonnance du 10 septembre, un quatrième commissariat de police est créé à Versailles ; p. 2018, inauguration de l'éclairage au gaz dans la ville de Versailles; p. 2129, arrêt de la Cour royale, en confirmation de celui du tribunal de Versailles, dans une affaire d'octroi concernant les sieurs Deschamps; p. 2208, don fait à la ville de Versailles du portrait du général Hoche, peint par Gérard, par la veuve de cet artiste.

Année 1840, p. 321, souscription ouverte à Versailles, pour élever un monument à la mémoire de M. Mathieu, ancien maître de chapelle de l'église Saint-Louis; p. 595, souscription ouverte à Versailles, pour élever dans cette ville une statue à l'abbé de l'Epée ; p. 909, célébration de la fête du roi à Versailles; banquet royal dans la galerie de Louis XIII; p. 1551 ; le Conseil municipal donne le nom de Jouvencel à la rue du Chenil; p. 1701, ouverture d'une nouvelle série de galeries dans le deuxième étage de l'aile du Midi du palais de Versailles.

Année 1841, p. 2063, Horace Vernet achève, à Versailles, les tableaux destinés à la décoration de la galerie de Constantine ; p. 2168, les notables commerçants de Versailles procèdent au renouvellement des membres du tribunal de commerce.

Année 1842, p. 544 et 556, ouverture des salles de Constantine au musée de Versailles.

Année 1843, p. 506, ouverture d'une souscription, à Versailles, pour les victimes du tremblement de terre de la Guadeloupe ; p. 922, messe en musique célébrée dans la chapelle du château ; la reine autorise une quête au profit des victimes de la Guadeloupe ; p. 1526, l'évêque de Versailles administre la première communion et la confirmation aux élèves du collége de cette ville ; p. 2076, vol considérable fait chez M. Cottu, à Versailles ; p. 2099 et 2124, inauguration de la statue de l'abbé de l'Epée à Versailles ; p. 2392, ouverture des cours de l'école primaire de Versailles pour les ouvriers adultes ; p. 2413, cérémonie religieuse de la consécration de la cathédrale de Versailles.

Année 1844, p. 1685, fête donnée par le roi, à Versailles, aux exposants de l'industrie nationale ; p. 2628, adjudication des travaux pour le renouvellement des toitures de la cathédrale de Versailles ; p. 2652, grave accident arrivé à Versailles à M. Chambolle, député.

Année 1845, p. 1212 et 1227, célébration de la fête du roi à Versailles.

Année 1846, p. 2539, préparation pour les fêtes qui doivent être données à Versailles, à l'occasion du mariage du duc de Montpensier.

Année 1848, p. 622, banquet républicain donné au Jeu-de-Paume à Versailles ; p. 3132, le ministre du commerce prend des dispositions pour y organiser un institut national agronomique.

Année 1849, p. 2734, fête à Versailles ; p. 2885, 2950, travaux d'appropriation à la Cour d'assises pour l'installation de la haute cour de justice ;

Année 1850, p. 1714, présentation d'un projet de loi portant demande d'un crédit extraordinaire de 300,000 fr. pour réparation au palais de Versailles ; p. 2036, 2065, rapport de M. Remilly, sur le projet de loi tendant à ouvrir un crédit extraordinaire pour la consolidation et la réparation de plusieurs réservoirs et bassins du parc de Versailles ; p. 2123, discussion du projet de loi portant demande d'un crédit de 300,000 fr. pour la consolidation et la réparation de divers bassins et réservoirs du parc de Versailles ; p. 2136, transport, du musée de Paris au musée de Versailles, de divers objets d'art ; p. 2257, 2294, rapport relatif à la demande d'un crédit pour l'institut agronomique de Versailles ; p. 2280, discussion d'un projet de loi tendant à accorder au ministre de l'agriculture et du commerce, sur l'exercice de 1850, un crédit extraordinaire pour l'installation de l'institut agronomique de Versailles, et à annuler pareille somme sur les exercices 1848 et 1849 ; p. 2355, loi qui ouvre un crédit extraordinaire pour l'installation de l'institut agronomique ; p. 2844, travaux de restauration dans le jardin ; p. 3021, 3033, grande revue dans la plaine de Satory ; p. 3034, 3124, exposition de produits agricoles et d'horticulture.

Année 1851, p. 1374, inauguration de la rue Horace-Vernet ; p. 2512, le Conseil municipal institue des prix de tempérance pour les ouvriers.

Année 1852, p. 694, distribution des prix du grand concours d'animaux domestiques reproducteurs.

Année 1865, p. 390, l'empereur décide qu'un buste de Richard Cobden sera placé au musée de Versailles ; p. 547, ouverture, au musée de Versailles, de la salle des portraits de la famille impériale.

Journal de Versailles, ou affiches-annonces et avis divers. Versailles, Blaizot, 1789-1790, 2 vol. in-4°.

Le journal rend compte surtout des séances de l'Assemblée nationale ; on y trouve sur Versailles :

Année 1789, p. 230, supplément, premier aperçu relativement à l'élection des officiers municipaux de la ville de Versailles ; p. 252, départ du comte et de la comtesse d'Artois pour Turin ; p. 256, supplément, arrêt du Conseil d'Etat du roi, portant ouverture d'un marché à Versailles ; p. 266, supplément, projet d'une caisse patriotique ; un boulanger de Versailles est sur le point d'être mis à la lanterne par la populace à l'occasion de la cherté du pain ; p. 290, supplément, offrande d'un drapeau à la garde nationale par une dame ; discours de M. Clausse, président de la municipalité de Versailles, au comte d'Estaing ; p. 305, M. Berthier envoie son argenterie au président de l'Assemblée nationale ; p. 306, supplément, compliment fait au comte d'Estaing par un capitaine de la garde nationale ; p. 318, supplément, discours adressé au comte d'Estaing, le jour de la prestation de serment ; p. 328, supplément, arrêté de la municipalité concernant les vagabonds, etc.; p. 342, supplément, récit des journées des 5 et 6 octobre ; p. 344, supplément, nouveaux renseignements sur l'attaque du boulanger par le peuple ; p. 358, supplément, arrêté de l'état major de la garde nationale relatif à la cocarde nationale ; M. Bizot est chargé de l'approvisionnement des grains pour Versailles ; p. 368, supplément, le 30 septembre, bénédiction des drapeaux de la garde nationale dans l'église Notre-Dame ; p. 386, supplément, le 15 septembre, ordonnance du bailly de Versailles qui fait défense, à tous autres qu'aux propriétaires ruraux, de chasser ; p. 398, supplément, la garde nationale de Versailles escorte les dons patriotiques ; p. 408, supplément, défense par la municipalité de couper les bois de la Couronne ; p. 472, supplément, récit de la remise des drapeaux de la garde nationale à la municipalité et épisode relatif à Lecointre ; p. 482, supplément, le curé et les marguilliers de Notre-Dame portent à l'hôtel des monnaies 551 marcs d'argenterie ; p. 560, supplément, mort d'Etienne Jeaurat, peintre ; p. 594, supplément, dons patriotiques fait par les perruquiers, la garde nationale et les Suisses ; p. 606, supplément, secours pour les pauvres ; p. 646, adresse à l'Assemblée nationale par les religieuses de Saint-Cyr ; p. 648, supplément, recensement des habitants.

Année 1790, p. 742, supplément, serment prêté par la garde nationale; p. 793, discours du maire, le 7 mars, à l'installation de la municipalité; p. 922, scellés apposés chez M. de Béthune et M. l'abbé Bergier; p. 993, arrêté du comité des recherches de Paris, sur la journée du 6 octobre 1789; assemblée primaire de Versailles; acte de bienfaisance des aubergistes et limonadiers de Versailles; p. 1013, réponse de la reine au comité des recherches sur les journées des 5 et 6 octobre 1780; p. 1022, supplément, liste des électeurs du canton de Versailles; p. 1058, assemblée électorale du département de la Seine et de l'Oise; p. 1077, départements de la Seine et de l'Oise; le 20 mai, assemblée séante à Versailles; p. 1090, supplément, assemblée électorale du département de la Seine et de l'Oise; réclamation de M. le comte de Montfaucon, contre un article des Révolutions de Prudhomme, qui l'accusait de tenir chez lui, à Versailles, un club aristocratique; p. 1101, les électeurs du département refusent les 4 fr. qui leur étaient alloués pour leur déplacement.

Journal du département de Seine-et-Oise, rédigé par le citoyen Brière. In-8°.

Outre les différents objets d'intérêt général, ce recueil contient : An VII, p. 210, fête du serment à la Constitution de l'an III; p. 215, poésie chantée au temple décadaire; p. 221, secousse de tremblement de terre à Versailles; p. 308, assemblées primaires de Versailles; p. 311, école de modèle vivant à Versailles; fête de la souveraineté du peuple à Versailles : p. 334, plantation des arbres de l'avenue de Paris; p. 335, fête de la jeunesse à Versailles; p. 378, fête des époux à Versailles; p. 382, notice nécrologique sur François Giroux, célèbre compositeur, né à Versailles le 10 avril 1737, mort en cette ville, le 9 floréal an VII; p. 418, notice sur le même; p. 432, cours de botanique, fait au potager par Duchesne; p. 460, fêtes publiques à Versailles; fête de la reconnaissance, célébrée le 10 prairial; le décadi suivant, fête pour honorer la mémoire des citoyens Bonnier et Roberjot, assassinés à Rastadt; dernier décadi de plairial, fête au Jeu-de-Paume, en l'honneur du 20 juin 1789; p. 480, ouverture du cercle constitutionnel; p. 482, fête de l'agriculture célébrée le 10 messidor; p. 496, réunions de danse dans le jardin de Trianon; p. 509, fête en commémoration du 14 juillet 1779; p. 510, école nationale de musique militaire, établie avenue de Paris, sous la direction du citoyen Domme; p. 524, fête du 9 thermidor et de la liberté; p. 525, désordre arrivé dans la réunion politique de Versailles; p. 539, éloge de Parfait, coiffeur de femmes; p. 541, fête du 10 août célébrée à Versailles; p. 552, distribution des prix de l'école centrale, faite le 30 thermidor; p. 572, visites domiciliaires faites à Versailles par suite de la loi de thermidor. An VIII, p. 11, notice nécrologique sur L.-G. Lemonnier, premier médecin de l'ancien roi, mort à Versailles dans la dernière décade du mois de fructidor de l'an VII; p. 22 et 40, ouverture de l'exposition des artistes peintres de Versailles dans la salle du Château, dite des Gardes-du-Corps; p. 50, rentrée de l'école centrale; p. 69, critique des ouvrages de peinture du salon de Versailles; p. 89, clôture du club constitutionnel; p. 86, critique du salon de Versailles; p. 102, discours de Brillat-Savarin, commissaire du gouvernement près le tribunal civil de Versailles; p. 134, registres ouverts à Versailles pour recevoir les votes pour la Constitution de l'an VIII; vote de Laurent Lecointre, qui motive sa non-acceptation ; p. 158, notice nécrologique sur le citoyen Montucla, mort à Versailles, le 28 frimaire ; p. 174, le curé Grandpré, de retour à Versailles, demande que l'église Notre-Dame soit rendue au culte catholique; p. 249, réouverture des bals masqués à Versailles ; p. 261, nouvelle organisation des tribunaux à Versailles ; p. 268, installation du citoyen Germain Garnier comme préfet de Seine-et-Oise ; p. 295, exercices publics de fin de mois des élèves de l'école centrale; p. 309, composition des tribunaux de Versailles; p. 310, distribution des prix de l'école du modèle vivant de Versailles ; p. 327, le ministre de l'intérieur vient visiter la succursale des Invalides établie avenue de l'Orient (le Lycée); p. 347, installation des tribunaux ; p. 377, remise d'un guidon à la gendarmerie de Versailles ; p. 408, concert donné le 14 prairial, dans la salle Montansier, dans lequel on entend Garat, et auquel assiste Joséphine, la femme du premier consul; p. 569, fête de la Concorde à Versailles ; p. 483, l'église Notre-Dame de Versailles est rendue au culte catholique; p. 484, quelques renseignements sur les eaux de Versailles ; p. 500, sur l'incendie du 10 thermidor à Trianon; p. 501, travaux à Versailles; p. 517, enlèvement de mongolfières, à la fête du 20 thermidor, à Trianon ; p. 533, école centrale ; prix ; p. 535, dégradation des statues du parc de Versailles ; p. 562, fête anniversaire de la fondation de la République.

An IX, p. 5, extrait du discours du préfet de Seine-et-Oise dans le temple à Versailles; p. 8, inauguration du collége ou prytanée de Saint-Cyr; p. 20, distribution des prix aux élèves de l'école du modèle vivant ; p. 36, installation du tribunal de Versailles dans la maison du ci-devant grand-veneur, dite le Chenil, et de la préfecture, à l'hôtel du Garde-Meuble, rue des Réservoirs; p. 67, rentrée des classes de l'école centrale de Seine-et-Oise; discours du citoyen Lavau ; p. 99, lettre de Berthier à la municipalité de Versailles; p. 102, la police saisit dans une maison du Chesnay, près Versailles, des ustensiles de faux-monnayeurs; p. 117, première inoculation de la vaccine, à Versailles, par M. Chailly; p. 134, installation du citoyen Belin de Ballu, à la place de directeur du prytanée de Saint-Cyr; p. 155, institut militaire des invalides à Versailles ; p. 165, observations de vaccinés, à Versailles, par Chailly; p. 182, évaluation des sommes dépensées par Louis XIV, pour la construction de Versailles; p. 223, mort de Michel Lasseigne, ingénieur, né à Versailles en 1720; p. 314, distribution des prix de l'école du modèle vivant, dans le salon d'Hercule, au palais national; prix : les citoyens Giroust et Schnetz; p. 334, établissement du gymnase, avenue de Saint-Cloud (de l'Orient), n° 77; p. 370, le premier consul visite le prytanée de Saint-Cyr; p. 376, réparations de la couverture du Château-d'Eau, de la grille du Dragon, du réservoir de Trianon et du bassin d'Apollon ; le premier consul visite ces travaux ; p. 396, création d'un directeur général pour la régie du domaine de Versailles et du Grand et du Petit-Trianon; le citoyen Goulard est nommé directeur général; p. 406, lettre du citoyen

Texier, chirurgien en chef de l'annexe des Invalides de Versailles, sur la vaccination des moutons ; p. 407, excursions philosophiques du citoyen Jauffret, secrétaire de la Société des Observateurs de l'homme, à Versailles; p. 435, projet de percer une rue qui relie le quartier du Nord à celui du Sud, sur l'emplacement du jardin du Grand-Maître ; p. 467, notice nécrologique sur Dumont-Pigal, patriote hollandais, mort à Versailles, par Leuilliette ; p. 483, jeu des eaux du parc auquel assistent le cardinal Gonsalvi, Spina, archevêque de Corinthe, Braschi, neveu du défunt pape Pie VI, le curé Bernier, l'un de ceux qui ont le plus contribué à la pacification de la Vendée, et le ministre de la guerre Alex. Berthier; p. 500, lettre du citoyen Lavedan, chirurgien de Versailles, à l'occasion de l'empoisonnement de l'enfant Labaie, à Trianon, avec des baies de belladona; p. 522, distribution des prix du prytanée de Saint-Cyr; p. 525, note sur l'abbé de l'Epée ; p. 540, distribution des prix de l'école centrale; p. 546, noms des élèves couronnés ; p. 549, institution de sourds-muets, par le citoyen Royer, rue du Commerce, n° 10 ; p. 557, différents produits du département envoyés à l'exposition de l'industrie nationale.

An X, p. 6, distribution des prix pour l'exposition de l'industrie nationale ; on remarque pour Seine-et-Oise : médailles d'or, D. Julien, de Luat, Fautler, Rempff et Munzer, de Choisy; médailles d'argent, Boutet (Versailles), Bassal et Janson (de Clairfontaine), Grillon (de Dourdan); p. 18, fête à Versaillles, à l'occasion de la signature des préliminaires de la paix avec l'Angleterre ; p. 21, note sur l'exposition des ouvrages de quelques artistes de Versailles ; p. 77, fête à Versailles à l'occasion de la paix ; p. 84, lettre du citoyen Chailly, professeur d'anatomie de l'école du modèle vivant, sur une question de physiologie animale ; p. 101, analyse du poème intitulé la *Bibliothèque nationale de Versailles*; p. 130, lettre à l'occasion du citoyen Chailly; p. 166, vers à l'occasion du château de Versailles, par Poncet ; p. 172, nouvelle presse inventée par le sieur Pierres, imprimeur à Versailles, rue de la Paix, n° 23; p. 181, note sur les eaux de Versailles; p. 222, bon mot de Beaumarchais dans la grande galerie de Versailles; p. 245, note sur un ouvrage de médecine du citoyen Chavassieu d'Audebert, médecin à Versailles ; p. 260, réouverture des bals masqués; p. 261, note sur l'établissement de jeunes enfants de militaires invalides, établi à Versailles et dirigé par le citoyen Desandray; p. 290, expériences faites à l'hospice civil par le citoyen Voisin sur des enfants vaccinés ; p. 346, l'église Saint-Louis est désignée comme cathédrale pour les départements de Seine-et-Oise et d'Eure-et-Loir; p. 377, promenades à Versailles et à Trianon par le citoyen Jauffret; p. 380, *Cinna*, représenté par les Français à Versailles; p. 389, promenades du citoyen Jauffret; p. 395, arrivée de l'évêque de Versailles dans cette ville ; p. 404, même sujet; p. 421, même sujet; p. 443, expériences de M. Voisin sur de nouvelles contre-épreuves varioliques, tentées à l'hospice civil ; p. 461, sur l'orangerie de Versailles; p. 476, consécration de la chapelle de Saint-Cyr par l'évêque de Versailles; p. 490, on replace la croix sur le clocher de Saint-Louis; p. 503, arrivée de l'évêque de Versailles à Chartres; p. 530, actes de la municipalité de Versailles, à l'occasion de la nomination à vie de Napoléon

Bonaparte à la place de premier consul de la République; p. 535, note sur le Château de Versailles; p. 539, projet d'un établissement à Versailles d'un Refuge de vieillards; p. 545, distribution des prix de l'école centrale et aux écoles primaires; p. 549, sur le Château de Versailles.

An XI, p. 10, appréciation des tableaux exposés au salon par les artistes de Versailles; p. 38, la veuve Giroust est obligée de vendre les compositions manuscrites de son mari; p. 43, lettre sur F. Giroust, écrite par son fils; p. 59, le 3 brumaire, le premier consul et Joséphine font une visite au prytanée de Saint-Cyr; p. 67, le samedi 8 brumaire, les curés de Saint-Louis et de Notre-Dame de Versailles sont installés par l'évêque; p. 78, vers adressés au docteur Voisin par Boinvilliers; p. 82, l'évêque de Versailles est nommé membre du Conseil des hospices de cette ville; p. 123, construction d'une machine en remplacement de celle de Marly; p. 130, détails sur la machine de Marly; p. 147, de la machine de Marly; p. 162, machine de Marly; p. 195, établissement d'un haras à Versailles; p. 196, sur la machine de Marly; p. 229, machine de Marly; p. 244, réponse à Delille, qui, dans son poème de la Pitié, accuse Versailles du crime du massacre des prisonniers d'Orléans; p. 300, lettre de M. Duchesne à l'occasion de l'abbé de l'Épée; p. 347, la ville de Versailles offre au gouvernement une chaloupe canonnière du premier ordre, et la fait construire sur les bords de la Seine, près de Saint-Germain; p. 392, éloge de saint Vincent-de-Paul, prononcé dans l'église Notre-Dame par l'abbé de Boulogne.

An XII, p. 4, sur le palais national de Versailles; p. 17, établissement du Lycée de Versailles; p. 79, mémoire pour les habitants de Versailles contre les prétentions de la régie de l'enregistrement du domaine national, dans lequel on traite de tout ce qui regarde l'origine de Versailles; p. 106, l'évêque de Versailles est le premier des évêques de France qui fait reprendre, dans son diocèse, la soutane aux ecclésiastiques et leur ancien costume aux religieuses; p. 138, éducation artificielle de poulets, à Versailles, rue du Potager; p. 194, éloge du citoyen Clausse, commissaire du tribunal civil de Versailles; p. 218, établissement d'une chapelle dans la maison de justice de Versailles; p. 270, adresse des autorités de Versailles au premier consul, dans laquelle elles l'engagent à prendre le titre d'empereur; p. 290, on proclame dans la ville de Versailles le sénatus-consulte qui décerne le titre d'empereur à Napoléon Bonaparte; p. 303, récit de la cérémonie de la Fête-Dieu à Versailles; p. 312, accident arrivé à la machine de Marly; p. 329, sur le cicérone de Versailles ou l'indicateur des curiosités et établissements de cette ville; p. 400, incendie de l'hôtel Livry, rue de la Pompe.

An XIII, p. 42, machine de Marly; invention Brunet; p. 48, les vases de nougats de Geffriard; p. 69, article à propos des nougats de Geffriard; p. 106, fête à Versailles en réjouissance du couronnement de l'empereur Napoléon; p. 111, l'ingénieur Brullée propose l'établissement d'un canal de Nantes à Paris par Versailles; p. 113, arrivée du pape à Versailles; p. 116, détails de la fête de Versailles en réjouissance du couronnement de S. M. l'empereur; p. 121, réception du saint père à Versailles; p. 160, bal donné dans le salon d'Hercule par les officiers de la garnison de Versailles;

p. 207, visite de l'empereur et de l'impératrice au Petit-Trianon ; p. 250, réception et bénédiction du drapeau de la garde nationale du département; p. 271, Chamousset établit dans une statistique qu'il meurt à l'Hôtel-Dieu un quart des malades, à l'hôpital de la Charité un huitième, un neuvième dans ceux de Londres, et. dans ceux de Versailles seulement un trentième ; p. 277, fête à Versailles en réjouissance du couronnement du roi d'Italie; p. 371, programme des réjouissances qui seront exécutées à Versailles, le 28 thermidor an XIII, pour la fête de S. M. l'empereur et roi ; p. 404, établissement d'une école française à Versailles.

An XIV, p. 20, mandement de l'évêque de Versailles à l'occasion de la guerre ; p. 30, différence de la température à Versailles et à Paris ; p. 84, réjouissances à Versailles à l'occasion des victoires des armées françaises.

Année 1806, p. 1re, *Te Deum* chanté dans l'église cathédrale de Versailles, en actions de grâces de la défaite des Russes à Austerlitz; p. 5, expérience du Dr Voisin sur le claveau; p. 47, *la Ville de Versailles à S. M. l'empereur Napoléon*, vers par Labiche ; p. 49, réception des députés de la ville de Versailles par l'empereur ; p. 64, note sur M. Coste, premier maire de Versailles ; p. 158, la princesse Borghèse vient habiter le Petit-Trianon ; p. 170, orage violent à Versailles ; p. 255, notice biographique sur le célèbre pépiniériste Cels, né à Versailles; p. 261, sur la méthode de M. Pain, par M. Paillet, bibliothécaire de la ville; p. 358, note sur Lemoine, le célèbre peintre du salon d'Hercule; p. 411, lettre pastorale de l'évêque de Versailles au sujet de la conscription.

Année 1807, p. 89, prospectus pour le Lycée de Versailles ; p. 97, noms des 150 élèves-pensionnaires nommés par l'empereur au Lycée de Versailles ; p. 113, ouverture des classes de langue latine au Lycée de Versailles ; p. 177, cours d'accouchements et de vaccine faits à l'hospice de Versailles; p. 237, proclamation des traités de paix faits avec la Russie et la Prusse dans les rues de Versailles; p. 348, inauguration du séminaire diocésain de Versailles ; p. 366, la reine de Westphalie vient visiter Versailles ; p. 385, fête de l'anniversaire du couronnement de l'empereur et de la bataille d'Austerlitz célébrée à Versailles ; p. 386, mort de M. Thiébault, proviseur du Lycée de Versailles ; p. 397, biographie de M. Thiébault.

Année 1808, p. 75, biographie de François-Quirin Michault, chirurgien en chef de l'hospice civil de Versailles, par Voisin ; p. 84, l'empereur visite Versailles; p. 101, plusieurs vases sont brisés par des malveillants dans le parc de Versailles; p. 108, le 7 avril, on remplit d'eau le grand canal qui était à sec depuis 1789 ; p. 158, mort de P. Blaizot, ancien libraire du roi à Versailles; p. 220, projet d'une école de natation sur la pièce d'eau des Suisses; p. 228 et 235, histoire des deux Trianons ; p. 252, on entend sur l'orgue de Saint-Louis les organistes Miroir et Marigues, et la veuve du dernier Couperin.

Année 1809, p. 186, notice nécrologique sur M.-J. Laflèche de Grandpré, curé de Notre-Dame de Versailles; p. 396, le 6 décembre, le roi de Saxe vient visiter Versailles ; p. 415, l'empereur vient habiter Trianon.

Année 1810, p. 4, trait de bonté de l'empereur avec le jardinier

Jacques à Trianon; p. 83, on construit un nouvel abreuvoir au haut
de l'avenue de Sceaux; p. 84, notice nécrologique sur A.-P. Taskin,
capitaine du génie, né à Versailles; p. 118, on fait des travaux pour
réunir dans la même enceinte le Grand et le Petit-Trianon; p. 183,
Mgr Charrier de La Roche, évêque de Versailles, est opéré de la pierre
par M. Dubois, premier chirurgien consultant de l'empereur; p. 140,
M. Percy, chirurgien en chef des armées, vient visiter l'hospice de
Versailles; p. 141, fête à Versailles à l'occasion du mariage de l'empereur et de l'impératrice Marie-Louise; p. 178, distribution des
prix à la suite d'un concours entre les élèves de l'hospice de Versailles; p. 202, mort de M. Gandolphe, curé de Saint-Louis; p. 204,
l'empereur et l'impératrice viennent visiter Versailles; collision
entre les ouvriers employés aux travaux des châteaux de Versailles
et de Trianon; p. 363, le Dr Lameyran meurt à Versailles; p. 374,
les musiciens de Versailles exécutent une messe de M. Mathieu,
maître de musique de la cathédrale, dans l'église de Saint-Sympho-
rien; p. 379, mandement de l'évêque de Versailles qui ordonne des
prières pour l'heureuse délivrance de l'impératrice; p. 397, le Rôdeur, côte Satory, avenue de Bois-Robert; p. 405, le Rôdeur, rue des
Récollets et autres voisines.

Année 1811, p. 6, le Rôdeur, place d'Armes, portes de l'Orangerie
et du Dragon; p. 69, le Rôdeur, les Quatre-Bornes; p. 26, 13 juin;
p. 231, l'empereur et l'impératrice viennent habiter Trianon; p. 342,
promenades de l'empereur et de l'impératrice sur le grand canal de
Versailles, et promenades du roi de Rome dans le parc; p. 626, fête
donnée par l'empereur à Trianon pour la fête de l'impératrice;
p. 787, 857, 907, 1,027, restauration de Versailles; p. 1,028, vers
sur la restauration du château de Versailles, par M. Chanin; p. 1,186,
suite de l'article sur la restauration de Versailles; p. 1,253, suite
des vers de M. Chanin; p. 1,318, fin des articles sur la restauration
de Versailles; p. 1,357, notice nécrologique sur le chirurgien Ama-
ble Locard, par le Dr Gaudichon; p. 1,382, le Rôdeur, avenue de
Sceaux.

Année 1812, p. 6, le Rôdeur, boulevard de l'Impératrice; p. 30,
le Rôdeur, arbres des avenues; p. 46, le Rôdeur, rue et place du
Grand-Montreuil; p. 54, note sur l'état actuel de Versailles par le
Redresseur; p. 77, notice nécrologique sur le Dr Forestier, par le
Dr Gaudichon; p. 102, le Rôdeur, marché Notre-Dame; p. 165, éta-
blissement de bains d'eaux minérales factices formé à Versailles par
le sieur Boucher; p. 423, lettre de M. D. B. qui indique la rue des
Réservoirs comme celle dans laquelle est mort La Bruyère.

Année 1813, p. 22, la Ville de Versailles fait l'offrande à l'empereur
de 20 chasseurs à cheval habillés et équipés; p. 78, l'empereur et
l'impératrice viennent habiter Trianon; p. 131, M. Gravelle de Fontaine est installé comme maire de Versailles en remplacement de
M. Pétigny; p. 144, formation des gardes d'honneur à Versailles;
p. 195, mort de M. Gravelle de Fontaine, maire de Versailles; p. 227,
rapport à S. M. l'impératrice, sur la Société de Charité maternelle,
par Mgr Charrier de La Roche, évêque de Versailles; p. 267, détail
de la fête donnée à Versailles le jour de la Saint-Napoléon; p. 386,
M. de Jouvencel est nommé maire de Versailles; p. 405, installation
de M. de Jouvencel.

Année 1814, p. 176, service funèbre célébré à la cathédrale de Versailles pour le repos de l'âme de Louis XVI, Louis XVII, la reine Marie-Antoinette, Mme Elisabeth et le duc d'Enghien; discours prononcé par l'abbé de Queslin; p. 178, une députation de Versailles est présentée au roi Louis XVIII; le duc d'Angoulème vient visiter Versailles; p. 226, les gardes-du-corps viennent prendre leurs quartiers à Versailles; p. 243, les gens des écuries du roi font chanter un *Te Deum* à la paroisse Notre-Dame en actions de grâces du retour du roi; p. 250, Louis XVIII vient pour la première fois, depuis son retour, visiter Versailles; p. 258, arrivée de la duchesse d'Angoulème à Versailles; p. 259, procession du vœu de Louis XIII.

Année 1815, p. 20, article sur Versailles et sur un mandement de l'évêque de cette ville, par M. Gady; p. 28, service funèbre à la cathédrale en commémoration du 21 janvier 1793; p. 44, bal donné à Versailles par les chevau-légers; p. 86, le Conseil d'arrondissement de Versailles vote à Louis XVIII une adresse contre le débarquement de Bonaparte; p. 126, le corps municipal et la garde nationale de Versailles vont féliciter l'empereur; M. Richaud (Hyacinthe) est nommé représentant de Versailles à la Chambre des Cent-Jours; p. 156, départ pour l'armée du premier bataillon de la garde nationale de Versailles; p. 220, les habitants de Versailles illuminent pour la rentrée du roi, on arbore le drapeau blanc, on met des cocardes blanches et plusieurs gardes nationaux vont au-devant du roi; p. 221, détail de ce qui s'est passé à l'entrée des Prussiens, à Versailles; p. 230, une députation d'habitants de Versailles va présenter ses hommages à Louis XVIII; p. 231, sur l'entrée des Prussiens à Versailles; p. 239, adresse du Tribunal de Versailles au roi; p. 247, célébration à Versailles de la naissance du roi de Prusse par les troupes prussiennes; p. 260, le duc et la duchesse d'Angoulème et le duc de Berry viennent visiter Versailles; p. 262, procession du vœu de Louis XIII; les paroissiens de Notre-Dame font célébrer une messe d'actions de grâces du retour de Louis le Désiré; p. 268, détail de cette cérémonie; p. 269, arrosement des rues de Versailles, par le docteur Chailly; p. 275, détails sur la fête du roi à Versailles; p. 284, réparation des constructions souterraines, qui amènent l'eau à Versailles; p. 372, fête à Versailles pour la naissance du roi; p. 386, inauguration du buste du roi Louis XVIII, à la mairie de Versailles.

Année 1816, p. 323, détails de l'inauguration du buste du roi dans la Chambre des notaires de Versailles; p. 341, M. de Pradel, directeur générale de la maison du roi, donne à l'église Notre-Dame de Versailles 12 médaillons et une Vierge en marbre blanc, qui sont les morceaux de réception à l'Académie royale des sculpteurs travaillant pour Louis XIV, à Versailles; p. 413, transparents faits par M. Drahouet; p. 420, la Ville de Versailles fait frapper une médaille en l'honneur de Ducis et la présente au roi; p. 458, la duchesse d'Angoulème vient se promener à cheval à Trianon; p. 483, fête donnée dans l'enclos de la mairie, par MM. Garnerin et Bloquet; p. 554, le duc de Cambridge visite Versailles et Trianon.

Année 1817, p. 52, Versailles le 22 janvier; service funèbre de Louis XVI; p. 78, lettre du docteur Noble à l'occasion du pain fait avec une certaine addition de magnésie dans la farine; p. 84, travaux de charité faits à Versailles par ordre du roi ; p. 85, anecdote sur Louis XVI et un gentilhomme à Versailles; p. 94, aurore boréale observée à Versailles; p. 103, établissement à Versailles d'un pensionnat tenu par les religieuses Augustines, pour les demoiselles des chevaliers de Saint-Louis ; p. 261, le poète Marsollier meurt à Versailles ; p. 268, sa notice nécrologique ; p. 265, bénédiction du drapeau de la garde nationale de Versailles ; la duchesse d'Angoulême attache la cravate ; p. 233, travaux à Versailles ; création du jardin du roi, sur les dessins de l'architecte Dufour ; p. 237, mort du peintre Drahouet ; p. 406, le roi vient visiter Versailles et Trianon ; p. 530, nouvelle machine de Marly ; p. 557, pain bénit offert dans l'église de Notre-Dame par le second bataillon de la garde nationale de Versailles, fête donnée par Garnerin dans le jardin des gardes-du-corps, avenue de Paris; p. 570, service funèbre à la cathédrale, pour le repos des âmes des prisonniers d'Orléans massacrés à Versailles; p. 698, reconstruction du second réservoir de Montbauron ; p. 828, sur le tableau de M. Gouzien, peintre de la marine, à Brest, représentant le baptême de Jésus-Christ, et placé dans la chapelle des fonds de l'église Notre-Dame de Versailles.

Quelques Anecdotes sur Versailles à l'occasion de Ducis. — Dans : *Etude sur la personne et les écrits de J.-F. Ducis*, par Onésime Leroy. Paris, L. Colas, 1835. 1 vol. in-8°.

Voir p. 10, 211, J.-F. Ducis, né à Versailles en 1733; p. 215, sa sœur demeurait à Versailles, rue de la Paroisse, n° 2; p. 231, anecdote sur sa servante et le Dr Texier; p. 235, lettre écrite de Versailles à Talma; p. 239, amitié de Ducis pour le curé de Roquencourt; p. 243, le curé de Roquencourt dans les prisons de Versailles; p. 245, continuation; p. 267, le neveu de Ducis et M. de Boisfremont, chargés de restaurer les plafonds du château de Versailles; p. 300, Gérard fait le portrait de Ducis; p. 325, épitre sur le bois de Satory ; p. 354, Ducis dans son petit logis de Versailles ; p. 374, testament de Ducis; p. 386, épitre à la mémoire de Sortais, curé de Versailles; p. 388, mort de Ducis à Versailles; p. 391, son tombeau.

Pièces concernant l'abbé de l'Epée. In-f°. Man.

1° Lettre du secrétaire de l'évêché de Troyes ;
2° Extrait des archives de l'Aube; lettres de prêtrise ;
3° Lettre du doyen de l'Ordre des avocats de Paris;
4° Plan de la maison du père de l'abbé de l'Epée, devenue hospice de Versailles.

Détails sur Versailles, les hommes remarquables qui y sont nés, etc. V. Statistique de Seine-et-Oise, dans : *Géographie statistique, hydraulique, minéralogique, historique, politique, commerciale et industrielle de toutes les parties du monde*, par D.-L. Mentelle, avec un tableau du système planétaire, par Letronne. Paris, Prudhomme, 1806. 5 vol. in-8°, t. 2, p. 250.

Annuaires du département de Seine-et-Oise, depuis 1802 jusqu'en 1870. In-12.

Outre les notices sur Versailles que contiennent chacun de ces annuaires, on trouve des renseignements sur son commerce, ses manufactures, aux pages 373, année 1803; p. 209, 210 et 214, année 1804.

Des notices nécrologiques sur les personnes célèbres de Versailles :

Année 1803, p. 392, L.-J. Durameau; p. 396, L. Hoche; p. 398, L.-G. Lemonnier; p. 401, N.-G. Leclerc; p. 403, F. Giroust; p. 406, J.-E. Montucla; p. 407, J.-S. Duplessis; p. 412, F. Callet; p. 413, C.-M. Moutardier.

Année 1804, p. 307, P. Benezech; p. 317, J.-P. Delacourt; p. 320, P.-T. Deraime.

Année 1809, p. 340, S.-D. Pierres; p. 343, F.-G. Michault; p. 345, J.-F. Meslif-Dubuisson; P. Blaizot; p. 346, P.-S. G. Cabanis; p. 348, J.-J. Huvé ; p. 349, E. Rimbault; p. 350, B.-L. M. de Chaumont de la Galaizière ; p. 351, R.-L. Girardin; L.-J.-A. Dejunquières ; p. 353, G.-E. Visinier, vᵉ de J.-B.-R. Lelong ; p. 354, J.-S. Lenliette ; p. 359, R. Le Berriays.

Année 1810, p. 438, J. Launes; p. 439, P.-F. Leprestre de Boisderville ; p. 441, J. Laflèche de Grandpré ; A.-L.-M. Crozat de Thiers, vᵉ de J.-C.-L. de Béthune-Pologne ; p. 442, J.-B. Leclerc.

Année 1811, p. 308, J.-R. Thibout ; p. 309, A.-P. Taskin ; p. 310, F. Pihan de la Forêt ; p. 312, J.-C.-M. Gillet ; p. 315, les abbés Boyer, Paulet, Gandolphe, MM. Desauvergnes et Lamayrau.

Année 1812, p. 414, P. Lamayran; p. 419, P.-J. Decauville; p. 420, C.-G. Bourgeois ; p. 421, C. Lebel et An. Locard.

Année 1813, p. 449, J.-F. Dubois ; P.-E. Brunyer et C.-V.-A. Forestier ; p. 453, P. Depujel.

Année 1817, p. 336, Dutertre de Sancé ; p. 338, Gravelle de Fontaine ; p. 339, Bertrand ; p. 341, Ozanne ; Prudhomme ; p. 343, Sarbourg ; p. 344, de Colbert ; Chabannais ; p. 345, Joly Delatour ; p. 346, Oberkampf; p. 347, J.-F. Ducis; p. 356, de Quincerot; p. 352, Mᵐᵉ de Villeroy.

Année 1863, p. 322, le contre-amiral Jules Demartineng ; p. 323, M. Vauchelle; p. 328, Bouchitté ; p. 329, le docteur Lemazurier ; p. 332, le général Pelletier ; p. 336, Plassard.

Année 1864, p. 483, Frédéric Nepveu; p. 485, le baron de Caunan; p. 488, Barthe, maire de Versailles; p. 489, Auguste Bravais; p. 490, Ansous; p. 493, Horace Vernet.

Année 1865, p. 445, Fournier-Vannson; p. 448, Bontoux ; p. 454,

Lambinet ; le comte Bertier; p. 458, le général de Courtigis; p. 462, le général Charon.

Année 1866, p. 508, Besnard ; p. 509, l'abbé Dallier ; p. 510, Colin ; p. 512, Chauchot ; p. 516, Mengin du Valdailly.

Année 1867, p. 629, l'abbé Chauvet ; p. 632, le docteur Pénard ; p. 636, le comte de Saint-Marsault ; p. 642, le docteur Boucher ; p. 645, Hippolyte Moser ; 649, Frémy.

Année 1868, p. 598, Pinard, conseiller à la Cour de Paris ; p. 601, l'abbé Pinard; p. 604, sœur Lespinasse de Florentin; p. 606, Théophile Lavallée; p. 608, Mᵐᵉ Nepveu ; p. 609, Mᵐᵉ Vauchelle.

Année 1870, p. 535, Pons ; p. 536, Richelot; Sainte-Marie-Mévil ; p. 538, Séguy ; Wachsmuth.

On trouve encore dans ces Annuaires :

En 1811, p. 317, Monument de J. Racine, trouvé à Port-Royal.

En 1856, p. 460 et 461, visites à Versailles du roi de Portugal et de la reine Victoria d'Angleterre.

Revue de Seine-et-Oise, 1ʳᵉ année, t. 1ᵉʳ. Paris, Bennis, 1832. In-8°.

Voir p. 72, lettre inédite de Robespierre au procureur général, syndic du département de Seine-et-Oise ; p. 78, Versailles; jury médical ; p. 145, école normale primaire de l'Académie de Paris, établie à Versailles, en décembre 1831, directeur M. Froussard ; p. 180, de M. Robillon et du théâtre de Versailles.

Recueil de Pièces. 1 vol. in-8°.

Voir p. 5, Hospice civil de Versailles.

Critique que l'on fait de la ville de Versailles. — Dans : *Essai sur le département de Seine-et-Oise.* V. Nouvelles annales des Voyages et des Sciences géographiques ; 3ᵉ série, t. 21, p. 303. In-8°.

Le Siècle des Beaux-Arts et de la Gloire, ou *la Mémoire de Louis XIV justifiée des reproches odieux de ses détracteurs*, ouvrage où sont passés en revue les principaux auteurs qui ont écrit sur le règne du grand roi, depuis 1715 jusqu'à nos jours, par Ossude. Versailles, Dufaure, 1838. 1 vol. in-8°.

Cet ouvrage renferme beaucoup de faits intéressants sur Versailles :

1° p. 42, 73, 82, 108, 118, 122, 126, 136, 178, 186, 196, 200, 221, 226, dépenses de Versailles ; p. 264, chapelle du château ; dépenses de sa construction ; p. 294, 297, 299, 302, dépenses sous Louis XV ;

2° p. 62, 127, anecdote sur Trianon ;

3° p. 124, 273, canal de l'Eure ; p. 90, 3° appartement de Mme de Maintenon ;

4° p. 134, 211, 343, machine de Marly ;

5° p. 232, administration des bâtiments ;

6° p. 234, eaux, étangs, aqueducs, retenues et rigoles ;

7° p. 242, Versailles ;

8° p. 247, Clagny ;

9° p. 252, hommes célèbres employés à la construction de Versailles ;

10° p. 270, Ménagerie ;

11° p. 283, 289, monuments de Versailles bâtis sous Louis XV ;

12° p. 292, organisation de la direction des bâtiments sous Louis XV.

Des Eaux de Versailles considérées dans leurs rapports historique et hygiénique, par J.-A. Le Roi. Paris, Ledoyen, 1847. 1 vol. in-8°.

Mémoires sur les Eaux de Versailles. In-f°. Man.

1° Année 1790, état de toutes les rigoles, fossés, cassi-passages ou chemins de traverses du grand et petit parc du château de Versailles au département de M. de la Motte ;

2° Curement du canal de Versailles ;

3° Année 1789, juillet, correspondance sur le manque d'eau qu'éprouvaient les meuniers de Buc et du Voclin sur le cours d'eau de la Bièvre ;

4° Rapport sur la demande d'établissement d'un moulin à eau à la porte de la Minière ;

5° Rapport sur le desséchement de l'étang de Viroflay ;

6° Année 1790, projet d'un canal de Mantes à Paris par Versailles ;

7° Rigoles des environs de Versailles, par M. d'Angivillers.

8° Projet d'un canal de Sèvres à Versailles ;

9° Année 1793, concession d'un terrain et d'un cours d'eau dans les étangs Gobert, par le représentant du peuple Delacroix, pour l'établissement d'une manufacture ;

10° Année 1794, réclamation concernant les eaux des sources ;

11° Année 1801, rapport sur les rigoles, aqueducs, étangs destinés à fournir des eaux à Versailles.

Différentes Notes concernant la Machine de Marly. In-f°. Man.

1° Extrait de l'état à arrêter par Sa Majesté tant pour les dépenses fixes que pour les grosses réparations et ouvrages à faire à la machine de Marly pendant l'année 1759 ;

2° Même état pour 1760 ;

3° Diverses pièces concernant sa suppression ;
4° Plans relatifs à la grande chaussée et au port de Marly.

Mémoires et Observations sur la rivière de Gally et le moulin de Villepreux. In-f°. Man.

1° Année 1748, plusieurs mémoires adressés à M. de Tournehem, directeur des bâtiments, sur la nécessité d'encaisser la rivière de Gally ;
Année 1758, mémoires accompagnés de plans ;
2° Année 1790, demande pour l'établissement d'un moulin à Villepreux.

Notes sur le Collége (dit d'Orléans) de Versailles. In-f°. Man.

1° Historique du collége ;
2° Année 1788, demande d'un terrain pour l'établissement d'un collége ;
3° Année 1791, distribution des prix ;
4° Diverses notes concernant les distributions des prix ;
5° Pièces relatives à l'établissement d'un nouveau collége ;
6° Autres pièces relatives à la dotation du collége;
7° Arrêté qui divise en quatre grands colléges le prytanée français;
8° Etablissement du Lycée.

Mémoire et Historique des Voitures de la Cour à Versailles. In-f°. Man.

Origines du Collége royal de Versailles. Notice par Théry. Versailles, Montalant-Bougleux, 1839. In-8°.

Observations présentées à M. le Préfet de Seine-et-Oise, sur le projet d'établir un cimetière unique à Versailles. Versailles, Dufaure, 1836. In-4°.

Le Mercure de France. In-12.

Année 1717, juin, voyage du czar Pierre le Grand à Versailles, Saint-Cyr et Trianon ; juillet, le régent donne le château de Châville au prince de Talmont.
Année 1718, juillet, lettre du sculpteur Poultier, auteur de la statue de Didon, au Tapis-Vert, dans laquelle il passe en revue plusieurs des statues du parc de Versailles.

Année 1719, janvier, p. 141, relation abrégée de l'établissement de la nouvelle fabrique d'horlogerie à Versailles ; p. 209, le 15 avril, mort de Mme de Maintenon, à Saint-Cyr ; mai, p. 54, établissement du cabinet des médailles, dans le château de Versailles, sous Louis XIV.

Année 1721, février, p. 158, les gouverneur et autres officiers du château de Versailles ont ordre d'avoir des habits bleus, uniformes, galonnés d'or, pour recevoir l'ambassadeur du grand seigneur ; p. 138, le 7 mai, on arrête à Versailles Guillaume Law et on le conduit à la Bastille ; juin et juillet, t. 2, p. 29, ordonnance du roi du 27 mai, concernant la ville de Versailles et sa police ; juin et juillet, t. 2, p. 96, visite de l'ambassadeur turc à Versailles, le 8 juin ; il y avait tant de monde dans cette ville, que les lits y étaient loués jusqu'à dix écus par jour ; septembre, p. 111, les statues du parc de Versailles gravées par Thomassin ; p. 220, le 20 septembre l'abbé de Saint-Albin est ordonné prêtre à Versailles ; p. 201, lettres-patentes sur arrêt, données le 3 octobre, qui ordonnent des coupes de bois dans les parcs de Versailles et de Marly.

Année 1722, avril, p. 180, le voyage du roi pour Versailles est fixé au 25 mai ; supplément de mai, le lundi 15 juin le roi partit de Paris à trois heures après midi, et arriva à Versailles en fort peu de temps, avec toute la cour ; juin, p. 140, le roi donne une pension à M. Helvetius fils, son médecin ordinaire, pour résider à Versailles ; M. le duc d'Orléans vient tous les jeudis à Paris, à quatre heures du soir, ainsi que tous les ministres, et retourne le lendemain à la même heure à Versailles ; p. 141, l'appartement du duc de Noailles, au château de Versailles, est donné à la comtesse de Guise et à la princesse de Léon ; p. 145, réception du roi et de l'infante-reine à Versailles ; p. 149, messe en musique chantée devant le roi dans la chapelle du château de Versailles; p. 194, le roi va entendre la messe et se confesser à Saint-Cyr ; juillet, p. 171, le roi va à Marly et à Trianon ; p. 173, le roi entend la messe dans la chapelle et va à Trianon ; p. 200, le cardinal d'Acunha, grand inquisiteur du Portugal, est reçu par le roi, à Versailles ; p. 203, le roi entend la messe en musique dans la chapelle ; août p. 193, le 30 juillet, on célèbre dans la chapelle du château une messe des morts pour l'anniversaire de la reine défunte, où le roi assiste ; réception de l'ambassadeur de Venise ; promenade du roi à Trianon et à l'Orangerie; habit de cour, pris par la reine-infante; p. 194, le roi joue chez la duchesse d'Orléans, régente, et va pêcher au canal; p. 195, le roi donne audience au bailly de Mesmes, ambassadeur extraordinaire de la religion de Malte; p. 199, le roi va à Saint-Cyr, et y reçoit la confirmation des mains du cardinal de Rohan, grand aumônier; p. 200, on marie à minuit, dans la chapelle du château, don Emmanuel Sicardo, premier valet de chambre du roi d'Espagne, avec dona Louise, espagnole, attachée à l'éducation de l'infante-reine ; le chevalier de Beringhen fait présent à l'infante-reine d'une calèche pour se promener dans les appartements de Versailles ; le roi fait les stations du jubilé aux Récollets, et va se confesser ensuite à Saint-Cyr; le duc d'Orléans présente au roi le projet d'un camp et d'un fort pour l'amuser; il doit être placé au bout de l'avenue de Paris; p. 201, le 15 août, le roi fait sa première communion par les mains du cardinal de Rohan, dans l'église Notre-Dame de Versailles ; p. 207, le 17 août le roi reçoit les députés des États de Languedoc ; p. 208, le même jour, le roi va à Saint-Cloud ; le 18, le roi se promène au camp de Montreuil ; le 25, le roi reçoit une aubade pour sa fête, dans la cour de Marbre ; p. 209, le roi va se promener à Trianon, afin que le peuple puisse se promener dans le parc de Versailles ; le duc de Bourbon donne au roi, pour sa fête, un fusil, un fourniment et une baïonnette, avec des ornements d'or et de nacre de perles.

Année 1723, janvier, p. 132, médaille frappée sur le château de Versailles, avec cette légende : *Nunc quoque regia solis* : c'est aussi présentement le palais du soleil ; p. 188, l'ambassadeur de Venise est présenté au roi; p. 189, le roi reçoit les compliments de la cour, au jour de l'an ; p. 190, messe à la chapelle, pour les chevaliers du Saint-Esprit ; réception de l'envoyé du duc de Lorraine ; p. 192, réception de l'envoyé du landgrave de Hesse-Cassel ; février, p. 377, fête de la Purification de la Vierge à la chapelle du château ; p. 378, réception de l'ambassadeur de Venise ; prestation du serment de l'évêque de Verdun dans la chapelle ; p. 381, le roi reçoit les compliments de la cour à l'occasion de sa majorité ; il n'y a plus que le lit du roi dans la balustrade, on a ôté celui de son gouverneur; le roi entend dans la chapelle une messe de *Requiem*, pour l'anniversaire de la mort de son père ; le 16, jour de sa majorité, le roi accorde à M. le comte de Saint-Florentin la survivance de la charge de secrétaire d'État, de son père ; p. 382, et à M. de Calvière, celle d'écuyer ordinaire ; le 17, le baron de Hop, ambassadeur des Provinces-Unies, est présenté au roi; le 19, le roi entend une messe de *Requiem* pour l'anniversaire de la mort de sa mère ; p. 616, le 21 mars, le roi assiste, à la chapelle, à la bénédiction des palmes; le 24, les ténèbres ; le 25, il fait la cène ; p. 617, le 6, le roi va à la chasse au vol, au bout du canal ; il visite le cabinet des médailles; il va chasser le daim à Trianon; p. 618, le 7, le roi entend une messe en musique à la chapelle ; il donne audience aux ambassadeurs d'Espagne et de Modène ; avril, p. 812, le samedi saint le roi communie à la paroisse Notre-Dame de Versailles, et le lendemain y rend le pain bénit; p. 814, le 4 avril, le roi entend dans la chapelle un motet de Campra, chanté par Bastaron; p. 817, le 11, le roi entend une messe de *Requiem*, pour l'anniversaire de Monseigneur ; p. 818, le 13, le roi reçoit les ambassadeurs d'Espagne et de Parme; p. 820, le 4 juin, le roi doit partir pour Meudon; pendant son absence on doit faire des réparations au château et nettoyer le grand canal ; avril, p. 824, le 10, le conseil de la compagnie des Indes se tient pour la première fois à Versailles, chez le cardinal Dubois ; mai, p. 96, on place à Versailles le groupe de Protée et Aristée, de Sébastien Slodtz; p. 982, le roi passe en revue, le 25 avril, dans la place d'Armes de Versailles, les régiments des gardes françaises et suisses; p. 983, le 20 avril, le roi reçoit les ambassadeurs de Sardaigne et de Russie ; le 2 mai, le roi reçoit dans la chapelle le serment de l'évêque de Toul ; p. 984, le cardinal Dubois est indisposé et saigné à Versailles ; le 1er mai, le roi reçoit des aubades dans la cour du château ; p. 986, le 13, le roi voit dans ses appartements un Italien qui lui fait des tours de cartes; un jeune enfant de douze ans qui lui fait des tours de souplesse ; trois singes, dont deux dansent sur la corde et le troisième tire un coup de pistolet; enfin des chiens savants; le 15, le roi communie dans la chapelle du château et touche les malades; p. 988, le 16, le roi reçoit l'ambassadeur du grand duc de Toscane; p. 994, le 27, le roi suit la procession du Saint-Sacrement à la paroisse Notre-Dame de Versailles; p. 1,147, juin, M. Sully, horloger de Versailles, présente une horloge d'une nouvelle invention; p. 1,208, le 1er juin, l'ambassadeur de Venise est reçu par le roi; p. 1,211, on fait jouer les eaux pour l'ambassadeur de Venise; p. 1,212, le 9, on présente au roi un tigre-marin pris à Dieppe; le roi le fait placer à la Ménagerie de Versailles; p. 1,223, une députation de l'assemblée du clergé de France vient à Versailles annoncer au cardinal Dubois sa nomination à la présidence de l'assemblée; p. 1,225, l'assemblée du clergé est reçue par le roi à Versailles; p. 1,227, harangue faite au roi à Versailles par l'archevêque d'Aix; p. 189, juillet, ordonnance qui permet de faucher les foins dans le parc de Versailles; p. 404, le 10 août, mort du cardinal Dubois à Versailles; p. 406, le 13, retour du roi à Versailles et de l'infante-reine; p. 410, un particulier parie qu'en cent coups il pousserait une boule de mail depuis les Ecuries de Versailles jusqu'au pont tournant des Tuileries; il perd son pari; p. 608, le roi reçoit les ambassadeurs de Hesse-Cassel et de Brunswick; p. 610, le 1er septembre, le roi entend à la chapelle une messe de *Requiem* pour l'anniversaire du roi Louis XIV; p. 612, le 11, l'infante-reine est reçue dans la confrérie du Rosaire; p. 615, on répare la Ménagerie de Versailles pour y mettre des oiseaux et d'autres animaux rares et curieux; p. 621, lettres-patentes pour la vente des bois de Versailles; p. 804, le 3 octobre, promenade à cheval du roi aux environs du canal et chasse aux environs de Versailles; p. 805, le marquis du Palais se casse une cuisse en tombant de cheval à Trianon pendant qu'il accompagnait le roi; p. 969, novembre, édit du roi qui établit les statuts et règlements pour la communauté des maîtres chirurgiens de la ville de Versailles; p. 998, le 10, le roi a commencé ses exercices dans la grande Ecurie de Versailles; p. 999, on place dans la petite galerie du château de Versailles un cheval de bois sur lequel le sieur Joly doit apprendre la voltige au roi; le 12, le duc de Noailles revient à la cour et est présenté au roi; dans la nuit du 11 au 12, se déclare un incendie dans un grenier à foin de la rue des Coches; p. 1,001, on représente devant le roi *l'Etourdi*, de Molière, *Arlequin*, valet de deux maîtres, pièce italienne; la tragédie des *Horaces*, de Corneille, et *le Sicilien*, de Molière; p. 1,004, le 6 novembre, mort du marquis de Livry à Versailles; p. 1,233, décembre, le 21 novembre, l'évêque de Sisteron prête serment dans la chapelle de Versailles; p. 1,234, le 12, le roi entend à la chapelle un sermon de l'abbé Couturier; le 5, la princesse de Conti présente au roi Mme la marquise de Gondrin, qui doit épouser le comte de Toulouse; p. 1,235, le 1er décembre, le roi donne au duc de Tresme l'appartement qu'occupait au château feu Monsieur; l'envoyé de Danemarck présente au roi, de la part de son souverain, 28 oiseaux de proie; p. 1,237, la veille de Noël, le roi communie, et le jour de Noël il touche des malades à la chapelle du château; p. 1,356, mort et obsèques de Mgr le duc d'Orléans, régent; p. 1,419, le roi donne au prince de Dombes et au comte d'Eu l'appartement du château occupé ci-devant par le duc de Bourbon ; le 31, l'infante-reine est atteinte de la rougeole au château de Versailles ; le roi va alors s'établir à Trianon ; p. 1,420, il y reçoit les compliments de la cour pour le 1er janvier 1724.

Année 1724, p. 144, janvier, le roi tire au blanc dans la grande galerie du château de Versailles, avec des arcs et des flèches venus de Turquie, et qui lui ont été donnés par M. Charron, gentilhomme ordinaire ; p. 147, le roi fait une nouvelle distribution des appartements du château ; p. 165, le 2 février, le roi tient dans son cabinet un chapitre de l'Ordre du Saint-Esprit ; p. 385, le 12, le roi entend une messe de *Requiem* à la chapelle pour l'anniversaire de la mort de sa mère ; le 15, le roi reçoit les compliments de la cour à l'occasion de sa naissance ; p. 386, le même jour, *Te Deum* chanté à l'église Notre-Dame de Versailles, et fête donnée par les habitants de Versailles ; le 18, le roi entend une messe de *Requiem* à la chapelle pour l'anniversaire de la mort de son père ; p. 387, détails de plusieurs bals donnés à Versailles ; p. 392, le 7, le commandeur de Beringhen prête serment entre les mains du roi pour la charge de premier écuyer ; le 10, les maréchaux d'Alègre, de la Feuillade et de Gramont prêtent serment entre les mains du roi ; p. 564, le 1er mars, le roi reçoit les cendres dans la chapelle ; le même jour, l'ambassadeur de Hollande présente M. de Vandermer ; le 5, le roi entend la prédication du P. Raphaël, capucin ; p. 565, le 7, le roi reçoit l'envoyé extraordinaire de Wirtemberg ; p. 570, le 12, l'archevêque de Cambray prête serment entre les mains du roi ; p. 599, le 26, le comte de Maurepas prête serment pour la charge de commandeur et greffier des ordres du roi ; p. 778, avril, le roi reçoit les compliments de condoléance de la cour à l'occasion de la mort de la duchesse de Savoie, douairière, bisaïeule de Sa Majesté ; p. 776, le 31 mars, le roi a assisté à la réception du sieur Rousseau, comme maître en fait d'armes, dans une salle de la grande Écurie ; p. 778, le 13 avril, le roi fait la cérémonie de la cène dans la grande salle des Gardes du château ; p. 1,036, le 22 mai, le roi se rend à Trianon, où Cassini et Maraldi lui expliquent tous les mouvements du soleil pendant l'éclipse qui fut totale vers 7 heures du soir ; p. 1,212, juin, le 30 mai, le roi reçoit l'envoyé extraordinaire de Danemarck ; p. 1,213, le 13 juin, le nonce du pape est présenté au roi et il lui annonce l'exaltation au pontificat de Benoît XIII ; p. 1,214, le 4, le roi entend le sermon de l'abbé de Montfort et touche des malades dans la cour de Marbre ; p. 1,215, la duchesse d'Epernon quête à Versailles pendant la cérémonie des cordons bleus ; p. 1,217, le 15, le roi assiste à la procession de la Fête-Dieu à la paroisse Notre-Dame de Versailles ; le 18, l'évêque d'Arles prête serment entre les mains du roi ; le roi assiste tous les jours au salut pendant l'octave de la Fête-Dieu ; p. 1,300, le 3, réception des commandeurs et chevaliers de l'Ordre du Saint-Esprit faite à Versailles ; p. 1,411, le 25, le maréchal duc de Villeroy arrive à Versailles et est présenté au roi le lendemain ; p. 1,494, juillet, chapitre de l'Ordre de la Toison d'or tenu à Versailles ; p. 1,829, le 15 août, le roi communie et touche un grand nombre de malades ; p. 1,831, le 1er août, le roi revient à Versailles après un mois de séjour à Chantilly ; p. 1,835, le 4, la duchesse d'Orléans arrive à Versailles ; p. 1,837, le 7, chasse aux cerfs dans les bois de Fosse-Repose; p. 1,838, le 20, les échevins de la ville de Paris sont présentés au roi par le prévôt des marchands; ils prêtent serment entre les mains du roi; p. 1,841, on tire un feu d'artifice sur la terrasse du château de Versailles du côté de l'Orangerie; p. 1,842, le roi et l'infante-reine partent de Versailles pour Fontainebleau; p. 2,661, le 27 novembre, l'infante-reine revient de Fontainebleau à Versailles; p. 2,663, le 1er décembre, le roi revient à Versailles de Fontainebleau; le 3, le roi entend le sermon du P. Surion, de l'Oratoire; p. 2,676, le roi entend la messe en musique dans la chapelle; le roi dîne tous les matins dans sa chambre; le soir, il mange dans le grand salon avec les princes; p. 2,905, le 17, le roi entend la messe en musique dans la chapelle; le même jour, l'infante-reine se confesse pour la première fois au P. de Lignières; le lendemain, elle va entendre la messe à l'église Notre-Dame de Versailles; p. 2,906, le 23, le roi fait ses stations du jubilé à l'église de la paroisse de Versailles et à celle des Récollets; le cardinal de Royan et l'ancien évêque de Fréjus dînent à la table du roi; le 24, le roi communie à la chapelle, et le 25 assiste assiste aux cérémonies de la fête de Noël; p. 2,908, le 31, l'évêque de Langres prête serment entre les mains du roi.

Année 1725, p. 173, le 1er janvier, le roi reçoit les compliments de la cour et tient chapitre de l'Ordre du Saint-Esprit; p. 175, le 9, le roi reçoit l'ambassadeur d'Angleterre; p. 384, le 2 février, le roi tient chapitre de l'Ordre du Saint-Esprit; p. 387, le 18, le roi entend la prédication du P. Quinquet; le 20, le roi est pris de fièvre et est saigné deux fois; p. 612, le 11 mars, le roi entend la messe en musique et le sermon du P. Quinquet; p. 833, le 1er avril, le roi rend le pain béni à la paroisse Notre-Dame de Versailles; p. 834, le 10, le roi reçoit l'ambassadeur de Russie qui lui annonce la mort du czar; p. 835, le 5, l'infante part du château de Versailles pour retourner en Espagne; p. 836, le 20, le roi passe en revue les régiments des gardes françaises et suisses sur l'avenue de Paris; p. 1,038, le 19 mai, le roi se confesse, communie et touche un grand nombre de malades; p. 1,225, juin, le 21 mai, le roi reçoit les députés des Etats de Bourgogne; p. 1,226, le 3 juin, les dames de la halle de Paris présentent au roi un esturgeon à l'occasion de son mariage; p. 1,230, l'assemblée du clergé vient complimenter le roi; le 8 août, le roi revient de Chantilly à Versailles; le 9, chasse; le 11, prend médecine; le 14, chasse; le 15, entend la messe et communie; p. 1,892, le 16, se baigne et chasse; p. 1,893, le 18, le roi passe en revue les deux compagnies de mousquetaires dans le parc de Châville; p. 1,907, le 9, le roi signe dans son cabinet, à Versailles, son contrat de mariage avec la princesse Marie, fille du roi Stanislas; p. 2,831, décembre, le 17 octobre, quatre sauvages du Mississipi viennent visiter Versailles; on leur fait jouer les eaux et ils visitent la Ménagerie et Trianon; p. 2,927, le 1er décembre, le roi et la reine arrivent de Fontainebleau à Versailles; p. 2,928, le 2, le roi et la reine entendent la messe à la chapelle et le sermon de l'abbé de la Pause; le 3, la reine va à Saint-Cyr et y communie; p. 2,929, le 11, la reine assiste au *Te Deum* chanté à l'église Notre-Dame de Versailles; le soir, il y a illuminations et feux dans la ville; p. 2,936, le 16, le roi reçoit les députés des Etats d'Artois; p. 2,937, le 18, le

roi et la reine reçoivent l'envoyé extraordinaire du roi de Suède ;
p. 3,153, le 3, le roi et la reine entendent le concert dans les grands
appartements du château; p. 3,154, le 4, la reine va à la Ménagerie
et le soir elle assiste dans le théâtre du château à la représentation
du *Misanthrope*; le 5, concert et jeux dans les grands appartements;
le 6, chasse; le soir, comédie italienne; p. 3,155, le 7, le roi chasse;
le 8, la reine va à Saint-Cyr; le 9, jeux chez la reine; le 10, la reine
prend médecine ; le 13, la reine va à Trianon ; le 14, jeux chez la
reine; p. 3,156, le 2, la reine est complimentée par le supérieur des
lazaristes; le 9, la reine est complimentée par le provincial des
Récollets; le 29, spectacle par les comédiens français ; p. 3,157,
le 24, le roi communie et touche les malades; le 25, le roi et la
reine assistent aux offices de Noël; le 20, l'envoyé de l'Electeur de
Mayence est reçu par le roi et la reine ; p. 3,158, le 31, la reine
communie à Saint-Cyr.

Année 1726, p. 183, le 1er janvier, le roi tient chapitre de l'Ordre
du Saint-Esprit; p. 386, le 2 février, messe à la chapelle des chevaliers du Saint-Esprit; le 5, concert chez la reine; p. 600, le 10 mars,
le roi et la reine entendent une messe en musique à la chapelle ;
p. 628, le peintre Oudry expose plusieurs de ses tableaux dans les
appartements du château de Versailles; p. 826, avril, le 31 mars, la
reine douairière d'Espagne rend visite au roi à Versailles; p. 835,
du 1er au 22 avril, chasse et réception par le roi à Versailles; p. 837,
le roi tourne sur un tour fait par Mlle Maubois; p. 838, le 7, les
évêques de Puy et de Valence prêtent serment dans la chapelle du
château ; p. 839, le roi assiste à la messe du dimanche des Ra-
meaux et fait la cène dans le château; p. 841, le samedi-saint, le
roi et la reine communient dans l'église Notre-Dame de Versailles;
p. 1,056, le 7 mai, réception à Versailles de l'ambassadeur de Sardaigne; p. 1,057, le 28, l'évêque de Grenoble prête serment dans la
chapelle; p. 1,059, le 9, le marquis de Courtenvaux et le marquis
de Saillant font une course de chevaux depuis la grille du château
de Versailles jusqu'à la porte des Invalides à Paris; p. 1,254, juin,
diverses réceptions du roi à Versailles; p. 1,255, un lion et un tigre
sont placés à la Ménagerie de Versailles ; p. 1,257, le 26, la reine se
promène en gondole sur le canal; p. 1,258, réceptions de chevaliers
de Saint-Louis; p. 1,261, dévotions du roi et de la reine; p. 1,274,
le 18, Michel Delalande, surintendant de la musique du roi, meurt
à Versailles; p. 1,277, mariage du marquis de Mailly et de sa nièce
dans la chapelle du château de Versailles ; p. 1,462, diverses nouvelles de la cour; p. 1,681, juillet, nouvelles de la cour; p. 1,682, le
tonnerre tombe sur l'église Notre-Dame de Versailles et fond quelques tuyaux de l'orgue; p. 1,684, le roi se promène sur le canal
dans la frégate à voile *la Dunquerquoise* ; p. 1,710, maladie du roi à
Versailles ; p. 1,929, août, nouvelles de la cour; p. 1,951, maladie
de la reine; p. 1,953, *Te Deum* et réjouissances à Versailles à l'occasion du rétablissement de la reine ; p. 2,151, septembre, nouvelles
de la cour; p. 2,156, la reine d'Espagne vient à Versailles complimenter la reine sur le rétablissement de sa santé; p. 2,795 et 3,014,
décembre, nouvelles de la cour.

Année 1727, p. 181, janvier, nouvelles de la cour; p. 383, février,
nouvelles de la cour; p. 384, première messe dite dans la nouvelle

église du Parc-aux-Cerfs; p. 608, mars, nouvelles de la cour; p. 839, avril, nouvelles de la cour; p. 842, on répare, rue des Bons-Enfants, la maison de la nourrice des enfants de France; p. 1,239, juin, nouvelles de la cour; p. 1,485, musique sur le canal pendant que la reine revient de la Ménagerie; p. 1,702, juillet, nouvelles de la cour; p. 1,905, le 1er août, Lœillet, musicien de l'Electeur de Bavière, donne lui seul au roi et à la reine un concert à plusieurs parties; p. 1,908, le 13, accouchement de la reine de deux jumelles; détail des fêtes; p. 2,116, le 4 septembre, la musique du roi chante à la paroisse Notre-Dame un *Te Deum* de la composition de Collin de Blamont; p. 2,117, le 3, Chéron fait chanter un motet de sa composition à la chapelle du roi; p. 2,118, le 21, la reine fait ses relevailles dans la chapelle du château; p. 2,131, on met plusieurs nouveaux animaux dans la Ménagerie de Versailles; p. 2,341, octobre, nouvelles de la cour; p. 2,555, novembre, plusieurs animaux sont placés à la Ménagerie de Versailles; p. 2,739, décembre, nouvelles de la cour.

Année 1728, p. 404, février, nouvelles de la cour; p. 644, mars, nouvelles de la cour; p. 842, avril, nouvelles de la cour; p. 1,000, mai, les apothicaires du roi exposent à Versailles toutes les drogues qui composent la thériaque et expliquent au roi leur emploi; p. 1,044, nouvelles de la cour; p. 1,048, le 10, revue sur l'avenue de Paris des régiments des gardes françaises et suisses; p. 1,253 et 1,478, juin, nouvelles de la cour; p. 1,689, juillet, nouvelles de la cour; p. 1,877, août, nouvelles de la cour; p. 2,125, septembre, nouvelles de Versailles; p. 2,312, octobre, la reine fait exécuter devant le roi Stanislas différents morceaux de musique de Delalande; p. 2,723 et 2,947, décembre, nouvelles de Versailles.

Année 1729, p. 184, janvier, nouvelles de Versailles; p. 385, février, nouvelles de Versailles; p. 395, course de traineaux à Versailles, avec gravure; p. 602, mars, nouvelles de Versailles; p. 815, avril, nouvelles de Versailles; p. 1,021, mai, nouvelles de Versailles; p. 1,247, juin, nouvelles de Versailles; p. 1,673, juillet, nouvelles de Versailles; p. 1,692, lettres-patentes ordonnant une coupe de bois à Versailles; p. 1,872, août, nouvelles de Versailles; p. 2,048, couches de la reine; naissance du Dauphin; réjouissances à Versailles; p. 2,036, septembre, nouvelles de Versailles; p. 2,321, octobre, nouvelles de Versailles; p. 2,725, novembre, nouvelles de Versailles; p. 2,943, décembre, nouvelles de Versailles; p. 2,960, décoration du feu d'artifice tiré dans l'avant-cour du château de Versailles; p. 3,151, nouvelles de Versailles.

Année 1730, p. 177, janvier, fête en l'honneur de la béatification de Saint-Vincent de Paul faite par les missionnaires dans l'église Notre-Dame de Versailles; p. 179, concerts à la cour; p. 181, présentation des députés de Bretagne; p. 406, février, nouvelles de Versailles; p. 408, le duc de Lorraine prête foi et hommage entre les mains du roi pour le duché de Bar; p. 601, mars, concert chez la reine; p. 824, avril, nouvelles de Versailles; p. 1,227, juin, nouvelles de Versailles; p. 1,660, juillet, nouvelles de Versailles; p. 1,884, août, nouvelles de Versailles; p. 1,900, la reine accouche du duc d'Anjou; p. 2,082, le 21 septembre, l'évêque de Bethléem consacre l'église des Récollets de Versailles; p. 2,109, *Te Deum* à la chapelle par Blamont, à l'occasion de la naissance du duc d'Anjou; p. 2,298, octobre, nouvelles de Versailles; p. 2,299, le tableau de Coypel, le *Sacrifice d'Iphigénie*, est exposé à Versailles dans les grands appartements; p. 2,523, novembre, nouvelles de Versailles; p. 2,752, décembre, nouvelles de Versailles.

Année 1731, p. 165, janvier, nouvelles de Versailles; p. 391, février, nouvelles de Versailles; p. 603, mars, nouvelles de Versailles; p. 794, avril, nouvelles de Versailles; p. 1,731, mai, nouvelles de Versailles; p. 1,383, juin, nouvelles de Versailles; p. 2,020, août, nouvelles de Versailles; p. 2,258, septembre, nouvelles de Versailles; p. 2,450, octobre, petits chevaux destinés au Dauphin et présentés au roi à Versailles par le comte de Saxe; p. 2,451, nouvelles de Versailles; p. 2,884 et 3,052, décembre, nouvelles de Versailles; p. 3,053, courses de traineaux dans le parc de Versailles.

Année 1732, p. 170, janvier, nouvelles de Versailles; p. 172, courses en traineaux dans le parc; p. 389, février, nouvelles de Versailles; p. 601, mars, nouvelles de Versailles; p. 603, le 23, la reine accouche d'une princesse; p. 794, avril, nouvelles de Versailles; p. 1,009, mai, nouvelles de Versailles; p. 1,234 et 1,433, juin, nouvelles de Versailles; p. 1,643, juillet, nouvelles de Versailles; p. 1,874, août, nouvelles de Versailles; p. 2,060, septembre, nouvelles de Versailles; p. 2,279, octobre, le Dauphin fait la vendange sur des ceps de vigne placés dans la salle des gardes du château de Versailles; p. 2,493, novembre, nouvelles de Versailles; p. 2,699 et 2,908, décembre, nouvelles de Versailles.

Année 1733, p. 162, janvier, nouvelles de Versailles; p. 383, février, nouvelles de Versailles; p. 596, mars, nouvelles de Versailles; p. 814, avril, nouvelles de Versailles; mort du duc d'Anjou à Versailles; p. 1,023, mai, nouvelles de Versailles; p. 1,228, juin, nouvelles de Versailles; p. 1,248, lettres-patentes qui confirment un contrat d'échanges de terres, dans le parc de Versailles, entre le roi et le sieur Martin; p. 1,420, exposition dans les appartements du château de Versailles d'un tableau de Vanloo représentant l'institution de l'Ordre du Saint-Esprit, par Henri III, et un autre, de Troy, représentant une réception de chevaliers du même ordre, par Henri IV, p. 1,455, nouvelles de Versailles; p. 1,876, août, nouvelles de Versailles; p. 2,074, septembre, nouvelles de Versailles; p. 2,288, octobre, nouvelles de Versailles; p. 2,515, novembre, nouvelles de Versailles; p. 2,728, décembre, nouvelles de Versailles.

Année 1734, p. 169, janvier, nouvelles de Versailles; p. 388, février, nouvelles de Versailles; p. 610, mars, nouvelles de Versailles; p. 794, avril, nouvelles de Versailles; p. 795, revue des mousquetaires par le roi sur la place d'Armes; p. 1,003, mai, rougeole du Dauphin; p. 1,237, juin, nouvelles de Versailles; p. 1,339, la ville de Paris vient offrir au Dauphin, à Versailles, ses premières armes; p. 1,439, le Dauphin va pour la première fois à l'église de la paroisse Notre-Dame de Versailles; p. 1,664, juillet, nouvelles de Versailles; p. 1,871, août, nouvelles de Versailles; p. 2,073, septembre, nouvelles de Versailles; p. 2,295, octobre, nouvelles de Versailles; p. 2,732 et 2,943, décembre, nouvelles de Versailles; p. 2,944, M. Gabriel, contrôleur des dedans du château de Versailles, est nommé premier architecte du roi en remplacement de M. de Cotte.

Année 1735, p. 164, janvier, nouvelles de la cour; p. 149, le 9, le duc de Noailles prête serment; le 25, l'ambassadeur de Sardaigne annonce au roi la mort de sa souveraine; le premier jour de l'an, le roi entendit à son lever les hautbois de la chambre, qui jouèrent des airs de Lully; à dîner, les vingt-quatre violons exécutent des symphonies de Destouches; p. 170, le 10, concert chez la reine; les demoiselles Antier et Mathieu y sont applaudies; le 19, on chante un acte d'*Hypermnestre*, de Gervais; les autres jours du mois on y joue la comédie; p. 391, février, nouvelles de Versailles; p. 393, le 17, on chante dans la chapelle une messe en musique; p. 586, mars, nouvelles de Versailles; p. 589, maladie de la reine, à la suite de laquelle survient une fausse couche; p. 593, divers spectacles donnés devant la reine; p. 595, Hadgi-Mehemet Effendi, envoyé de Tripoli, est reçu par le roi à Versailles; p. 813, avril, nouvelles de Versailles; p. 816, le 19, revue des gendarmes et des chevau-légers, par le roi, sur la place d'Armes; p. 1012, mai, nouvelles de Versailles; le 19, la reine communie dans la paroisse de Versailles; p. 1125 et 1735, juin, nouvelles de Versailles; p. 1662, juillet, nouvelles de Versailles; p. 1886, août, nouvelles de Versailles; p. 2104, septembre, nouvelles de Versailles; p. 2317, octobre, nouvelles de Versailles; p. 2513, novembre, nouvelles de Versailles; le roi nomme premier médecin du Dauphin M. Bouillac, et premier valet de chambre M. Binet; p. 2730 et 2929, décembre, nouvelles de Versailles.

Année 1736, p. 162, janvier, nouvelles de Versailles; p. 165, le 15, le Dauphin passe des mains des femmes dans celles des hommes; étiquette suivie en cette occasion; p. 185, le 24, les députés de Bretagne sont présentés au roi; lettres-patentes qui nomment des commissaires pour faire procéder à un terrier général des domaines de Versailles, Marly, etc.; p. 365, février, nouvelles de Versailles, p. 563, mars, nouvelles de Versailles; p. 807, avril, nouvelles de Versailles; p. 1009, mai, nouvelles de Versailles; p. 1011, le 16, la reine accouche d'une princesse; p. 1456, juin, nouvelles de Versailles; p. 1457, le 30, le roi fait la revue des deux bataillons du régiment de Besenval dans l'avenue de Paris; p. 1728, juillet, nouvelles de Versailles; p. 1911, août, nouvelles de Versailles; arrêt qui règle les salaires des notaires pour les déclarations qui doivent être passées au terrier de Versailles, Marly, etc.; p. 2127, septembre, nouvelles de Versailles; p. 2309, octobre, plafond d'un salon du château de Versailles qui précède celui de la chapelle du roi, appelé le grand Salon de Marbre (salon d'Hercule), découvert le 26 septembre; sa description; p. 2364, nouvelles de Versailles; p. 2559, novembre, nouvelles de Versailles; p. 2779 et 2965, décembre, nouvelles de Versailles.

Année 1737, p. 149, janvier, nouvelles de Versailles; p. 385, février, nouvelles de Versailles; p. 599, mars, nouvelles de Versailles; p. 807, avril, nouvelles de Versailles; p. 1031, mai, nouvelles de Versailles; p. 1208 et 1440, juin, nouvelles de Versailles; p. 1656, juillet, nouvelles de Versailles; p. 1657, le 7, les Récollets de la province de Paris tinrent à Versailles leur chapitre; le 15, la reine accouche d'une princesse; p. 1868, août, nouvelles de Versailles; p. 1883, le 25, on tire un feu d'artifice sur le bassin de la terrasse, en face l'appartement du Dauphin, dont c'était la fête;

6

p. 2091, septembre, nouvelles de Versailles ; p. 2295, octobre, nouvelles de Versailles ; p. 2451, novembre, la promenade de Versailles, ou entretien de six coquettes, roman analysé ; p. 2527, nouvelles de Versailles; p. 2705, décembre, nouvelles de Versailles; p. 2707, le 19, le roi va à la paroisse de Versailles, pour entendre le Salut pour la canonisation de saint Vincent de Paul; p. 2929, nouvelles de Versailles.

Année 1738, p. 163, janvier, nouvelles de Versailles ; p. 353, février, nouvelles de Versailles ; p. 392, le 7, le Dauphin est atteint d'un abcès à la mâchoire; on est obligé de l'ouvrir ; p. 587, mars, nouvelles de Versailles ; p. 790, avril, nouvelles de Versailles ; p. 795, le 20, le cardinal d'Auvergne reçoit la barette des mains du roi ; p. 1013, mai, nouvelles de Versailles ; p. 1215 et 1433, juin, nouvelles de Versailles ; p. 1646, juillet, nouvelles de Versailles ; p. 1843, août, nouvelles de Versailles; p. 2078, septembre, nouvelles de Versailles ; p. 2283, octobre, nouvelles de Versailles ; p. 2491, novembre, nouvelles de Versailles ; p. 2695 et 2908, décembre, nouvelles de Versailles.

Année 1739, p. 157, janvier, nouvelles de Versailles ; p. 366, février, nouvelles de Versailles; p. 378, bal masqué donné par le roi, dans le château de Versailles, le 26 janvier 1739; sa description; p. 386, autre bal donné par les pages du roi dans la Grande-Ecurie; p. 582, mars, nouvelles de Versailles ; p. 636, avril, arrivée de la Seine à Marly ; p. 707, lettre écrite de Versailles et discours prononcé ; p. 802, nouvelles de Versailles ; p. 1028, mai, nouvelles de Versailles; p. 1223 et 1434, juin, nouvelles de Versailles ; p. 1651, juillet, nouvelles de Versailles; p. 1875, août, nouvelles de Versailles ; p. 2036, septembre, fêtes données et cérémonies observées à l'occasion du mariage de Madame Louise-Elisabeth de France, fille aînée de Leurs Majestés, avec don Philippe, infant d'Espagne ; p. 2055, feu d'artifice élevé sur la grande terrasse du jardin de Versailles, en face le château ; p. 2083, nouvelles de Versailles ; p. 2509, octobre, nouvelles de Versailles ; p. 2702, novembre, nouvelles de Versailles ; p. 3142, décembre, nouvelles de Versailles.

Année 1740, p. 162, janvier, nouvelles de Versailles; p. 371, février, nouvelles de Versailles ; p. 597, mars, nouvelles de Versailles ; p. 779, avril, nouvelles de Versailles ; p. 1013, mai, nouvelles de Versailles ; p. 1229 et 1451, juin, nouvelles de Versailles ; p. 1663, juillet, nouvelles de Versailles ; p. 1889, août, nouvelles de Versailles; p. 2547, novembre, nouvelles de Versailles ; p. 2747 et 2949, décembre, nouvelles de Versailles.

Année 1741, p. 165, janvier, le 20 novembre 1740, on place, à la pièce de Neptune, le groupe de Neptune et d'Amphitrite, exécuté par Sigisbert Adam ; p. 196, nouvelles de Versailles ; p. 389, février, nouvelles de Versailles ; p. 614, mars, nouvelles de Versailles ; p. 818, avril, nouvelles de Versailles ; p. 1037, mai, nouvelles de Versailles; p. 1234 et 1455, juin, nouvelles de Versailles ; p. 1678, juillet, nouvelles de Versailles ; p. 1900, août, nouvelles de Versailles ; p. 2094, septembre, nouvelles de Versailles ; p. 2318, octobre, nouvelles de Versailles ; p. 2518, novembre, nouvelles de Versailles ; p. 2738 et 2952, décembre, nouvelles de Versailles.

Année 1742, p. 191, janvier, nouvelles de Versailles ; p. 385, février, nouvelles de Versailles ; p. 612, mars, nouvelles de Versailles ; p. 827, avril, nouvelles de Versailles ; p. 1247, mai, nouvelles de Versailles ; p. 1251, le roi nomme M. Gabriel son premier architecte ; M. de Cotte est nommé architecte ordinaire ; p. 1466, juin, nouvelles de Versailles ; p. 1651, juillet, nouvelles de Versailles ; p. 1881, août, nouvelles de Versailles ; p. 2098, septembre, nouvelles de Versailles ; p. 2305, octobre, nouvelles de Versailles ; p. 2313, Julien Deslandes, marchand cirier, à Versailles, rue Dauphine, vis-à-vis la Belle-Image, a trouvé le secret de faire de la petite bougie, pour la nuit, des trente-deux à la livre ; chaque bougie dure dix heures et demie ; il en fait aussi des cinquante à la livre pour l'été, et d'une nouvelle sorte, en citron ; il a inventé une bobèche qui est plus commode que les bougeoirs dont on s'est servi jusqu'à présent: p. 2544, novembre, nouvelles de Versailles ; p. 2746 et 2954, décembre, nouvelles de Versailles.

Année 1743, p. 168, janvier, nouvelles de Versailles ; p. 394, février, nouvelles de Versailles ; p. 570, mars, nouvelles de Versailles ; p. 782, avril, nouvelles de Versailles ; p. 1029, mai, nouvelles de Versailles ; p. 1222 et 1425, juin, nouvelles de Versailles ; p. 1429, nouvelle paroisse construite par ordre du roi, à Versailles ; p. 1645, juillet, nouvelles de Versailles ; p. 1859, août, nouvelles de Versailles ; p. 2099, septembre, nouvelles de Versailles ; p. 2302, octobre, nouvelles de Versailles ; p. 2518, novembre, nouvelles de Versailles ; p. 2738, décembre, nouvelles de Versailles ; p. 2839, visite de l'ambassadeur turc à Versailles.

Année 1744, p. 162, janvier, nouvelles de Versailles ; p. 392, février, nouvelles de Versailles ; p. 592, mars, nouvelles de Versailles ; p. 827, avril, nouvelles de Versailles ; p. 1023, mai, nouvelles de Versailles ; p. 1250 et 1447, juin, nouvelles de Versailles ; p. 1634, juillet, nouvelles de Versailles ; p. 1898, août, nouvelles de Versailles ; p 1924, le clergé de Versailles va en procession à Sainte-Geneviève de Nanterre, pour le rétablissement de la santé du roi ; p. 2312, octobre, réjouissances publiques à Versailles, à l'occasion de la convalescence du roi ; illumination remarquable de l'église Saint-Louis ; p. 2351, cantatille sur l'heureux retour de la reine à Versailles ; p. 140, novembre, retour du roi et de la reine à Versailles ; arc de triomphe dans la place d'Armes ; sa description ; feu d'artifice ; p. 153, décembre, nouvelles de Versailles ; p. 166, mariage de M. le duc de Penthièvre et de Mlle de Modène, dans le château.

Année 1745, p. 166, janvier, nouvelles de Versailles ; p. 173, février, nouvelles de Versailles ; p. 81, arrivée de la Dauphine à Versailles ; p. 82, mariage ; p. 85, fêtes de Versailles ; p. 202, mars, journal de la cour ; p. 147, avril, description de la salle de spectacle construite à Versailles à l'occasion du mariage du Dauphin ; p. 168, journal de la cour ; p. 174, juillet, nouvelles de la cour ; p. 168, août, nouvelles de Versailles ; p. 153, octobre, journal de la cour ; p. 153 et 122, décembre, journal de la cour.

Année 1746, p. 153, janvier, machine inventée par le sieur Defrance, que l'on fait voir à la cour, sur le théâtre de la salle de la comédie du château, le 29 décembre 1745 ; elle représente un berger et une bergère, lesquels jouent de la flûte dans une grande perfection ; p. 163, nouvelles de Versailles ; p. 163, février, nouvelles de la cour; p. 172, mars, nouvelles de la cour; p. 168, avril, nouvelles de la cour; p. 147, mai, nouvelles de la cour; p. 156 et 142, juin, nouvelles de la cour; p. 136, juillet, nouvelles de la cour; p. 139, accouchement de la Dauphine; p. 140, sa mort; p. 141, sa pompe funèbre; p. 158, août, nouvelles de la cour; p. 132, septembre, nouvelles de la cour; p. 167, octobre, nouvelles de la cour; p. 136, novembre, nouvelles de la cour; p. 149 et 168, décembre, nouvelles de la cour.

Année 1747, p. 159, janvier, nouvelles de la cour; p. 158, février, nouvelles de la cour; p. 174, arrivée de la Dauphine à Versailles; p. 175, mars, nouvelles de la cour; p. 175, avril, nouvelles de la cour; p. 168, mai, nouvelles de la cour; p. 206, le 25, François Gigot de la Peyronerie, premier chirurgien du roi, meurt à Versailles; p. 187 et 148, juin, nouvelles de la cour; p. 136, juillet, nouvelles de la cour; p. 111, août, nouvelles de la cour; p. 131, septembre, nouvelles de la cour; p. 140, octobre, nouvelles de la cour; p. 161 et 171, décembre, nouvelles de la cour.

Année 1748, p. 197, janvier, nouvelles de la cour; p. 193, février, nouvelles de la cour; p. 183, mars, nouvelles de la cour; p. 184, avril, nouvelles de la cour; p. 176, mai, nouvelles de la cour; Madame, fille du Dauphin, âgée d'un an, meurt à Versailles le 26 avril; p. 135 et 167, juin, nouvelles de la cour; p. 190, septembre, nouvelles de la cour; p. 209, octobre, nouvelles de la cour; p. 208, novembre, nouvelles de la cour; p. 205 et 208, décembre, nouvelles de la cour.

Année 1749, p. 223, avril, nouvelles de la cour; p. 214, mai, nouvelles de la cour; p. 200 et 194, juin, nouvelles de la cour; p. 198, juillet, nouvelles de la cour (V. août, p. 173, le *Mercure*, annonçant que pour ses nouvelles de la cour il copie mot à mot la *Gazette de France*, il n'est plus nécessaire d'indiquer ici ces articles); p. 190, décembre, le duc de Rambouillet, fils du duc de Penthièvre, meurt à Versailles, le 13 novembre, âgé de trois ans et dix mois.

Année 1752, p. 101, janvier, fêtes à Versailles à l'occasion de la naissance du duc de Bourgogne; p. 230, feu d'artifice tiré dans le parc à l'occasion de la naissance du duc de Bourgogne; p. 207, mars, description des fêtes données à Versailles par ordre du roi, le 19 et le 30 décembre 1751, à l'occasion de la naissance de Mgr le duc de Bourgogne.

Année 1756, p. 191, avril, le samedi 20 mars, la reine, le Dauphin, la Dauphine et Mesdames de France vont à Saint-Cyr voir une représentation d'*Athalie* par les demoiselles; la musique des chœurs a été refaite pour cette représentation par Clérambault, organiste de la maison.

Année 1763, p. 159 et 136, janvier, spectacles à la cour, à Versailles; p. 148, février, spectacles à la cour, à Versailles; p. 174, mars, spectacles à la cour, à Versailles; p. 167, avril, spectacles à la cour, à Versailles.

Année 1764, p. 148 et 171, janvier, spectacles à la cour, à Versailles; p. 169, février, spectacles à la cour, à Versailles; p. 165, mars, spectacles à la cour, à Versailles; p. 167 et 166, avril, spectacles à la cour, à Versailles.

Année 1765, p. 162, janv., spectacles à la cour à Versailles; p. 173, extrait d'un divertissement exécuté en présence de NN. SS. les enfants de France, à Trianon, le mercredi 28 novembre 1764, à l'occasion d'une collation qui leur y fut présentée ; p. 177, janvier, spectacles à la cour, à Versailles ; p. 187, février, spectacles à la cour, à Versailles ; p. 150, mars, spectacles à la cour, à Versailles ; p. 175, avril, spectacles à la cour, à Versailles ; p. 65, juillet, visite du roi à Saint-Cyr, le 29 juin 1765.

Année 1769, p. 202, août, sur le cimetière Saint-Louis, à Versailles ; p. 203, lettre de Voltaire sur le même sujet ; p. 218, décembre, autre lettre à l'occasion du même cimetière.

Année 1770, p. 170, juin, arrivée de la Dauphine, à Versailles ; p. 191, juillet, détails des illuminations faites dans les jardins de Versailles, le samedi 19 mai 1770, pour le mariage de Mgr le Dauphin ; p. 186, juillet, extrait du procès-verbal de ce qui s'est passé au lit de justice tenu par le roi au château de Versailles, le 27 juin 1770 ; p. 193, septembre, lettre sur la construction de la charpente de la nouvelle salle de spectacle de Versailles ; p. 127, octobre, détail des fêtes et spectacles donnés à Versailles à l'occasion du mariage de Mgr le Dauphin.

Année 1773, p. 184, septembre, fête donnée par Mme la comtesse de Marsan à Madame de France, le 15 août, jour de sa fête, dans le jardin de Montreuil, près Versailles.

Année 1774, p. 128, janvier, annonce du premier volume de l'*Almanach de Versailles* ; p. 219, juin, maladie et mort de Louis XV.

Année 1775, p. 172, août, cours d'accouchement fait à Versailles.

Année 1779, p. 108, janvier, la reine accouche de Mademoiselle Royale ; p. 104, juin, Monsieur tient le chapitre de l'Ordre de Saint-Lazare et du Mont-Carmel, dans l'église Saint Louis.

Année 1780, p. 80, avril, le roi Louis XVI se rend en cérémonie à l'église Notre-Dame de Versailles, où il communie par les mains du cardinal de Rohan.

Année 1781, p. 183, avril, M. Giraud, médecin des eaux de Vichy, est nommé médecin du château de Trianon ; p. 118, juillet, maladie de Monsieur ; p. 168, octobre, la reine accouche d'un fils, le 22 octobre ; p. 22, novembre, cérémonial observé à la naissance du Dauphin, et fêtes à Versailles à cette occasion ; p. 76, novembre, le roi fait reconstruire l'hôpital de Versailles et donne 20,000 livres de plus de dotation à cet établissement ; p. 107, novembre, le 4 novembre, on chante un *Te Deum* dans les églises de Versailles et on illumine la ville, à l'occasion de la naissance du Dauphin ; p. 31, décembre, relevailles de la reine, le 13 novembre.

Année 1782, p. 122, janvier, maladie de Mme la comtesse d'Artois ; p. 74, février, bal donné à Versailles par les gardes du corps ; p. 130, février, la reine ouvre le bal avec M. Dumoret, de Tarbes, garde du corps ; p. 75, mars, mort de Madame Sophie, fille de Louis XV, dans la nuit du 2 au 3 mars ; p. 27, juin, réception du comte et de la comtesse du Nord, à Versailles.

Année 1783, p. 70, janvier, M. Blaizot, libraire à Versailles, présente au roi son *Almanach de Versailles* ; note sur cet almanach ; p. 121, janvier, le 6 janvier, la comtesse d'Artois accouche d'une princesse ; p. 72, février, les préliminaires de la paix sont signés à

Versailles, le 20 janvier ; p. 170, avril, la reine va communier à la paroisse Notre-Dame; p. 25, mai, le 21 avril, le roi communie à la paroisse Notre-Dame ; p. 176, Montgolfier enlève un ballon dans la cour du château, devant le roi, le 19 septembre.

Année 1784, p. 174, avril, le roi communie dans l'église Notre-Dame de Versailles; p. 34, juillet, Pilâtre de Rozier élève son ballon à Versailles le 23 juin.

Année 1785, p. 80, avril, la reine accouche d'un fils, le 27 mars ; p. 32, juillet, le sieur Jacob, ancien curé de Saint-Louis, est présenté au roi comme curé de Notre-Dame de Versailles.

Année 1786, p. 134, juillet, le 9, la reine accouche d'une fille ; p. 174, relation de l'accouchement de la reine ; p. 180, août, fête à Saint-Cyr pour fêter la centième année de sa fondation.

Année 1787, p. 75, janvier, Hauy, directeur des aveugles, les fait exercer devant le roi, à Versailles, le 26 décembre 1787 ; p. 178, février, dans la nuit du 12 au 13, meurt à Versailles, dans sa 68e année, le comte de Vergennes; p. 138, mars, notice sur le spectacle de Versailles; p. 24, avril, un prince Cochinchinois est présenté au roi, à Versailles; p. 136, août, lettre sur l'opéra italien de Versailles, par Framery ; p. 235, septembre, sur l'opéra du *Roi Théodore*, joué à Versailles; p. 167, décembre, lettre de M. Bussi, à l'occasion de l'opéra bouffon de Versailles.

Année 1789, p. 181, mars, on travaille à faire la salle des Etats-Généraux, à Versailles; p. 125, avril, la municipalité de Versailles s'occupe des logements des députés aux Etats-Généraux ; p. 120, mai, procession des Etats-Généraux ; p. 130, mai, description de la procession et de l'ouverture des Etats-Généraux ; p. 14, juillet, supplément, état de Versailles le 11 ; p. 338, septembre, boulanger que l'on veut pendre à Versailles ; p. 86, octobre, le régiment de Flandres à Versailles ; p. 164, octobre, journées des 5 et 6 ; p. 221, nouvelle relation des mêmes journées ; p. 209 et 309, nouveaux détails sur les mêmes journées ; p. 416, sur les mêmes journées.

Année 1790, p. 228, octobre, sur la nomination de Robespierre, de Bouche et de Biaurat, comme juges du tribunal de Versailles.

Biographie des Hommes remarquables

du département de Seine-et-Oise, depuis le commencement de la monarchie jusqu'à ce jour, par E. et H. Daniel. Versailles, Angé, 1832. In-8°.

Biographie des Hommes remarquables

de Seine-et-Oise, depuis le commencement de la monarchie jusqu'à ce jour, précédée d'un aperçu historique et suivie d'écrits relatifs à ce département, p. H. Daniel de Saint-Anthoine. Paris, Angé, 1837. ln-8°.

Versailles royal, féodal et municipal, par

de Sainte-James Gaucourt. 6 vol. in-f°. Man.

Déclarations et **Edits des Rois Louis XIV et Louis XV sur Versailles,** des années 1672, 1692, 1693, 1696, 1715 et 1716. — Dans : Dictionnaire universel, chronologique et historique de Justice, Police et Finances, etc., par F.-J. Chasles. Paris, C. Robustel, 1725. 3 vol. in-f°.

V. 3e vol., p. 315.

Différents Arrêts du Conseil d'Etat du Roi, concernant le port de Marly dans ses rapports avec Versailles, 1693-1775. 1 vol. in-f°. Man.

Différents Arrêts et **Lettres-patentes,** concernant les marchés de Versailles, 1703-1771. 1 vol. in-f°. Man.

Mémoires sur le Château et la ville de Versailles, 1715-1795. 1 vol. in-f°. Man.

La Sculpture, Poème, par Louis Doissin. Paris, Lemercier, 1757. 1 vol. in-12.

V. aux pages 55 et 71, ce que l'auteur dit des statues du parc de Versailles.

Plans de Versailles, Atlas. 1 vol. in-f°.

Vues de Versailles, Atlas. 1 vol. in-f°.

Eaux de Versailles, Atlas. 1 vol. in-f°.

Histoire de la Maison royale de Saint-Cyr, 1686-1793, par Théophile Lavallée. Paris, Furne, 1853. 1 vol. in-8°.

Itinéraire descriptif ou **Description routière de la France.** Routes de Paris à Versailles, Ville, Château et Parc de Versailles, par Vaysse de Villiers. Paris, Potey, 1822. 1 vol. in-8°.

Recueil de Pièces concernant Versailles. 12 pièces. 1 vol. in-12.

Recueil de Pièces concernant **Versailles.**
123 pièces. 2 vol. in-8°.

Recueil de Pièces concernant **Versailles.**
142 pièces. 1 vol. in-4°.

Notices sur Versailles, par l'abbé Caron. 1 volume in-4°. Man.

Ces notices comprennent :
1° Notice sur l'ancienne machine de Marly ;
2° Notice sur les divers systèmes hydrauliques exécutés sous Louis XIV, pour procurer de l'eau aux jardins de Versailles ;
3° Recherches sur l'inventeur de la machine de Marly ;
4° Notice sur les dépenses en bâtiments faites sous le règne de Louis XIV ;
5° Hauteur moyenne du baromètre à Versailles.

Œuvres diverses, de J.-A. Le Roi, sur Versailles. Versailles, Montalant-Bougleux, 1840-1867. 1 volume in-8°.

La Justice à Versailles, séjour de la Monarchie, par Jeandel. Versailles, A. Montalant, 1861. 1 volume in-8°.

Evêques de Versailles. Portraits authentiques. Paris, M.-L. Chansson, 1862. 1 vol. in-12.

Renseignements sur quelques Peintres et Graveurs des XVIIe et XVIIIe siècles. Israël Silvestre et ses descendants, par E. de Silvestre. Paris, veuve Bouchard, 1868. 1 vol. in-8°.

Histoire de Versailles, de ses Rues, Places et Avenues, depuis l'origine de cette ville jusqu'à nos jours, par J.-A. Le Roi. Versailles, P. Oswald, 1868. 2 vol. in-8°.

MONARCHIE. — 1° RÈGNE DE LOUIS XIII.

Louis XIII et Versailles, par J.-A. Le Roi. Versailles, Klefer, 1849. 1 vol. in-8°.

Quelques renseignements sur Versailles sous Louis XIII et Louis XIV, et les Edits concernant cette ville, par François-Jacques Chasles. Paris, C. Robustel, 1725. 3 vol. in-f°.

Voir t. 3, p. 315, Dictionnaire universel, chronologique et historique de justice, police et finances, distribué par ordre de matières, contenant tous édits, déclarations du roi, lettres-patentes et arrêts du Conseil d'Etat rendus depuis l'année 600 jusque y compris 1720.

Versailles, Chasteau et Maison royale bastie par le Roy (Louis XIII), par Charles Bernard. Paris, N. de Sercy, 1646. 1 vol. in-f°.

Voir p. 237, Histoire du roy Louis XIII.

Mémoires de Mme de Motteville. — Dans : Collection des Mémoires relatifs à l'Histoire de France, par Petitot. Paris, Foucault, 1824. In-8°.

Voir t. 36, 2e série, p. 373, journée des Dupes; p. 392, proposition de Louis XIII à Mlle de La Fayette de vivre ensemble à Versailles; p. 426, encore la journée des Dupes.

Mémoires de Gaston, duc d'Orléans. — Dans : Collection des Mémoires relatifs à l'Histoire de France, par Petitot. Paris, Foucault, 1824. In-8°.

Voir t. 31, 2e série, p. 92, ce qui est dit de la journée des Dupes à Versailles.

Visite de Gaston, frère de Louis XIII, à Cinq-Mars à Versailles. — Dans : Journal de M. le cardinal de Richelieu, qu'il a fait durant le grand orage de la cour en l'année 1630 et 1631, tiré de ses Mémoires, qu'il a écrits de sa main, avec diverses autres pièces remarquables qui sont arrivées de son temps. 1648. 1 vol. in-18, p. 137.

Mot de Bassompierre sur Versailles, p. 56, et détails sur la journée des Dupes, p. 273. — Dans le 3e vol. de : Mémoires du Maréchal de Bassompierre, contenant l'histoire de sa vie et de ce qui s'est fait de plus remarquable à la cour de France pendant quelques années. Cologne, P. du Marteau, 1665. 3 vol. in-18.

Un mot de Bassompierre sur le Versailles de Louis XIII. — Dans : Histoire de Louis XIII, roi de France et de Navarre, par M. Levassor. Amsterdam, 1757, 7 vol. in-4°.

Voir t. 3, p. 96.

Détails de ce qui s'est passé à Versailles, lors de la fameuse journée des Dupes, sous Louis XIII. — Dans : le grand Dictionnaire historique, par Louis Moréri. Paris, libraires associés, 1759. 10 vol. in-f°.

Tome 8, p. 405, et t. 10, du même ouvrage, p. 553, voir la Description de Versailles.

Récit de la journée des Dupes, et de tout ce qui s'est passé à Versailles entre Louis XIII et le cardinal de Richelieu. — Dans : Anecdotes du ministère du cardinal de Richelieu et du règne de Louis XIII, avec quelques particularités du commencement de la régence d'Anne d'Autriche, tirées et traduites de l'Italien du Mercurio de Siri, par de Valdori. Paris, J. Nuzier, 1717. 2 vol. in-12, t. 1ᵉʳ, p. 237.

Mémoires de P. de La Porte. — Dans : Collection des Mémoires relatifs à l'Histoire de France, par Petitot. Paris, Foucault, 1827. In-8°.

Voir t. 49, 2ᵉ série, p. 320, Louis XIII vient à Versailles après l'exécution de Montmorency. 1632, p. 331.

Mémoires du comte de Brienne. — Dans : Collection des Mémoires relatifs à l'Histoire de France, par Petitot. Paris, Foucault, 1824. In-8°.

Voir t. 36, 2ᵉ série, p. 13, ce qui a rapport à la journée des Dupes et à l'arrestation de Marillac à Glatigny ; p. 17, conversation de Brienne avec M. de Châteauneuf à Versailles ; p. 19, continuation de ce qui est relatif à la journée des Dupes à Versailles ; p. 20 et 21, continuation du même sujet ; p. 42, voyage du roi à Versailles.

La Vénerie royale, par Robert de Salnove. Paris, A. Soubron, 1655. 1 vol. in-4°.

Voir p. 196, manière d'arranger un vieux lièvre pour en faire un tendre ; le roi Louis XIII en mange ainsi arrangé par Salnove, dans son château de Versailles ; p. 14, 237, 356, quelques détails sur Versailles et ses environs sous Louis XIII.

La Muze historique, ou Recueil des Lettres en vers, contenant les nouvelles du temps, écrites à S. A. Mlle de Longueville, par Loret. Paris, Chenault, 1658. 5 vol. in-f°.

Voir t. 1, liv. 2, p. 52, le 23 avril 1651, voyage du roi à Versailles; p. 80, juin, chasse du roi à Versailles.

Tome 2, liv. 4, p. 43, avril 1653, séjour du roi à Versailles; p. 56, mai, le roi chasse aux renards à Versailles.

Tome 3, liv. 5, p. 28, mars 1654, chasse à Versailles.

Tome 4, liv. 11, p. 170, octobre 1660, chasse du roi à Versailles.

Tome 5, liv. 14, p. 41, mars 1663, séjour de la cour à Versailles; p. 83, mai, séjour de la cour à Versailles; p. 88, séjour de la cour à Versailles; p. 166, octobre, description de Versailles; p. 174, séjour de la cour à Versailles.

Tome 6, liv. 15, p. 18, février 1664, le roi traite la cour à Versailles; p. 68, mai, voyage de la cour à Versailles; p. 71, description de la fête de Versailles; p. 73, continuation de la description; p. 74, réception de M. d'Arque à Versailles; p. 106, juillet, description de la fête donnée à Versailles au cardinal Chigi, légat du pape; p. 164, octobre, séjour de la cour à Versailles.

Mercure galant.

Année 1672, t. 1, p. 105, discours sur les eaux de Versailles, sur les jardins et sur les nouveaux ouvrages qu'on y a mis avec les noms des sculpteurs; p. 121, l'Académie française est conduite à Versailles par l'archevêque de Paris, pour remercier le roi d'avoir bien voulu accepter la place de protecteur qu'avait feu M. le chancelier.

Tome 2, p. 78, le roi fait enfermer dans le parc de Versailles le château de Noisy et le val de Gallie; p. 79, histoire du val de Gallie, ou l'enfant ingrat.

Tome 3, p. 117, le sieur Cucey, Romain, travaille aux tapisseries des Gobelins et y fait des fermetures pour Versailles; p. 118, Baptiste, Romain, fait des sculptures pour Versailles.

Année 1677, p. 47, janvier, vers de Pierre Corneille adressés au roi pour le remercier de l'accueil bienveillant qu'il fit à ses diverses tragédies représentées à Versailles en 1676; p. 110, juin, vers sur Clagny, intitulés : Clagny à Mgr le duc du Maine sur son voyage à Barèges; p. 65, juillet, description de tout ce qui a paru à Versailles aux processions solennelles qui s'y sont faites, avec les noms de toutes les tapisseries de la Couronne et des grands peintres qui en ont fait les dessins; p. 214, éloges de Versailles et de Trianon, par M. le duc de Saint-Aignan.

Année 1679, p. 256, août, régal donné par le roi à Versailles à M. l'ambassadeur d'Espagne; p. 328, octobre, nouveaux embellissements faits à Versailles.

Année 1680, p. 177, avril, repas donné par le roi à Versailles à Mme la Dauphine; p. 10, mai, sonnet de l'abbé Cotherel sur les eaux de Versailles; p. 81, description du repas donné par le roi à Versailles; p. 276, septembre, 2e partie, description de l'escalier du palais de Versailles.

Année 1681, p. 302, février, frégates bâties à Versailles sur un nouveau dessin; p. 228, mai, tout ce qui s'est passé depuis le débarquement des ambassadeurs de Moscovie à Calais jusqu'au jour de leur départ de Paris; leurs audiences à Versailles; ce qu'ils ont vu et ce qu'ils ont dit; p. 4, juin, procession faite à Versailles le jour de la Fête-Dieu avec la description du reposoir; p. 120, août, galerie de Versailles.

Année 1682, p. 298, février, voyage à Versailles de l'ambassadeur du Maroc; p. 1, mai, construction et bénédiction de la nouvelle chapelle du château de Versailles (actuellement le salon d'Hercule); p. 10, juin, processions faites à Versailles; p. 296, courses de bagues et de têtes faites à Versailles; p. 307, divertissements de Versailles; p. 354, juillet, opéra de Persée représenté à Versailles devant le roi; p. 1, août, description de la naissance de Monseigneur, duc de Bourgogne, et de ce qui s'est passé à Versailles, Paris et dans d'autres villes à cette occasion; p. 10, septembre, madrigal sur le château de Versailles, par M. Salbray, et inscription latine, pour le même château, par M. Richou, chanoine de Bar-sur-Aube; p. 57, dialogue de la Nymphe de Versailles et de la Nymphe de Saint-Cloud, prologue d'une comédie représentée à Saint-Cloud à l'occasion de la naissance du duc de Bourgogne, par Compoint le Jeune; p. 140, description de la calèche présentée au roi à Versailles, par M. Frobénius, de la part de l'Electeur de Brandebourg; p. 336, novembre, divertissements de Chambord, Fontainebleau et Versailles, avec tout ce qui s'est passé dans ces trois maisons de plaisance pendant le séjour de la cour; p. 357, lettre à Mme de Maintenon et vers sur la beauté des appartements du roi à Versailles, et sur les divertissements que Sa Majesté y donne à toute sa cour; p. 1, décembre, description de la galerie du salon et du grand appartement de Versailles, et de tout ce qui s'y passe les jours de jeu; p. 96, décembre, présentation de Duquesne au roi à Versailles, après s'être signalé devant Alger.

Année 1683, p. 148, janvier, écuries du roi à Versailles; visite qu'y fait Louis XIV avec Mme la Dauphine; p. 319, divertissements de la cour à Versailles; p. 24, mars, sonnet de M. l'abbé Tallement, de l'Académie française, sur les superbes appartements de Versailles; p. 26, voyage de Mlle de Scudéry à Versailles, pour remercier le roi de la pension qu'il lui avait accordée, et vers à cette occasion; p. 309, divertissements du carnaval à Versailles; p. 310, avril, motets chantés devant le roi à Versailles, de la composition de ceux qui aspirent à la maîtrise de la musique de la chapelle de Sa Majesté, avec tous les noms de ceux qui les ont fait chanter; p. 230, mai, le roi nomme quatre maîtres de musique pour sa chapelle, et à la suite Lully fait chanter devant le roi, à Versailles, un *De Profundis* de sa composition; p. 282, divertissements de Versailles et prix de courses de bagues et de têtes donnés par Mme la Dauphine; p. 282, août, mort de la reine et récit de tout ce qui s'est passé à

Versailles à cette occasion; cérémonie de son enterrement; p. 333, décembre, tout ce qui s'est passé à Versailles à la naissance du duc d'Anjou.

Année 1684, p. 342, janvier, le marquis de Ferrero a une audience du roi à Versailles, pour demander Mademoiselle en mariage pour le duc de Savoie; p. 227, mars, pose de la première pierre de l'église Notre-Dame de Versailles et de celle des Récollets, par Louis XIV; p. 6, avril, charité établie à Versailles par les Dames de la première qualité; p. 304, la statue la Vénus d'Arles, envoyée au roi à Versailles; détail de tout ce qui s'est passé au mariage de Mademoiselle avec M. le duc de Savoie à Versailles; p. 114, juin, la Vénus d'Arles, arrivée à Paris; discussion de plusieurs savants sur cette statue; p. 261, juillet, suite de cette discussion; p. 212, août, détail de tout ce qui s'est passé à Versailles pour la réception de l'ambassadeur d'Alger; p. 304, maladie de Mme la Dauphine et craintes dans Versailles; p. 313, suite avec la décision du différend; p. 303, septembre, maladie de Monsieur, qui fait prolonger au roi son séjour à Versailles; p. 214, novembre, bénédiction du couvent des Récollets de Versailles; p. 3, décembre, explication de la galerie de Versailles; p. 305, gratification donnée par le roi à Mansart.

Année 1685, p. 97, janvier, nouvelle gratification à Mansart; p. 106, inscription de la galerie de Versailles; p. 327, divertissements du carnaval à Versailles; p. 202, mars, divertissements du carnaval à Versailles; p. 284, audience donnée à l'ambassadeur d'Alger à Versailles; p. 7, avril, construction du pont de Sèvres; p. 181, devises que les chevaliers portaient sur leurs écus à la course de têtes de Versailles; p. 246, noms de ceux qui doivent être du carrousel du Dauphin; p. 273, dévotions du roi et de toute la maison royale pendant la semaine sainte; p. 289, mai, arrivée du doge de Gênes et sa réception à Versailles; p. 261, juin, les députés de l'Assemblée du clergé de France sont reçus par le roi à Versailles; p. 277, ambassadeurs moscovites et leur réception à Versailles; p. 205, août, fin de l'Assemblée du clergé et sa réception à Versailles; p. 207, relation de tout ce qui s'est passé au mariage de M. le duc de Bourbon à Versailles; p. 306, décembre, audience donnée à Versailles à l'envoyé extraordinaire de l'empereur.

Année 1686, p. 286, mars, cavalcade qui doit se donner à Versailles et noms des chevaliers et des dames qui en font partie; p. 167, avril, baptême d'un juif fait à Versailles; p. 174, idylle chantée dans les appartements de Versailles; prédicateurs de Versailles pendant le carême; p. 223, mai, baptême des cloches de l'église Notre-Dame de Versailles fait par l'archevêque de Paris; p. 225, audience donnée par le roi à Versailles aux députés des Etats de Bourgogne, d'Artois et de Bretagne; p. 335, ce qui s'est passé au carrousel de Versailles, touchant les prix donnés par le roi, la manière dont ils ont été disputés et les noms de ceux qui les ont emportés; p. 317, juin, tout ce qui s'est passé à la réception des quatre nouveaux chevaliers de l'ordre à Versailles; p. 145, juillet, présents faits au roi par un gentilhomme génois; p. 150, le roi va visiter les travaux de Maintenon; p. 152, divertissements de Versailles; p. 317, août, audience donnée par le roi à Versailles aux députés des Etats du Languedoc; p. 1, septembre, établissement de la maison de Saint-Cyr;

p. 171, 2° partie, ambassadeurs de Siam ; tout ce qui s'est fait le jour qu'ils ont été à l'audience du roi à Versailles ; les cérémonies qui ont été observées avec les compliments qu'ils ont fait à la plupart des princes et princesses de la maison royale ; p. 237, description de l'ouvrage que l'on fait à la rivière d'Eure ; p. 239, naissance du duc de Berry ; p. 251, explication de la perle qu'un gentilhomme génois a donnée au roi ; p. 321, octobre, mémoire des titres qu'il faut donner pour entrer à Saint-Cyr ; p. 10, novembre, description de Saint-Cyr ; p. 13, détail des cérémonies observées le jour que l'on consacra l'église paroissiale de Versailles avec la description de cette nouvelle église et du bâtiment des prêtres de la mission ; p. 86, description de Saint-Cyr ; p. 103, description du château et jardin de Clagny ; p. 106, description du bassin d'Apollon ; p. 108, promenade des ambassadeurs de Siam sur le canal ; p. 112, description de la Ménagerie ; p. 117 description de Trianon ; p. 139, description de l'Orangerie ; p. 146, potager et pièce des Suisses ; p. 151, labyrinthe ; p. 223, salle de bal et autres bosquets ; p. 269, butte Montbauron et réservoirs ; p. 269, les ambassadeurs au dîner du roi ; p. 272, description des appartements et audiences des princesses ; p. 321, opération faite au roi ; p. 4, décembre, M. de Seignelay fait voir aux ambassadeurs les pierreries du roi ; p. 7, grand commun ; p. 18, chenil ; p. 24, grandes et petites écuries.

Année 1687, p. 246, janvier, baptême de NN. SS. les ducs de Bourgogne, d'Anjou et de Berry dans la chapelle du château de Versailles ; p. 284, les ambassadeurs de Siam vont à Versailles pour y voir le soir tenir appartement ; p. 287, leur audience de congé et leurs diverses harangues ; p. 331, les trente jésuites qui devaient partir avec les ambassadeurs de Siam sont présentés au roi ; p. 14, avril, description des deux salons qui sont aux deux bouts de la galerie de Versailles ; p. 330, voyage du roi à Maintenon pour visiter les travaux de l'Eure ; p. 49, juin, les deux globes céleste et terrestre faits par le P. Coronelli, de Venise, doivent être placés dans le château de Versailles ; p. 330, arrivée du roi à Versailles à la suite de son voyage à Luxembourg ; il va visiter l'Orangerie dans laquelle on venait de placer l'oranger Bourbon, qu'on dit avoir environ cinq cents ans ; p. 262, juillet, prix donnés par le roi aux cadets d'artillerie, pour les joutes qui eurent lieu devant lui pendant son dernier voyage à Maintenon ; p. 337, voyage du roi à Maintenon ; il visite les travaux de la rivière d'Eure ; p. 2, septembre, ode sur le nouveau canal de la rivière d'Eure ; p. 332, réception des ambassadeurs de Moscovie à Versailles ; p. 284, octobre, réception des envoyés de Tripoli à Versailles ; p. 329, décembre, le roi assiste à Versailles aux prédications du P. de La Rue pendant l'avent.

Année 1688, p. 38, janvier, fête de Sainte-Cécile, célébrée pour la première fois à Versailles par les musiciens du roi ; p. 238, février, quelques réflexions sur le canal de l'Eure, par M. Bernier ; p. 137, avril, lettre de M. Comiers à l'occasion du canal de la rivière de l'Eure ; p. 320, mai, voyage du roi à Maintenon ; il visite les travaux du canal d'Eure ; p. 324, ode sur les travaux de la rivière d'Eure, par le P. Tessier ; p. 247, juillet, détails du mariage de M. le prince de Conty et de Mlle de Bourbon dans le château de Versailles ;

p. 147, septembre, lettre de M. de Comiers à Mme de La Sablière, touchant la conduite des eaux à propos du canal du Languedoc et de celui de la rivière d'Eure.

Année 1689, p. 53, janvier, description du ballet de Flore, musique de de Lalande, entrées de de Beauchamp, dansé à Trianon pour le retour de M. le Dauphin de l'armée; p. 377, représentation de la tragédie d'*Esther*, par Racine, à Saint-Cyr; p. 296, février, divertissements du carnaval à Versailles; p. 78, avril, ce qui s'est passé à Versailles pendant la semaine sainte; p. 305, juin, l'abbé de La Montagne prêche devant le roi à Versailles le jour de la Pentecôte.

Année 1690, p. 289, janvier, divertissements du carnaval à Versailles; p. 78, février, divertissements du carnaval à Versailles; p. 271, mars, cartes des environs de Versailles, dont l'une par Defer; p. 329, sermons de la semaine sainte devant le roi à Versailles; p. 286, avril, le roi donne le bonnet à Mgr le cardinal Forbin dans la chapelle du château de Versailles; p. 321, détails de ce qui s'est passé à la mort de Mme la Dauphine à Versailles; p. 211, mai, pompe funèbre de Mme la Dauphine à Versailles; p. 287, M. le duc de Chartres commence ses exercices à Versailles; p. 290, mai, et p. 174, juin, harangues faites au roi et à Monseigneur à Versailles sur la mort de Mme la Dauphine; p. 218, service fait pour Mme la Dauphine dans l'église Notre-Dame de Versailles; p. 266, harangue de l'archevêque de Paris en présentant au roi à Versailles l'Assemblée du clergé de France; p. 216, août, présentation et harangue de l'envoyé d'Alger au roi à Versailles.

Année 1691, p. 11, mai, remerciement fait au roi à Versailles par le P. Belanger, président de la Terre-Sainte; p. 22, août, discours fait par M. le curé de Versailles en présentant le corps de M. de Louvois au curé de l'église des Invalides.

Année 1692, p. 302, février, détails de tout ce qui s'est passé à Versailles au mariage de Mgr le duc de Chartres et de Mlle de Blois; p. 295, mars, détails de tout ce qui s'est passé à Versailles et à Trianon au mariage de M. le duc du Maine et de Mlle de Charolais; p. 306, octobre, Philidor, ordinaire de la musique du roi, fait tirer une loterie à Versailles; p. 261, novembre, détails sur la loterie de Philidor à Versailles.

Année 1693, p. 297, février, divertissements du carnaval à Versailles; p. 293, mai, Le Nôtre fait présent au roi de son cabinet de peinture et de sculpture, et le roi le fait placer dans la petite galerie de son appartement de Versailles.

Année 1694, p. 391, février, bal dans les appartements du roi à Versailles; p. 189, mars, course de chevaux faite de Paris à Versailles et de Versailles à Paris; p. 83, juin, le roi touche plus de 1,500 malades et entend un sermon prêché par l'abbé Riquety, dans la chapelle de Versailles.

Année 1695, p. 157, décembre, l'archevêque de Paris prête serment de fidélité entre les mains du roi, dans la chapelle du château de Versailles.

Année 1696, p. 88, janvier, le marquis de Dangeau prête serment de fidélité entre les mains du roi, dans la chapelle du château de Versailles, pour la charge et dignité de grand maître des ordres royaux, militaires et hospitaliers de Notre-Dame du Mont-Carmel et de Saint-Lazare, etc.; p. 216, février, cérémonies observées à la réception de M. le marquis de Dangeau, grand maître de l'ordre de Saint-Lazare et de Notre-Dame du Mont-Carmel à Versailles.

Année 1697, p. 200, janvier, le tableau d'Athalie, de Coypel, le fils, est présenté au roi dans le grand appartement du château de Versailles; p. 106, avril, M. Puylata, de Lyon, présente au roi le bouclier d'argent de Scipion trouvé dans le Rhône; le roi le fait placer dans son cabinet des médailles, à Versailles; p. 252, juin, le roi fait voir les écuries de Versailles à Mme la princesse de Savoie; p. 292, juillet, baptême du prince de Dombes dans la chapelle du château de Versailles; p. 148 novembre, le P. Bourdaloue prêche devant le roi, à Versailles; p. 203, décembre, relation de tout ce qui s'est passé au mariage de Mgr le duc de Bourgogne et de Mme la princesse de Savoie et les jours suivants, à Versailles.

Année 1698, p. 248, janv., tables servies chez M. le duc du Maine pour les officiers des armées du roi que leurs affaires obligent d'aller à Versailles; p. 285, janvier, relation de toutes les particularités du mariage de Mgr le duc de Bourgogne; p. 243, juin, mariage de M. le marquis de La Vallière avec Mlle de Noailles fait à Versailles.

Année 1699, p. 215, février, journal concernant tout ce qui s'est passé touchant l'ambassadeur du Maroc depuis son arrivée en France et le détail de la première audience qu'il a eue du roi à Versailles; p. 126, mars, bals donnés à Versailles par le roi et la duchesse de Bourgogne; p. 85, avril, l'ambassadeur du Maroc visite Versailles; p. 63, mai, l'ambassadeur du Maroc visite encore Versailles, sa harangue au roi le jour de son audience de congé; p. 128, mai, vers sur le château et la machine de Marly.

Année 1700, février, p. 160, bal donné dans les grands appartements de Versailles et tout ce qui s'y passa; p. 276, février, bal donné par le roi; p. 274, mars, la duchesse du Maine accouche d'un prince à Versailles; p. 276, mars, loterie de Mme la duchesse de Bourgogne en faveur des pauvres de Versailles; p. 217, avril, détail de ce qui s'est passé à Versailles à l'occasion de la naissance de M. le prince de Dombes; p. 273, avril, la loterie de Mme la duchesse de Bourgogne pour les pauvres de Versailles est tirée; p. 270, mai, baptême du prince de Dombes dans la chapelle du château de Versailles; p. 232, novembre, journal de ce qui s'est passé à Versailles depuis que le duc d'Anjou fut reconnu roi d'Espagne; p. 191, suite du journal de la cour, avec le détail des réceptions faites au roi d'Espagne dans tous les lieux où il a passé.

Année 1701, p. 153, janvier, mort de Bontemps, gouverneur de Versailles; p. 463, mars, mémoire contenant le détail de la maladie que vient d'avoir Mgr le Dauphin à Versailles; p. 321, 344, 360, juin, détail de tout ce qui s'est passé à Versailles à l'occasion de la mort de Monsieur; p. 201, août, le roi confère l'ordre de la Toison-d'Or, dans la chapelle du château de Versailles, aux ducs de Berry et d'Orléans; p. 371, novembre, changements faits à l'appartement du roi à Versailles.

Année 1702, p. 3-6, février, Mme la duchesse de Bourgogne, M. le duc d'Orléans, le comte d'Ayen, la comtesse d'Ayen, Mlle de Melun, le duc de Berry, la présidente de Chally, le comte d'Esparre, le marquis de La Vallière, réunis aux comédiens du Théâtre-Français, jouent successivement, pendant le carnaval, sur le théâtre de l'hôtel de Conty, à Versailles, la tragédie d'*Absalon*, de Duché, l'*Electre*, de Longepierre, l'*Athalie*, de Racine, et les *Précieuses ridicules*, de Molière; p. 400, spectacle et bal à Trianon pendant le carnaval; p. 327, novembre, fête de sainte Cécile célébrée par les musiciens de la chapelle du roi dans l'église de Notre-Dame de Versailles.

Année 1703, p. 201, août, description de Versailles, par Félibien des Avaux; p. 332, éloge de M. le curé de Versailles; p. 337, Mme la duchesse d'Orléans accouche à Versailles d'un fils qui est nommé duc de Chartres : détail de tout ce qui s'est passé à cette occasion ; p. 3.5, décembre, tout ce qui s'est passé à la réception de la duchesse d'Albe à Versailles.

Année 1704, p. 140, janvier, discours prononcé par l'abbé Grimaud dans la paroisse de Versailles sur la nomination de M. Hébert, curé, à l'évêché d'Agen; p. 151, applaudissements donnés au P. de La Rue dans la chapelle du château de Versailles; p. 398, ce qui s'est passé à Versailles lorsque la marquise de Bedmard a salué le roi; p. 307, février, éloge de M. Hébert nommé à l'évêché d'Agen, prononcé dans la paroisse de Versailles ; p. 316, mars, ce qui s'est passé à Versailles pendant la Semaine-Sainte; p. 115, avril, M. Huchon est nommé à la cure de Versailles; p. 322, mai, visite du duc de Mantoue au roi à Versailles ; p. 413, ce qui s'est passé à Versailles orsque le duc de Mantoue a été voir les eaux de Versailles; p. 361, le duc de Mantoue retourne à Versailles, il visite les écuries de Sa Majesté, la Ménagerie, Trianon, et fait une promenade en gondole sur le canal; p. 188, juin le duc de Berry a l'épaule démise, le chirurgien Maréchal lui remet à Versailles; p. 237, l'envoyé de Tripoli visite Versailles; p. 369, promenade du duc de Mantoue à Versailles; p. 386, détail de tout ce qui s'est passé à l'accouchement de Mme la duchesse de Bourgogne à Versailles; p. 2, juillet, réjouissances faites à Versailles à l'occasion de la naissance de Mgr le duc de Bretagne.

Année 1705, p. 278, février, bal donné à Versailles par le Dauphin; p. 363, avril, mort du duc de Bretagne à Versailles.

Année 1706, p. 265, février, divertissements de Clagny; p. 257, mars, suite des divertissements de Clagny; p. 271, avril, description de la boîte qui a servi pour tirer les loteries de Saint-Roch et de Versailles.

Année 1707, p. 309, janvier, détail de ce qui s'est passé à Versailles pendant les couches de la duchesse de Bourgogne et des réjouissances faites pour la naissance du duc de Bretagne ; p. 374, février, divertissements donnés à Clagny à la duchesse de Bourgogne; p. 397, mars, enlèvement de M. Beringhen et ce qui s'est passé à Versailles à cette occasion ; p. 374, avril, tout ce qui s'est passé à Versailles pendant la Semaine-Sainte.

Année 1708, p. 244, janvier, détail très exact de la fête donnée par le roi à Versailles la veille de la fête des Rois; p. 325, bal masqué donné à Versailles; p. 294, février, divertissements du carnaval à Versailles; p. 111, octobre, baptême du fils de l'envoyé de Gênes, tenu sur les fonds par le Dauphin et la duchesse de Bourgogne à Versailles; p. 146, détail de l'enterrement de M. le maréchal de

Noailles mort à Versailles et discours du curé de la paroisse; p. 298, présents du pape remis par le nonce au roi à Versailles.

Année 1709, p. 260, novembre, cœur de l'évêque de Chartres porté à Saint-Cyr.

Année 1710, p. 200, février, naissance du duc d'Anjou à Versailles; p. 299, mars, ce qui s'est passé à Versailles, le 19 de ce mois, lorsque le cardinal de Noailles s'y rendit à la tête du clergé; p. 50, juin, mariage du duc de Berry à Versailles.

Année 1712, p. 1, février, mort de Mgr le Dauphin et de Mme la Dauphine; p. 19, mars, mort du dernier Dauphin.

Année 1714, p. 356, août, journal de ce qui s'est passé à Versailles depuis le retour de Marly jusqu'au voyage de Fontainebleau.

Année 1715, p. 151, mars, arrivée de l'ambassadeur de Perse à Versailles; journal du voyage; p. 284, l'aventure de la perle tombée de l'habit du roi, le jour de l'audience de l'ambassadeur de Perse à Versailles, trouvée et rendue à Sa Majesté par le marquis de Lange; p. 118, mai, nouvelles de Versailles; p. 267, juin, journal historique et curieux des nouvelles de la cour; p. 1, octobre, journal historique de tout ce qui s'est passé depuis les premiers jours de la maladie de Louis XIV, jusqu'au jour de son service à Saint-Denis, avec une relation exacte de l'avènement de Louis XV à la couronne de France.

Histoire de Mme Henriette d'Angleterre, par Mme de La Fayette. — Dans : *Collection des Mémoires relatifs à l'Histoire de France*, par Petitot. Paris, Foucault, 1828. In-8°.

Année 1662, tome 64, 2º série, p. 425, le roi a la rougeole à Versailles; p. 453, mort de Madame; Vallot, médecin du roi, vient de Versailles à Saint-Cloud; p. 455, le roi quitte Versailles pour aller la voir.

Année 1670, p. 468, querelle de Monsieur et de Madame à Versailles.

Mémoire de Mme de Motteville. — Dans : *Collection des Mémoires relatifs à l'Histoire de France*, par Petitot. Paris, Foucault, 1824. In-8°.

Année 1663, tome 40, p. 186, Louis XIV est attaqué de la rougeole à Versailles.

Année 1664, p. 198, fêtes de Versailles; p. 216, voyage du roi à Versailles; p. 244, voyage du roi à Versailles et fausse couche de Madame; p. 246, visite de la reine d'Angleterre à Madame; p. 305, voyage du roi à Versailles après la mort de la reine-mère.

Récit de ce qui s'est passé au nivellement fait pour la conduite des eaux de l'étang de Bouviers, dans les réservoirs du château de Versailles, près la grotte, sans

machines ni artifices, sur la proposition de Thomas Lambert. In-4°, 1671. Man.

Relation des divertissements que le roi a donnés aux reines dans le parc de Versailles, écrite à un gentilhomme qui est présentement hors de France.

Page 34, les Œuvres en vers et en prose de M. de Marigny. Paris, de Sercy, 1674. 1 vol. in-12.

Les Fêtes de Versailles.

Année 1664, tome 3, p. 71, des Œuvres de Molière. Paris, 1734. 6 vol. in-4°.
Année 1668, tome 5, p. 221, fêtes de Versailles.

Les Plaisirs de l'Ile enchantée ou *les Fêtes et Divertissements au roi à Versailles,* divisés en trois journées et commencés le 7e jour de mai de l'année 1664, gravés par Israël Sylvestre, et fêtes du 16, par Lepautre. Grand in-f°.

Relation de la Fête de Versailles du 18 juillet 1668, par Félibien. Paris, Cramoisy, 1689. 1 vol. in-12, p. 195.

Relation de la Fête de Versailles du 18 juillet 1668, par Félibien, Paris, 1679, et les divertissements de Versailles donnés par le roi à toute sa cour au retour de la conquête de la Franche-Comté, en l'année 1674, par Félibien. Paris, Imprimerie royale, 1676. In-f°.

Les Plaisirs de l'Ile enchantée, course de bague, collation ornée de machines, comédie mêlée de danse et de musique, ballet du *Palais d'Alcide,* feu d'artifice et autres fêtes galantes et magnifiques faites par le roi à Versailles le 7 mai 1664, et continuées plusieurs autres jours. Paris, Imprimerie royale, 1673.

Même volume. — Les divertissements de Versailles donnés par le roi à toute sa cour au retour de la conquête de la Franche-Comté en l'année 1674, par Félibien. Paris, Imprimerie royale, 1676. 1 vol. in-f°, et relation de la fête de Versailles du 18 juillet 1668. Paris, Imprimerie royale, 1676.

Description sommaire du château de Versailles en 1674, par Félibien. Paris, Cramoisy, 1689. In-12, p. 273.

Les Divertissements de Versailles donnés par le roi à toute sa cour au retour de la conquête de la Franche-Comté, en l'année 1674, par Félibien. Paris, Cramoisy. 1 vol. in-12, p. 390.

Mémoires de Mlle de Montpensier. — Dans : *Collection des Mémoires relatifs à l'Histoire de France*, par Petitot. Paris, Foucault, 1825. In-8°.

Année 1665, tome 43, 2e série, p. 27, 87, fausse couche de Madame à Versailles ; p. 97, 98, voyage de Versailles ; p. 106, 107, séjour de Mme de La Vallière à Versailles ; détails sur son premier accouchement ; p. 112, 121, 122, détails sur les conversations que le roi tint à Versailles sur M. de Lauzun ; p. 127, *Tartufe* joué à Versailles ; p. 183, 184, séjour de Mlle de Montpensier à Versailles ; p. 185, *idem*; p. 214, 219, 239, 241, 299, 308, 327, Monsieur donne son antichambre de Versailles à Mme de La Vallière ; p. 331, 332, 334, 339, 340, 350, 370, 392, séparation du roi et de Mme de Montespan ; p. 427, 434, entrevue de Mlle de Montpensier et de Lauzun à Versailles ; p. 450, 462, faveur de Mme de Maintenon ; p. 470, 487, 491, 494, 498, conversation de Mlle de Montpensier et de Mme de Guise.

Anecdote sur Louis XIV et Mlle de La Vallière dans le parc de Versailles. — Dans : *Héroïdes* ou *Lettres en vers*, par Blin de Sainmore. Paris, Delalain, 1774. 1 vol. in-8°, p. 182.

Naissance du duc de Bourgogne, épisode détaché d'une chronique de Versailles sous Louis XIV, par J.-A. Le Roi, conservateur de la Bibliothèque. — Dans : *Mémoire de la Société des Sciences morales, des Lettres et des Arts de Seine-et-Oise*. Versailles, Montalant-Bougleux, 1847. In-8°, tome 1er, p. 218.

Mémoires du maréchal de Villars. — Dans : *Collection des Mémoires relatifs à l'Histoire de France*, par Petitot. Paris, Foucault, 1828. In-8°.

Année 1687, tome 68, 2e série, p. 360, conversation du maréchal de Villars et de Bontemps dans la galerie de Versailles ; p. 403, grave discussion entre Louvois et Louis XIV.

Année 1691, tome 71, p. 22, querelle chez la reine entre les dames le jour de la cène.

Année 1731, p. 63, le premier président se rend à Versailles.

Année 1732, p. 70, lit de justice tenu à Versailles ; p. 106, mort du duc d'Anjou à Versailles et anecdote à cette occasion.

Année 1733, p. 133, la reine est piquée de ce que le roi va coucher à la Muette, à son retour de Chantilly, au lieu de rester à Versailles.

Mémoires du duc de Noailles. — Dans : *Collection des Mémoires relatifs à l'Histoire de France,* par Petitot. Paris, Foucault, 1828. In-8°.

Année 1692, tome 72, 2° série, p. 2, naissance des princes à Versailles ; tome 73, p. 192, le duc de Bourbon né à Versailles ; p. 202, lettres du duc de Noailles et du cardinal de Fleury à l'occasion de la mort d'un lion à la Ménagerie de Versailles.

Année 1694, p. 174, petites véroles à Versailles.

Année 1732, p. 93, réception de la duchesse de Noailles à Versailles.

Mémoires de la cour de France, pour les années 1688 et 1689, par Mme de La Fayette. — Dans : *Collection des Mémoires relatifs à l'Histoire de France,* par Petitot. Paris, Foucault, 1828. In-8°.

Année 1688, tome 65, 2° série, p. 3, travaux de la rivière d'Eure; p. 10, maladies du camp de Maintenon ; p. 38, Monseigneur revient de l'armée à Versailles ; p. 59, le roi va au-devant de la reine d'Angleterre ; p. 60, le roi d'Angleterre vient à Versailles ; p. 65, Mme de Maintenon fait représenter *Esther* à Saint-Cyr ; p. 70, bals de Versailles ; p. 74, nouvelle de la mort de la reine d'Espagne, fille de Monsieur; p. 79, mort de Mme de La Menuille dans la maison de ville de Mademoiselle à Versailles; p. 101, fêtes données à Trianon à la reine d'Angleterre ; p. 103, maladie de la Dauphine.

Mémoires du marquis de La Fare. — Dans : *Collection des Mémoires relatifs à l'Histoire de France,* par Petitot. Paris, Foucault, 1828. In-8°.

Année 1678, tome 65, 2° série, p. 239, le roi suit le Saint-Sacrement des malades à Versailles ; raccommodement de Mme de Montespan et du roi ; p. 240, mot de Mme de Montespan sur le P. La Chaise ; p. 241, mariage du roi et de Mme de Maintenon ; p. 254, le roi est malade de la fistule ; p. 268, mort de Louvois ; p. 275, conversation à l'occasion de M. de Vendôme et d'un grand combat en Flandres en 1692.

Carrousel de Mgr le Dauphin fait à Ver-

sailles, le 28 de mai. Paris, veuve Blageart, 1686. 1 vol. in-4°.

Souvenirs de Mme de Caylus. — Dans : *Collection des Mémoires relatifs à l'Histoire de France*, par Petitot. Paris, Foucault, 1828. In-8°.

Tome 66, 2e série. p. 342, Mme de Caylus a un appartement à Versailles ; p. 343, elle assiste aux lectures de Racine chez Mme de Maintenon ; p. 345, elle reste à Versailles pendant la campagne de 1691; p. 352, 390, les deux derniers enfants de Mme de Montespan paraissent à Versailles ; p. 428, mauvaise humeur de la Dauphine ; p. 434, mort de la reine Marie-Thérèse ; p. 438, Mme de Maintenon console le roi après la mort de la reine ; p. 448, établissement de Saint-Cyr ; p. 451, représentations de tragédies à Saint-Cyr ; p. 452, *Esther* ; p. 457, Mme de Montespan vient chez Mme de Maintenon pour une assemblée de dames de charité; p. 460, mariage de Mlle de Nantes avec le duc de Bourbon à Versailles ; p. 465, Mme de Caylus se marie à Versailles en 1686 ; p. 467, les princesses demeurent à Versailles et Mme de Maintenon à Saint-Cyr pendant le siége de Mons ; p. 468, 469, 483, détails particuliers sur la duchesse de Berry; p. 483, détails sur la duchesse de Bourgogne.

Recherches sur cette question : Dans quelle partie du château de Versailles l'appartement de Mme de Maintenon se trouvait-il placé ? Février 1848, par J.-A. Le Roi, conservateur de la Bibliothèque. Versailles, Montalant-Bougleux, 1849. 1 vol. in-8°.

Tome 2, p. 129, Mémoires de la Société des Sciences morales, des Lettres et des Arts de Seine-et-Oise.

Détails sur la cour de Louis XIV et le château de Versailles. — Dans : *Mémoires pour servir à l'histoire de Mme de Maintenon et à celle du siècle passé*, par M. de La Beaumelle. Maestrich, J.-E. Dufour, 1778, 16 vol. in-12.

Tome 3, p. 62, mariage de Mme de Maintenon et de Louis XIV; p. 68, appartement de Mme de Maintenon ; p. 92, essais d'opérations de la fistule faits à Versailles avant celle de Louis XIV; p. 199, observations d'Hébert, curé de Versailles, sur les représentations données à Saint-Cyr; p. 204, *Athalie* jouée dans les appartements du roi ; p. 242, travaux et camp de Maintenon ; p. 304, mariage du duc de Chartres et de Mlle de Blois
Tome 4, p. 177, l'archevêque de Paris, le P. La Chaise, le curé de Versailles.
Tome 5, p. 25, le duc d'Anjou est reconnu roi d'Espagne à Versailles; p. 176, maladie et mort de la duchesse de Bourgogne;

p. 242, mort de Louis XIV ; p. 253, départ de Mme de Maintenon pour Saint-Cyr.

Détails sur la cour de Louis XIV, à Versailles, et sur l'établissement de Saint-Cyr. — Dans : *la Vie de Mme de Maintenon*, institutrice de la royale maison de Saint-Cyr, par Caraccioli. Paris, Buisson, 1786. 1 vol. in-12.

Toute l'argenterie de Louis XIV et tous les meubles d'argent du château de Versailles sont portés à l'hôtel des Monnaies pour y être fondus. — Dans : *Comptes-rendus de l'Administration des Finances du Royaume de France*, pendant les onze dernières années du règne de Henri IV, le règne de Louis XIII, et soixante-cinq années de celui de Louis XIV, et différents mémoires sur le numéraire et sa valeur, sous les trois règnes ci-dessus, par Mallet. Londres et Paris, Buisson, 1789. In-4°, p. 105.

Recueil des lettres de Mme la marquise de Sévigné à Mme la comtesse de Grignan, sa fille. Paris, Rollin, 1738. 7 vol. in-12.

Année 1671, tome 1er, p. 52, Colbert va chercher la duchesse de La Vallière à Chaillot et la conduit à Versailles ; p. 60, Mme de La Vallière établie à Versailles ; p. 91, la cour va et vient à Versailles ; p. 109, Mme de Guise fait un faux pas à Versailles, ce qui lui fait faire une fausse couche; p. 163, Mme de La Fayette va à Versailles et le roi la fait monter dans sa calèche pour voir les beautés de ce lieu.

Année 1672, tome 2, p. 25, M. de Berni tombe d'une fenêtre à Versailles ; p. 95, observation sur les cachotteries de Versailles.

Année 1673, p. 247, la duchesse d'York va voir la reine à Versailles

Année 1675, p. 364, le roi et la cour vont s'installer à Versailles ; p. 374, la grande duchesse va à Versailles; sa réception ; p. 381, impression que fait à Versailles la mort de M. de Turenne ; p. 397, Mme de Sévigné va à Versailles; p. 415, lettre datée de Versailles à l'occasion de la défaite du duc de Créqui devant Trèves ; tome 3, p. 42, le jeu du Hoca, défendu à Paris, se joue à Versailles chez le roi.

Année 1676, p. 393, divertissements à Versailles ; p. 401, description d'une journée du samedi dans le château de Versailles; p. 408, 417, illuminations à Versailles; tome 4, p. 78, Dangeau achète divers animaux pour la ménagerie de Clagny.

Année 1677, p. 100, le roi et Mme de Montespan viennent à Versailles.

Année 1680, tome 5, p. 81, la Dauphine et la reine vont à Versailles.

Année 1688, p. 380, le chevalier de Grignan va à Versailles; p. 382, le marquis de Grignan fils est reçu à Versailles; p. 392, il est reçu par Mme de Maintenon; p. 396, Monseigneur arrive à Versailles; p. 416, le roi nomme à Versailles les chevaliers du Saint-Esprit; p. 428, réception du fils de Mme de Grignan à Versailles; p. 434, lettre du marquis de Grignan sur sa réception à la cour; p. 457, réception des chevaliers du Saint-Esprit dans la chapelle; p. 467, description de cette réception.

Année 1689, tome 6, p. 14, le roi d'Angleterre prend part à tous les plaisirs de Versailles; p. 31, représentation de la tragédie d'*Esther* à Saint-Cyr; p. 51, l'abbé Testu va à Versailles; p. 62, Mme de Coulanges à Versailles; p. 66, Mme de Sévigné assiste à la représentation d'*Esther* à Saint-Cyr et en rend compte.

Année 1682, tome 7, p. 15, réception de M. de Vardes par le roi à Versailles; p. 19, naissance du duc de Bourgogne; p. 51, M. le prince de Conti revient à la cour; p. 70, contre les médecins de Mme la Dauphine.

Mémoires de l'abbé de Choisy. — Dans : *Collection des Mémoires relatifs à l'Histoire de France*, par Petitot. Paris, 1828. In-8°.

Année 1686, tome 63, 2e série, p. 219, 275, anecdote sur le premier accouchement de la Dauphine; p. 288, travaux du canal de l'Eure; p. 292, maladie de Louis XIV; p. 300, mariage de Dangeau avec Mlle de Lowenstein; p. 311, Mme de Montespan revient à Versailles; p. 314, carrousel de Versailles dans la grande écurie; p 316, établissement de Saint-Cyr; p. 318, le roi donne une gratification et une pension à M. de Ville, pour la construction de la machine de Marly; p. 321, le roi nomme l'abbé de Choisy pour l'ambassade de Siam; p. 332, 336, réception des ambassadeurs de Siam; p. 343, 344, voyage du roi à Maintenon; p. 350, 353, on opère le roi de la fistule; p. 354, anecdote sur la manière dont Fagon est nommé premier médecin du roi; p. 365, mariage du roi et de Mme de Maintenon; mort de Louvois.

Mémoires du comte de Forbin. — Dans : *Collection des Mémoires relatifs à l'Histoire de France*, par Petitot. Paris, Foucault, 1829. In-8°.

Année 1688, tome 74, 2e série, p. 423, le comte de Forbin est présenté au roi à Versailles; p. 434, service que lui rend Bontemps à Versailles.

Année 1689, p. 455, 456, nouvelle réception du roi.

Année 1691, tome 75, p 18, réception de Jean Bart à Versailles.

Année 1699, p. 61, maladie du comte de Forbin après avoir bu de l'eau à Versailles; singulier moyen qu'il emploie pour se guérir.

Année 1707, p. 199, 233, il raconte au roi le détail de ses combats; p. 235, 236, 275, ses démarches à Versailles pour obtenir de l'avancement.

Œuvres de P.-E. Lemontey. Paris, Sautelet, 1829. 5 vol. in-8°.

Tome 4, p. 11, 12, 17, 18, 24, divers détails sur Versailles.
Année 1686, 14 novembre, le roi va voir à l'Orangerie la statue équestre du chevalier Bernin ; il la trouve si mauvaise qu'il la fait ôter et voulait la faire briser ; p. 29, 31, 50, 55, 57, 101, 103, 106, 119, le 15 avril, promenade du roi dans une petite calèche à deux chevaux.

Année 1696, p. 123, 124, 129, 137, 138, le 11 mai, mort de La Bruyère à Versailles.
Année 1699, p. 145, 146, le 27 février, représentation d'*Athalie* par les demoiselles de Saint-Cyr dans l'appartement de Mᵐᵉ de Maintenon ; p. 151, 153, 154, 173, 176, 183, 184, 187, 188, 198, 202, 203, 204, 205, 209, 219, 224, le 5 décembre, représentation de *Jonathas* par la famille de Noailles et la duchesse de Bourgogne dans l'appartement de Mᵐᵉ de Maintenon.
Année 1708, p. 230, 231, 238, 248, 258, 260, 268, 274, 276, 277, 280, 286, 290, 307, 310, 319, 346, 348, 354, 355, 361, le 11 mai, mort de Mansart à Versailles.
Tome 5, p. 107, 143, sur les dépenses de Versailles ; p. 146, mendiants à Versailles ; p. 160, espionnage à Versailles ; p. 272, sur les bâtiments de Louis XIV.

Séjour de Fénelon à Versailles, ses rapports avec Louis XIV, Mᵐᵉ de Maintenon, le duc de Bourgogne, le curé de Versailles Hébert, etc. — Dans : *Histoire de Fénelon*, composée sur les manuscrits originaux, par L.-F. de Bausset. Paris, Giguet et Michaud, 1808. 3 vol. in-8°.

Tome 1ᵉʳ, p. 130, honneurs que Fénelon reçoit à la cour de Louis XIV ; p. 150, lettre écrite de Versailles à Fénelon par le duc de Bourgogne ; p. 181, discours adressé au duc de Bourgogne par Fénelon le jour de la première communion du prince ; p. 189, Mignard et Fénelon à Versailles ; p. 208, Bossuet et Fénelon à Versailles ; p. 228, Mᵐᵉ de Maintenon et Fénelon à Saint-Cyr ; p. 255, Mᵐᵉ Guyon à Versailles ; p. 294, Fénelon sacré évêque dans la chapelle de Saint-Cyr ; p. 307, le curé Hébert de Versailles et Fénelon ; p. 309, Fénelon revient à Versailles ; p. 370, Fénelon à Versailles apprend l'incendie de son palais de Cambrai ; p. 387, lettre de Fénelon au curé de Versailles Hébert ; p. 407, les amis de Fénelon à Versailles après sa disgrâce.
Tome 2, p. 155, lettre écrite par le curé de Versailles à Fénelon ; p. 162, le *Télémaque* est-il la peinture de la cour de Versailles ; p. 210, description des jardins de Versailles par Santeuil ; p. 240, Fénelon s'endort dans la chapelle de Versailles au sermon d'un capucin ; p. 393, le cardinal Querini à Versailles.
Tome 3, p. 189, arrivée du duc de Bourgogne à Versailles.

Mémoires du marquis de Torcy. — Dans : *Collection des Mémoires relatifs à l'Histoire de France,* par Petitot. Paris, Foucault, 1828. In-8°.

Tome 67, 2ᵉ série, p. 193, relation d'un conseil des ministres tenu à Versailles à l'occasion de la guerre de 1709.

Mémoires du maréchal de Berwick. — Dans : *Collection des Mémoires relatifs à l'Histoire de France,* par Petitot. Paris, Foucault, 1828. In-8°.

Tome 66, 2ᵉ série, p. 29, conversation de Berwick avec Louis XIV à l'occasion de son retour d'Espagne.

Œuvres complètes de Duclos. Paris, Colnet, 1806. 10 vol. in-8°.

Voir dans cet ouvrage, tome 10, p. 195, notice sur Bontems, gouverneur de Versailles sous Louis XIV; p. 203, anecdote sur le duc de Bourbon dans la salle des Gardes à Versailles ; p. 298, récit de ce qui arriva à Versailles à Mˡˡᵉ Gautier.

Journal de la cour de Louis XIV, depuis 1684 jusqu'à 1715. Extrait des Mémoires manuscrits de Dangeau avec des notes intéressantes, etc., par Voltaire. Londres, 1770. 1 vol. in-8°.

Journal du marquis de Dangeau, publié pour la première fois en entier par MM. Soulié, Dussieux, de Chennevières, Mantz, de Montaiglon, avec les additions inédites du duc de Saint-Simon, publiées par M. Feuillet de Conches. Paris, Didot, 1854. 19 vol. in-8°.

Voyage du maréchal de Catinat à Versailles, par Bernard le Bouyer de Saint-Gervais. Paris, 1819, 3 vol. in-8°.

Voir tome 3, p. 312, mémoires et correspondances du maréchal de Catinat, mis en ordre et publiés d'après les manuscrits autographes et inédits conservés jusqu'à ce jour dans sa famille.

Mémoires de Duguay-Trouin. — Dans : *Collection des Mémoires relatifs à l'Histoire de France,* par Petitot. Paris, Foucault, 1829. In-8°.

Année 1697, tome 75, 2ᵉ série, p. 328, Duguay-Trouin est présenté au roi à Versailles.

Année 1707, p. 373, il vient à Versailles faire une visite au roi qui l'avait nommé chevalier de Saint-Louis.

Année 1709, p. 399, le roi accorde à Duguay-Trouin et à son frère des lettres de noblesse.

Année 1712, p. 384, 399, 400, 402, 404, 437, il reçoit à Versailles une pension de 2,000 livres.

Mémoires de Mme de Staal. — Dans : *Collection des Mémoires relatifs à l'Histoire de France*, par Petitot. Paris, Foucault, 1829. In-8°.

Tome 77, 2e série, p. 266, son arrivée à Versailles; p. 270, 297, son habitation à Versailles ; p. 298, 305, 307, aventure qui lui arriva à Versailles; p. 315, 322, maladie et mort de Louis XIV; p. 456, le duc du Maine à Clagny sous Louis XV.

Mémoires, Contes et autres Œuvres de Charles Perrault, précédés d'une notice sur l'auteur par Paul-L. Jacob, bibliophile, et d'une dissertation sur les contes de fées. par le baron Walckenaer. Paris, Ch. Gosselin, 1842. 1 vol. in-12.

Voir dans cet ouvrage, p. 34, ce qui a été fait à Versailles par Cl. Perrault; p. 48, 64, la statue du cavalier Bernin; p. 73, anecdote sur Louis XIV au Jeu de Paume de Versailles ; p. 75, anecdote de Riquet et de l'abbé Picard à l'occasion du canal de la Loire à Versailles ; p. 79, anecdote sur Cl. Perrault à l'occasion de la grotte de Thétis. de l'allée d'eau, des grands vases de marbre et de bronze du jardin, du bas-relief au-dessous du Pot-Bouillant, des projets de construction du château ; p. 82, nivellement du canal de Versailles; p. 93, les travaux de Versailles donnés au rabais.

Mémoires complets et authentiques du duc de Saint-Simon sur le siècle de Louis XIV et la Régence, publiés pour la première fois sur le manuscrit original entièrement écrit de la main de l'auteur, par le marquis de Saint-Simon. Paris, Sautelet, 1829. 21 vol. in-8°.

Anecdote sur Versailles, un page et le président de Harlay. — Dans : *la Précieuse collection* ou *Recueil d'anecdotes*, qui précède *la Galerie de l'ancienne cour.* 1786. 1 vol. in-12, p. 127

Médaille de Versailles, avec cette légende : *Regia Versaliarum, MDCLXXX.* Paris, Imprimerie royale, 1702. 1 vol. in-4°.

Voir p. 184, médailles sur les principaux événements du règne de

Louis le Grand, avec des explications historiques, par l'Académie royale des médailles et des inscriptions.

Médaille frappée à l'occasion de la réception pendant certains jours de la semaine dans les appartements du roi, avec cette légende : *Comitas et magnificentia principis*, et au bas : *Hilaritati publicæ aperta Regia*, 1683. — Dans : Médailles sur les principaux événements du règne de Louis le Grand, avec des explications historiques. Paris, Imprimerie royale, 1702. 1 vol. in-f°.

Médaille de Versailles sous Louis XIV.

Cette médaille porte pour exergue : *Coluit magis omnibus unam*, et au bas : *Versaliæ*, 1687. Paris, R. Pepie, 1700. 1 vol. in-f°.

V. Histoire du règne de Louis le Grand par les médailles, emblèmes, etc., par le P. C.-F. Menestrier ; p. 15, médaille LXXXIII, on lit au-dessous : Ces bâtiments et ces jardins font assez connaître Versailles quand son nom ne se verrait pas dans l'exergue ; la légende dit *que le roi l'a choisi pour sa demeure la plus ordinaire et la plus agréable*.

Mémoires d'Arnaud d'Andilly. — Dans : *Collection des Mémoires relatifs à l'Histoire de France*, par Petitot. Paris, Foucault, 1824. In-8°.

Année 1634, tome 34, 2e série, p. 40, ce qui est relatif au voyage d'Arnaud d'Andilly à Versailles.

Mémoires de l'abbé Arnauld. — Dans : *Collection des Mémoires relatifs à l'Histoire de France*, par Petitot. Paris, Foucault, 1824. In-8°.

Tome 34, 2e série, p. 337, Mme de Pomponne va à Versailles ; p. 350, l'abbé va à Versailles visiter son frère qui habitait la Ménagerie.

Des mots à la mode et des nouvelles façons de parler, avec des observations sur diverses manières d'agir et de s'exprimer, par de Callières. La Haye, A. Troyel, 1683. 2 vol. in-32.

Tome 1er, p. 21, ce qu'on entend par les expressions *il y a eu appartement, canal*, etc. ; p. 26, continuation du même sujet ; p. 94, sur le titre *de Monseigneur* des évêques ; p. 103, différents usages de

Versailles; p. 124, discours en vers sur la cour de Versailles ;
p. 161, sur l'appartement de Monseigneur.

Tome 2, p. 82, sur l'ignorance des femmes de la cour ; p. 103,
sur le grand escalier de Versailles ; p. 118, explication de faire les
logements des officiers du roi.

L'art de plumer la poule sans crier. Cologne, Robert Leturc, 1710. 1 vol. in-12.

Page 90, en présence du roi (Louis XIV) dans le château de Versailles, plusieurs particuliers sont assez hardis de plumer la poule
sans crier ; p. 94, d'autres plumeurs de poule volent dans la chambre du roi son pot de chambre et les franges d'or des rideaux de
son lit.

Louis XIV, médaillon en cire, par Antoine Benoist, notice par Eud. Soulié. Versailles, Montalant-Bougleux, 1856. 1 vol. in-8°.

Détails sur les divers emplois de la cour, particulièrement sur Versailles, Trianon et Marly, sous Louis XIV. Paris, G. Cavelier, 1698. 3 vol. in-12.

V. l'état de la France où l'on voit tous les princes, ducs et pairs,
etc. ; ensemble les noms des officiers de la maison du roi et le
quartier de leur service, avec leurs gages et privilèges et l'explication de leurs charges, etc.

Détails concernant la chapelle de Versailles. — Dans : *Histoire ecclésiastique de la Cour de France,* par l'abbé Oroux. Paris, Imprimerie royale, 1777. 2 vol. in-4°.

Tome 2, p. 16, réception de Dangeau comme grand maître de
l'ordre de Saint-Lazare dans la chapelle de Versailles; p. 172,
le prieur des Augustins assiste dans la chapelle à la réception des chevaliers du Saint-Esprit; p. 518, création d'un garde
des ornements de la chapelle; p. 533, réception des chevaliers dans
la chapelle en 1688 ; p. 547, Hébert, curé de Versailles; p. 569,
discussion du curé de Versailles et du grand aumônier ; p. 578,
mort de Louis XIV; p. 602, suppression de la vénalité des charges
de la chapelle.

Quelques anecdotes du palais de Versailles sous Louis XIV et Louis XV. — Dans : *Des Charges de la Maison civile des Rois de France jusqu'à la Révolution de juillet* 1830, par A.-L. Lhote de Selancy. Paris, veuve Dondey-Dupré, 1847. 1 vol. in-12, p. 60, 62, 67.

Anecdotes sur Versailles. — Dans : *Histoire des Français des divers Etats aux cinq derniers siècles*, par Alexis Monteil. Paris, Coquebert, 1843. 8 vol. in-8°.

Tome 7, p. 206, vue du château de Versailles ; p. 240, les statues de Versailles ; p. 256, le château de Versailles et celui de Trianon ; p. 417, les équipages du roi à Versailles.
Tome 8, p. 87, conte de la canne à la pomme d'or.

Œuvres de Voltaire avec préfaces, avertissements, notes, etc., par M. Beuchot. Paris, Lefèvre, 1830-1834. 70 vol. in-8°.

Tome 12, p. 370, 375, 377, le château de Versailles critiqué dans le *Temple du goût*.
Tome 20, p. 146, la fête de Versailles en 1664 ; p. 236, comment le château est appelé par le duc de Créqui ; p. 251, bâti par Louis XIV ; p. 264, sommes immenses employées pour y forcer la nature.
Tome 39, p. 10, critique et dépenses de Versailles.

Anecdotes sur Versailles pendant le règne de Louis XIV. — Dans : *Histoire de la Vie privée des Français*, depuis l'origine de la nation jusqu'à nos jours, par Legrand-d'Aussy. Paris, P.-N.-D. Pierres, 1782. 3 volumes in-8°.

Tome 1er, p. 92, dispute entre Louis XIV et Monsieur pour une assiette de bouillie ; p. 94, on mangeait à la cour les jours maigres des pâtes figurées en poissons ; p. 130, pois hâtifs déjà indiqués, en 1651, par Bonnefonds, valet de chambre de Louis XIV ; p. 174, Louis XIV aime le jardinage et crée les jardins de Versailles ; p. 179, La Quintinie et le potager ; p. 192, orangers plantés à Trianon ; p. 200, l'orangerie de Versailles ; p. 205, les figues du potager de Louis XIV ; p. 225, Louis XIV aimant beaucoup la poire nommée *Robine*, La Quintinie lui donna le nom de la *Royale* ; p. 239, culture du muscat au potager ; p. 342, Louis XIV chasse le lièvre avec une meute de petits chiens en sortant du conseil.
Tome 2, p. 39, les œufs de Pâques à la cour ; p. 52, Louis XIV donne la Ménagerie à la duchesse de Bourgogne ; p. 245, Versailles renommé pour ses pâtés de foies gras ; p. 253, la fête des Rois à la cour de Louis XIV.
Tome 3, p. 22, Louis XIV est mis par ses médecins à l'usage du vin de Nuits ; p. 60, Louis XIV reçoit pour étrennes de la ville de Paris de l'hippocras ; p. 77, rossolis du roi Louis XIV ; p. 130, carte de la France exécutée en marbre, exposée dans le cabinet des bijoux de Louis XIV ; p. 141, Mme de Maintenon établit une manufacture de linge de table ouvré ; p. 143, éclairage du château de Ver-

sailles aux fêtes de 1664 ; p. 145, lustres d'argent dans les appartements de Versailles sous Louis XIV ; p. 250, pyramides de fruits dans les fêtes données par Louis XIV, à Versailles ; p. 252, La Quintinie fait apparaître les plus beaux fruits sur la table du roi ; p. 336, description de la collation donnée par le roi, dans la fête de 1664, à Versailles.

L'abbé Le Dieu. Mémoires et journal sur la vie et les ouvrages de Bossuet, publiés pour la première fois, d'après les manuscrits autographes, et accompagnés d'une introduction et de notes par l'abbé Guettée. Paris, Didier, 1856. 4 vol. in-8°.

Tome 2, p. 2, Bossuet donne la sainte communion à la duchesse de Bourgogne et entend un sermon de Massillon à Versailles ; p. 12, conversation à Versailles sur le *Télémaque* ; p. 14 il écrit de Versailles à Leibnitz sur des sujets religieux ; p. 16, maladie de Bossuet à Versailles, toute la cour vient le visiter ; p. 20, la duchesse de Bourgogne communie de la main de Bossuet dans la chapelle d'en haut et particulière du Roi ; p. 34, voyage de Bossuet à Versailles, fait son travail sur la morale ; p. 38, Bossuet dit la messe aux Récollets de Versailles ; conversation sur des livres dangereux ; p. 49, il dit la messe aux Récollets; il présente au roi son mémoire sur la condamnation des Casuistes; p. 51, Bossuet suit la procession du Saint-Sacrement à Versailles ; il fait la cérémonie des fiançailles du marquis de La Vallière et de Mlle de Mailly dans le cabinet de la duchesse de Bourgogne ; p. 62, il dit la messe aux Récollets et va à Saint-Cyr voir Mme de Maintenon ; p. 88, Bossuet donne la communion à la duchesse de Bourgogne dans l'église des Récollets ; p. 144, Bossuet à Versailles appuie auprès du roi et des ministres les remontrances du clergé ; p. 148, conversation chez Bossuet, à Versailles, à l'occasion des remontrances ; p. 165, Bossuet va à Versailles pour assister au départ du duc d'Anjou pour l'Espagne ; p. 172, Bossuet travaille à Versailles à son livre *De la politique* ; p. 175, donne la communion à la duchesse de Bourgogne ; p. 177, Bossuet va à Versailles voir le Dauphin qui avait eu un coup de sang; p. 181, il travaille à Versailles à sa nouvelle *Instruction pastorale*; p. 188, il va faire ses compliments de condoléance au roi sur la mort de Monsieur ; p. 200, il va voir la duchesse de Bourgogne qui était malade et travaille à sa *Politique* ; p. 253, Dodart l'examine à Versailles et croit qu'il a la pierre ; p. 254, mort de M. Souin, le jour même de sa visite à Bossuet à Versailles ; p. 265, il travaille à Versailles à son écrit sur l'*Apocalypse* et se fait porter en litière ; p. 267, le roi lui donne l'ouvrage des *Médailles du règne de Louis le Grand* ; p. 268, promenades de Bossuet à Versailles et travail à son *Apocalypse*; p. 271, Longepierre lit à Bossuet sa tragédie d'*Electre* avant la représentation que l'on en doit donner le soir même à l'hôtel de Conty à Versailles (hôtel de la mairie) ; p. 273, il va se promener plusieurs fois à Trianon et entend la lecture de la tragédie de *Pénélope,* par l'abbé Genest ; p. 306, séjour de Bossuet à Versailles avant le voyage du roi à Fontainebleau ;

p. 329, Bossuet va à Versailles et obtient du roi pour les évêques la dispense de censurer leurs ouvrages; p. 338, Bossuet urine une pierre de la vessie; p. 344, il va à Versailles pour faire faire ses dévotions à la duchesse de Bourgogne; p. 354, Bossuet obtient du roi la place d'aumônier de la duchesse de Bourgogne pour l'abbé Languet; p. 357, il dit la messe aux Récollets pour la duchesse de Bourgogne; p. 361, il va à Saint-Cyr voir Mme de Maintenon; p. 380, il donne la communion à la duchesse de Bourgogne dans la chapelle d'en haut des Récollets et reçoit chez lui à Versailles le cardinal de Noailles; p. 391, Bossuet vient en litière à Versailles; p. 392, consultation pour Bossuet par Fagon et Dodart: p. 401, Bossuet va tous les jours chez le roi et chez la duchesse de Bourgogne, les médecins de Versailles le persuadent de ne pas faire les saintes huiles; p. 418, Bossuet vient en litière à Versailles; p. 419, il fait des démarches pour faire donner son évêché à son neveu; p. 422, il va chez la duchesse de Bourgogne qui vient de faire fausse couche; p. 427, consultation avec Fagon, p. 428, consultation avec Dodart; p. 453, Bossuet travaille à Versailles à sa *Tradition* contre le jansénisme. p. 453, il demande au roi l'éloignement de deux religieuses déréglées de l'abbaye de Jouarre; elles sont accusées d'impudicité et d'empoisonnement; p. 462, Dodart et Tournefort défendent à Bossuet de donner la communion à la duchesse de Bourgogne à Versailles à cause de sa faiblesse; p. 470, il est de plus en plus malade; Dodart lui fait faire une saignée; Fagon et Dodart lui donnent du quinquina; p. 472, il se confesse à l'abbé Hébert, curé de Versailles; p. 473, le curé écrit sous sa dictée son testament; p. 474, amélioration de santé, le P. La Chaise vient le voir.

Tome 3, p. 2, le mieux continue; beaucoup de personnes viennent le visiter à Versailles; p. 6, Bossuet reçoit la communion des mains du curé de Versailles dans la chapelle du grand commun; p. 7 et snivantes, continuation de la maladie de Bossuet; p. 12, il va à Paris porté dans une litière; p. 140, l'abbé Fleury a une hernie étranglée à Versailles dont le guérit Mareschal; p. 220, le nouvel évêque de Meaux, Henri de Thiard de Bissy, prête serment de fidélité à Versailles.

Les Fourmis du parc de Versailles, raisonnant ensemble dans leurs fourmilières, fable allégorique et philosophique, traduite de l'anglais, par feu Ch. Lambert de Belan. Londres, Volf, 1803. 1 vol. in-8°.

Médailles antiques qui se trouvaient réunies à Versailles dans le cabinet du roi. 1 vol. in-f°.

Description sommaire de Versailles ancienne et nouvelle avec des figures, par Félibien des Avaux. Paris, Ant. Chrétien, 1703. 1 vol. in-12.

Moulins à vent qui élèvent l'eau à Versailles. V .la
Théorie et la Pratique du jardinage, etc., par A. Leblond.
Paris, J. Mariette, 1722. 1 vol. in-4°, p. 268.

Mémoires et histoire de l'Académie royale des
Sciences depuis 1666. In-4°.

Tome 1ᵉʳ, p. 238, examen des eaux de Versailles; p. 240, examen
des concrétions, etc., de l'aqueduc de Rocquencourt; p. 283, ri-
vière d'Eure.
Tome 2, p. 3, sources de Rocquencourt; p. 59, tour de bois de .
Marly ; p. 123. nivellements des terrains autour de Versailles.
Tome 7, 1ʳᵉ partie, p. 284, relation de plusieurs nivellements
faits par ordre de Sa Majesté (Louis XIV) par M. Picard.
Année 1716, p. 80, rivière d'Eure.

Détails sur les bassins et les fontaines jaillissantes
de Versailles, par d'Argenville. Paris, P.-J. Mariette,
1747. 1 vol. in-4°.

Voir p. 396, 430, 447, 448, 450, la théorie et la pratique du jardinage, où l'on traite à fond des beaux jardins appelés communé-
ment les jardins de plaisance et de propreté, avec les pratiques
de géométrie nécessaires pour tracer sur le terrain toutes sortes
de figures, et un traité d'hydraulique convenable aux jardins.

Des divers Canaux proposés pour amener les
eaux à Versailles, par de La Lande. Paris, Desaint,
1778. In-f°.

Voir p. 290, des canaux de navigation et spécialement du canal
de Languedoc.

Architecture hydraulique ou l'art de conduire,
d'élever et de ménager les eaux pour les différents besoins de la vie, par Bélidor. Paris, 1739. 4 vol. in-4°.

Tome 2, p. 195, description de la machine de Marly : p. 354, description de l'aqueduc de Rocquencourt; p. 355. description des
aqueducs de Maintenon et de celui qui est élevé dans la plaine de
Buc; p. 356, de la pente des rigole de Trappes; p. 391, description
de plusieurs bassins du jardin de Versailles.

Notice sur l'ancienne machine de Marly, et recher-
ches sur l'inventeur de la machine de Marly. — Dans :
Mélanges littéraires et scientifiques, par l'abbé Caron.
Versailles, Ch. Dufaure, 1844. 1 vol. in-8°.

8

La machine de Marly et son inventeur. — Dans : *Almanach prophétique, pittoresque et utile pour* 1841. Paris, Lavigne. 1 vol. in-18, p. 137.

Travaux pour les Eaux de Versailles, de 1679 à 1705. In-f°. Man.

1° Extrait du registre des ouvriers qui ont travaillé pour le roi, suivant les ordres du seigneur surintendant des bâtiments de Sa Majesté sous la conduite du sieur Villiard; 1679 à 1696, Colbert ; 2° observations faites en avril, mai, juin, juillet, août, septembre 1685, pour l'augmentation et diminution de l'eau des grands aqueducs de Rocquencourt; Louvois ; 3° extrait des registres des ouvriers qui ont travaillé pour le roi suivant les ordres du seigneur surintendant des bâtiments de Sa Majesté sous la conduite du sieur Villiard, de 1697 à 1701, MM. de Villacerf et Mansart; 4° *id.*, de 1702 à 1705, Mansart.

Tracé de ce que devait être le canal de l'Eure, depuis Pontgouin jusqu'à Versailles. 1 vol. in-f°.

Voir carte de la prévôté et vicomté de Paris, carte 14 de l'atlas de Delisle.

Les Environs de Paris, par Jaillot, 1723. 1 vol. in-f°. Carte 14 de l'Atlas de Jaillot.

Les Environs de Paris, par Nolin. 1698. 1 vol. in-f°. Carte 38 de l'Atlas royal par Nolin.

Grotte, Labyrinthe et Bassins du parc de Versailles. 1 vol. in-f°.

Diverses Statues antiques d'après lesquelles ont été exécutées à Rome celles qui se trouvent à Versailles. 1704. 1 vol. in-f°.

Voir les nos 60, 62, 64, 65, 66, 68, 69, 70 du Raccolta di statue antiche e moderne data in luce sotto i gloriosi auspici della Santita di N. S. Papa Clemente XI da Dominico de Rossi illustrata colle sposizioni a ciascheduna immagine di pavolo Alessandro Maffei Patrizio Volterrano e cav. dell ordine di S. Stefano e della gardia Pontifica in Roma.

Marcus Curtius. Statue équestre d'un seul bloc de marbre, par le chevalier Jean-Laurent Bernin, qui est dans les jardins de Versailles, gravée par Louis Desplaces. — Dans : *Recueil d'Estampes*, d'après les plus beaux tableaux et d'après les plus beaux dessins qui sont en France dans le cabinet du roi, dans celui de Mgr le duc d'Orléans et dans d'autres cabinets, divisé suivant les différentes écoles avec un abrégé de la vie des peintres et une description historique de chaque tableau. Paris, imprimerie royale, 1724. 2 vol. in-f°. Grav. n° 117.

Quelques détails sur la statue du cavalier Bernin, qui est à la pièce d'eau des Suisses. Petit in-8°.

Tome 3, p. 93, anecdotes des beaux-arts.

Détails sur le potager de Versailles et sur les jardins. — Dans : *Instruction pour les Jardins fruitiers et potagers*, avec un traité des orangers, suivi de quelques réflexions sur l'agriculture, par de La Quintinie. Paris, Barbin, 1690. 2 vol. in-4°.

Tome 1er, p. 148, détails sur la manière dont le potager de Versailles a été créé par La Quintinie ; p. 262, différence de chaleur des terrains de Versailles et de ceux de Paris ; p. 424, des pêches qui viennent le mieux à Versailles ; p. 15, description en vers du potager de Versailles par Perrault ; p. 32, plan du potager de Versailles tel que l'a créé La Quintinie.
Tome 2, p. 133, culture des figuiers au potager ; p. 201, les fruits mûrissent plus tôt à Paris qu'à Versailles ; p. 219, des fruiteries de La Quintinie ; p. 335, comment La Quintinie obtenait des asperges hâtives au potager de Versailles ; p. 359, goût de Louis XIV pour les asperges ; p. 364, drainage opéré par La Quintinie dans le potager de Versailles p. 413, vue de l'Orangerie de Versailles ; p. 483, orangers plantés en pleine terre dans les jardins de Trianon.

Annales de la Monarchie française depuis son établissement jusqu'à présent, par de Limiers. Amsterdam, L'Honoré et Chatelain, 1724. 1 vol. in-f°.

Page 39 et suivantes de la 3e partie, on voit la série de gravures suivantes :
1° Plan du bourg, château et jardins de Versailles.
2° Vue du derrière du château de Versailles sous Louis XIII.
3° Face de la principale entrée du château.
4° Vue générale de Versailles.
5° Vue du château du côté des jardins.
6° Jardin de Versailles en général.
De plus 25 gravures représentant les bosquets et le Grand-Commun, l'hôtel de Conty, la vénerie et le château de Clagny.
Page 58, le devant de la maison de Saint-Cyr et le derrière de la

même maison ; p. 79, façade du château de Versailles du côté des jardins vers 1675 ; p. 101, château de Versailles achevé ; p. 105, les appartements du château sont ouverts certains jours ; p. 120, ordre du festin des noces du duc de Bourgogne.

Vues de Trianon avant 1686 et de Versailles à la même époque, par H.-P. de Limiers. Amsterdam, Zacharie Chatelain, 1732. 7 vol. in-f°.

Année 1686, carte n° 16 (*a*), grande et petite écuries de Versailles; carte n° 16 (*b*), vue du château de Versailles ; carte n° 18 (*a*), t. 7, *Atlas historique* par Chatelain, avec des dissertations sur chaque sujet.

Explication des Tableaux de la galerie de Versailles, par Charpentier. Paris, F. Muguet, 1684. 1 vol. in-4°.

Explication des Tableaux de la galerie de Versailles et de ses deux salons, par Rainssant. Versailles, F. Muguet, 1687. 1 vol. in-4°.

La grande Galerie de Versailles et les deux salons qui l'accompagnent, peints par Ch. Lebrun, premier peintre de Louis XIV, dessinés par J.-B. Massé, et gravé sous ses yeux par les meilleurs maîtres du temps. Paris, imprimerie royale, 1752. 1 vol. in-f°.

Atlas curieux ou le Monde représenté dans des cartes générales et particulières du ciel et de la terre, divisé tant en ses quatre principales parties que par états et provinces, et orné par des plans et descriptions des villes capitales et principales, et des plus superbes édifices qui les embellissent ; comme sont les églises, les palais, etc., par N. de Fer. Paris, 1700. 1 vol. in-f°.

Année 1700, description de Marly, de Trianon et de la Ménagerie: plan général de Versailles ; description de Versailles ; plan du palais de Trianon ; la Ménagerie de Versailles.
Année 1703, maison et jardin de Saint-Cyr, plan ; description de la maison de Saint-Cyr ; plan général de Marly ; coupe de la machine de Marly ; vue générale de la machine de Marly ; la machine située sur la rivière de Seine ; description de la machine de Marly.

Bâtiments de Versailles et de Marly ; camp de Maintenon, par Sautereau de Marsy, 4 vol.

Sous ce titre se trouve une pièce de vers adressée à Louis XIV, et une note explicative dans l'ouvrage intitulé : *Nouveau siècle de Louis XIV* ou *Poésies*; Anecdotes du règne et de la cour de ce prince, avec des notes historiques et des éclaircissements. Tome 2, p. 278.

Adieux de Versailles et de ses environs au nouveau roi d'Espagne, 4 décembre 1700.

Autre pièce en vers adressée au duc d'Anjou, petit-fils de Louis XIV, au moment de son départ pour l'Espagne. Tome 3, p. 34.

Histoire de la ville de Chartres, du pays chartrain et de la Beauce, par Doyen, Chartres, Deshayes, 1786. 2 vol. in-8°.

Tome 2, p. 272, 330, 332, voir tout ce qui regarde les travaux du canal qui devait amener les eaux de l'Eure à Versailles, sous Louis XIV.

Carte des environs de Paris, où se trouve indiqué le canal qui devait amener l'eau de la rivière d'Eure de Pontgouin, à Versailles. — Dans : Atlas ou Recueil de cartes géographiques dressées sur les nouvelles observations de l'Académie royale des sciences, par Defer. Paris, 1709. 1 vol. in-f°. V. planche 15.

Carte particulière de la rivière d'Eure, depuis Pontgouin jusqu'à Versailles, où sont exactement remarqués les aqueducs, les étangs, les ponts et autres travaux qui sont dessus et aux environs, avec les pays circonvoisins, par Hubert Jaillot, 2 feuilles. — Dans : le tome 2, carte 70, de l'Atlas contenant le détail de la France, par Jaillot, 1700. 2 vol. in-f°.

Description de la chapelle du château de Versailles et des ouvrages de sculpture et de peinture, avec les figures nécessaires. Paris, F. Delaulne, 1711. 1 vol. in-12.

Recueil de Termes, Bustes, etc., qui se trouvent dans le parc de Versailles. 1 vol. in-f°.

Voir les planches 1, 2, 3, 4, 5, 6, 7, 8, 9, 45, 46, 47, 48, 49, 50, 51, 52.

Recueil des Vues et Ornements de Versailles;

description de la grotte de Versailles, par Félibien. Paris, Imprimerie royale, 1676. 1 vol. in-f°.

Douze Vues du château de Versailles, Trianon, Saint-Cyr, et douze vues des bosquets dans le jardin de Versailles. — Dans : Recueil choisi des plus belles vues des palais, châteaux et maisons royales de Paris et des environs, dessinées d'après nature et gravées par J. Rigaud. Paris, J.-F. Chéreau. 1 vol. in-f°.

Diverses Vues du château et des jardins de Versailles, de Trianon, Saint-Cyr et Marly, par Rigaud. 1 vol. in-f°.

Vue du château de Versailles du côté de l'Orangerie, d'après Vander Meulen, par Baudouin. — Dans : Recueil de gravures. 1 vol. in-f°.

Description de la grotte de Thétis et figures du labyrinthe et de plusieurs statues de Versailles. 1 vol. in-f°.

Plans et Dessins de la grotte de Thétis, de Versailles, par Le Pautre, 1672. Grand in-f°.

Années 1678, 1680, plan du labyrinthe de Versailles, par Leclerc; les divers bassins du parc de Versailles, par Le Pautre.
Années 1680, 1682, 1684, J. Sylvestre.
Année 1683 Louis de Chastillon.
Années 1688, 1689, Simoneau.

Diverses Statues du parc de Versailles, par J. Edelinck, 1679, 1680, 1781; G. Audran, 1681; Le Pautre, 1672, 1675. Grand in-f°.

Divers Termes et Bustes qui se trouvent dans les jardins de Versailles, par Le Pautre, 1674. Grand in-f°.

Divers Plans et Elévations du château de Versailles, par J. Sylvestre, 1664 à 1684; plan de l'Orangerie, par Nolin; gravures du grand escalier des ambassadeurs, par Ch. Simoneau, 1688. — Dans : Collection des Œuvres du cabinet du roi. Grand in-f°. V. tome 5.

Le Château de Versailles représenté dans les tapisseries du roi (ce tableau est intitulé *le Printemps*). — Dans : Collection des Œuvres du cabinet du roi. V. tome 9.

Vue du Château de Versailles comme il était ci-devant, par Vander Meulen, gravé par Baudouin, et vue du château de Versailles du côté de l'Orangerie, par Vander Meulen, gravé par Baudouin.— Dans : Collection des Œuvres du cabinet du roi. Grand in-f°.

Description de toutes les grottes, rochers et fontaines du château royal de Versailles ; maison du Soleil et de la Ménagerie, par E. Denis, vers 1685.Man. In-f°.

Versailles, son Louvre, ses jardins, ses fontaines et ses bosquets ; 33 vues faites par Perelle, 1681. — Dans : Vues des plus beaux bâtiments de France. Paris, Langlois, 1703. 1 vol. in-f°.

Recueil des figures, groupes, thermes, fontaines, vases et autres ornements tels qu'ils se voient à présent dans le château et parc de Versailles, gravé d'après les originaux, par Simon Thomassin. Paris, Thomassin, 1694. 2 vol. in-8°.

Explication historique de ce qu'il y a de plus remarquable dans la maison royale de Versailles, et en celle de Monsieur, à Saint-Cloud, par Combes. Paris, B.-C. Nego, 1681. 1 vol. in-12.

Description des jardins de Versailles et de la grotte de Thétis, en prose et en vers, par Lafontaine. — Dans : Psyché. Tome 3, p. 3, de : Œuvres de M. de Lafontaine. Anvers, Jacobet, H. Sauvage, 1726. 3 vol. in-4°.

Description de Versailles, de Clagny et de Marly, sous Louis XIV. V. la Vie de J.-B. Colbert, ministre d'Etat, sous Louis XIV, par Sandras de Courtilz. Cologne, 1695. 1 vol. in-12. V. p. 40.

Recueil de Vers choisis, par le P. Bouhours. Nouvelle édition. Paris, L. Josse, 1701. 1 vol. in-12.

Voir p. 89, plainte du cheval aux chevaux de la Petite-Ecurie, qui le voulaient déloger de son galetas des Tuileries ; p. 245, à M. de la Quintinie, sur son livre de l'instruction des jardins fruitiers et potagers ; p. 310, description de Trianon.

Description de Versailles ; la Ménagerie et Trianon en 1708. — Dans : Dictionnaire universel, géographique et historique, par Thomas Corneille. Paris, J.-B. Coignard, 1708. 3 vol. in-f°.

Tome 2, p. 650.
Tome 3, p. 643 et 717 ; Voir dans le même ouvrage la description de Clagny, tome 1, p. 667, et du château de Marly et de la machine, tome 2, p. 607.

Description de l'aqueduc de Versailles, par Millin de Grandmaison. Paris, Buisson, 1790. 2 vol. in-8°. Tome 2, p. 210.

Voir *Abrégé des transactions philosophiques de la Société royale de Londres*, ouvrage traduit de l'anglais et rédigé par Gibelin : antiquités, beaux-arts, inventions et machines.

Versailles immortalisé par les merveilles parlantes des bâtiments, jardins, bosquets, parcs, statues, groupes, thermes et vases de marbre, de pierre et de métaux, pièces d'eau, tableaux et peintures qui sont dans les châteaux de Versailles, de Trianon, de la Ménagerie et de Marly, composés en vers libres français par le sieur Jean-Baptiste de Monicart. Paris, E. Ganeau, 1720. 2 vol. in-4°.

Nouvelle description des châteaux et parcs de Versailles et de Marly, par Florentin. Paris, Florentin, 1701. 1 vol. in-12.

Etablissement de la chapelle royale de Versailles, par Louis XIV, en 1682. Man. In-f°.

Contenant : 1° coutumier général pour la chapelle royale du château de Versailles.
2° Règlement pour les séminaristes de Versailles depuis Pâques jusqu'à la Toussaint, pour les jours ordinaires quand le roy est à Versailles.
3° Règlement pour les enfants de chœur de la chapelle du château royal de Versailles, de l'emploi de la journée.

Description sommaire de la chapelle royale du château de Versailles, par Félibien, 1710. Man. In-f°.

Quelques notes sur le château de Versailles. — Dans : La généralité de Paris divisée en ses XXII élections, ou description exacte et générale de tout ce qui est contenu dans ladite généralité, par Chalibert d'Angosse. Paris, M. David, 1710. 1 vol. in-12. V. p. 497.

L'Agriculture, poème par Rosset. Paris, Imprimerie royale, 1774. 1 vol. in-4°.

Voir ce qui a rapport au potager et à l'orangerie de Versailles, p. 122 et 176.

Détails sur le potager de Versailles, Trianon et le labyrinthe.—Dans : *L'Agriculture*, poème par de Rosset, seconde partie. Paris, Imprimerie royale, 1782. In-4°.

Voir les pages 24, 35, 44, 85, 107, 118, 121, 124.

Description de Versailles et vue d'un bosquet du parc de Versailles. — Dans : A new and complete system of geography, by Charles-Theodore Middleton Esq. London, J. Cooke. 2 vol. in-f°, tome 2, p. 322.

Etat et menu général de la dépense ordinaire de la chambre aux deniers du roi, 1683. 1 vol. in-18. Man.

On trouve dans cet ouvrage le détail exact de ce que coûtait chaque table de toutes les personnes qui mangeaient au château de Versailles.

Notice historique sur la vie et les ouvrages de Jules Hardouin-Mansart, par J. Duchesne. — Lue le 12 messidor, à l'Athénée des Arts de Paris, 1805. In-8°.

Dans cette notice on trouve quelques renseignements sur les constructions de Versailles exécutées par Mansart.

Quelques lettres de Louis XIV ayant rapport à Versailles. — Dans : Œuvres de Louis XIV. Paris, Treuttel et Wurtz, 1806. 6 vol. in-8°. V. t. 5, p. 157, 515, 560.

Détails sur la construction de Versailles. — Dans :

l'Ombre du grand Colbert, le Louvre et la ville de Paris, dialogue. La Haye, 1749. 1 vol. in-12. V. p. 43, 165.

Mémoires des dépenses que le roi a faites dans les bâtiments depuis l'année 1664 jusqu'en l'année 1690 inclusivement, par Marinier, commis de Colbert, 1690. Man. In-f°.

Sur les dépenses en bâtiments reprochées à Louis XIV. — Dans : Histoire de Fénelon, archevêque de Cambrai, composée sur les manuscrits originaux, par le cardinal de Bausset. Versailles, J.-A. Lebel, 1817. 4 vol. in-8°, 3° édition. V. t. 4, p. 468.

Etats au vrai de toutes les sommes employées par Louis XIV, par Eckard. Versailles, Dufaure, 1836. 1 vol. in-8°.

1° Aux créations de Versailles, Marly et leurs dépendances.
2° Aux augmentations du Louvre, des Tuileries et d'autres résidences royales, aux constructions de monuments et d'établissements publics à Paris et dans les provinces, au canal de Languedoc, en secours aux manufactures, en pensions ou gratifications aux gens de lettres depuis 1661 jusqu'en 1710. Le tout extrait d'un travail fait sous les ordres de Colbert, et dont le manuscrit inédit est à la bibliothèque du roi, ainsi que d'autres documents authentiques.

Dépenses effectives de Louis XIV, en bâtiments, au cours du temps des travaux et leur évaluation au cours actuel, d'après des documents authentiques, particulièrement celles de Versailles, par Eckard. Versailles, Dufaure, 1838. 1 vol. in-8°.

Récit de ce qui s'est passé au nivellement fait pour la conduite des eaux de l'étang de Bouviers dans les réservoirs du château de Versailles, près la grotte, sans machines ni artifices, sur la proposition de Thomas Lambert. 1 vol. in-4°. Man.

Anecdotes concernant les travaux de Versailles sous Louis XIV. — Dans : Mémoires ou essai pour servir à l'histoire de F.-M. Le Tellier, marquis de Louvois, attribués à Chamlay. Amsterdam, M. C. Le Cène, 1740. 1 vol. in-12.

Voir p. 83, Louvois fait faire de grands travaux à Versailles et à Trianon; construction de l'aqueduc de Louveciennes et de Marly; construction des moulins de l'étang de Clagny; établissement de la route royale de Paris à Versailles; établissement du pont de Sèvres et droit payé aux trésoriers de l'extraordinaire des guerres pour passer sur le pont; p. 90, travaux de la rivière de l'Eure; p. 112, Louvois reçoit dans l'Orangerie de Versailles, une lettre qui lui annonçait l'approche d'un événement qui devait changer la face des affaires; p. 115, mort de Louvois.

Versailles, ses magnificences très coûteuses. — Dans : Louis XIV, sa cour et le Régent, par Anquetil. Paris, Moutard, 1789. 4 vol. in-12. V. t. 1, p. 304.

Essai sur l'architecture, par le P. Laugier. Paris, Duchesne, 1755. In-8°.

Voir la critique qu'il fait de Versailles, aux pages 159, 181, 236.

Observations sur l'architecture, par l'abbé Laugier. La Haye et Paris, Saillant, 1765. 1 vol. in-12.

Voir ce qu'il dit de Versailles, aux pages 191, 202, 215.

Remarques sur un livre intitulé : *Observations sur l'Architecture*, de M. l'abbé Laugier, par Guillaumot. Paris, Dehansi, 1768. 1 vol. in-8°.

Voir page 5 ce qu'il dit à l'occasion de la chapelle de Versailles.

Fables d'Esope en quatrains, dont il y en a une partie au labyrinthe de Versailles, par Benserade. Paris, Sébastien Marbre-Cramoisy, 1678. 1 vol. in-12.

Le roi ayant désiré que l'on mit des quatrains en vers aux fables d'Esope qui ornaient le labyrinthe de Versailles, ce fut Benserade qui en fut chargé.

Coup-d'Œil rétrospectif sur quelques faits historiques de l'horticulture versaillaise, par J.-A. Le Roi. Versailles, E. Aubert, 1864. In-8°.

Devis des ouvrages de marbre à faire dans le grand cabinet du roi au château de Versailles, signé de Colbert, avec plan colorié, 13 février 1681. In-f°. Man.

Devis des ouvrages de marbre à faire au salon de

l'appartement du roi, du côté de la grande galerie, au château de Versailles, signé de Colbert, avec plan en noir, 13 février 1681. In-f°. Man.

Devis des ouvrages de marbre à faire au salon de la reine, du côté de la grande galerie, au château de Versailles, signé de Colbert, avec un plan en noir, 8 mai 1681. In-f°. Man.

Devis des ouvrages de marbre à faire au salon de la reine, au château de Versailles, signé de Colbert, avec plan en noir, 8 mai 1681. In-f°. Man.

Devis des fouilles de terre pour faire la nouvelle Orangerie de Versailles, signé de Colbert, 13 novembre 1681. In-f°. Man.

Devis des tuyaux de fer pour la conduite des eaux des fontaines du château de Versailles, signé de Colbert, 12 décembre 1681. In-f°. Man.

Traité des tournois, joutes, carrousels et autres spectacles publics, par É.-P.-A.-F. Menestrier. Lyon, J. Muguet, 1669. In-4°.

Voir p. 162, 165, 301, 355, quelques détails sur les fêtes et carrousels de Versailles sous Louis XIV.

Carte particulière du nouveau canal fait pour la conduite de la rivière d'Eure, depuis Pontgouin jusqu'à Versailles. — Dans : Introduction à la fortification, par Defer. Paris, 1694. 1 vol. in-f°.

Notice sur Bossuet et Fénelon à Versailles, par J.-A. Le Roi. Paris, Imprimerie impériale, 1864. In-8°.

Travaux hydrauliques de Versailles sous Louis XIV, 1664-1688, par J.-A. Le Roi. Versailles, Bernard, 1865. In-8°.

Description de la machine de Marly. — Dans : Cours de physique expérimentale, par le Dr J.-T. Desaguliers, traduit de l'anglais par R.-P. Pezenas. Paris, J. Rollin, 1751. In-4°. Tome 2, p. 517, avec planches.

Discussion sur les dépenses faites au châtèau de Versailles par Louis XIV. — Dans : Observations sur le tort que font à l'architecture les déclamations hasardées et exagérées contre les dépenses qu'occasionne la construction des monuments publics, par C.-A. Guillaumot. Paris, H.-L. Perronneau, an IX. 1 vol. in-8°.

Mme de Montespan et Louis XIV, étude historique par Pierre Clément. Paris, Didier, 1868. 1 vol. in-12.

Voir p. 84, Mme de Montespan fait le plan d'une des pièces d'eau du parc de Versailles; p. 45, distribution des appartements du château par Louis XIV ; p. 48, le roi fait bâtir Clagny pour Mme de Montespan; p. 57, un prêtre de Versailles refuse l'absolution à Mme de Montespan ; p. 63, le roi fait ses Pâques à la paroisse de Versailles ; p. 246, p. 146, mot de Mme de Montespan à Mme de Maintenon ; p. 151, le roi donne au duc du Maine l'appartement occupé avant par sa mère ; p. 159, les dames obligées de faire la révérence en passant devant le lit du roi ; p. 222, lettre de Louis XIV pour la construction de Clagny ; p. 224, lettre de Louis XIV sur les orangers de Clagny ; p. 226, lettre de Mme de Montespan à l'occasion de la maladie du comte de Vexin ; p. 382, lettre de Colbert à Louis XIV, à l'occasion de la construction de Versailles.

Discussion sur un fait historique à l'occasion d'une médaille conservée à la Bibliothèque de Versailles, par J.-A. Le Roi. Paris, Imprimerie impériale, 1866. In-8°.

Vues de Versailles. Die prospect von Versailles. Bei Johan Ulrich Arauh in Augspurg. 1 vol. in-8°.

Livre de tous les plans, profils et élévations, tant en perspective que géométrale du château de Clagny, que Sa Majesté a fait bâtir près Versailles et exécuté par les ordres de Mgr Colbert, secrétaire et ministre d'Etat, surintendant des bâtiments du roi, arts et manufactures de France, du dessin du sieur Mansart, architecte du roi, et de son académie royale, et mis en lumière par Michel Hardouïn, l'un des entrepreneurs des bâtiments de Sa Majesté et dudit Clagny. Paris, Cossin, 1680. In-f°.

Mémoires du comte de Maurepas, ministre de la marine, etc., 3e édition, avec onze caricatures du temps, gravées en taille-douce, rédigés par Sallé, son secré-

crétaire, et publiés par Soulavie l'aîné. Paris, Buisson,
1792. 4 vol. in-8°.

Voir tome 1, p. 1, fortune de Mme de Maintenon ; p. 37, de Mgr le
Dauphin, fils de Louis XIV, et de son épouse Mlle Choin ; p. 54, la
duchesse de Bourgogne prend un récollet de Versailles pour confesseur avant de mourir ; p. 85, mort de Louis XIV.

Histoire de la maison royale de Saint-Cyr, 1686-
1793, par Théophile Lavallée. Paris, Furne, 1853.
1 vol. in-8°.

Mémoires de l'abbé Blache, docteur en théologie.
— Dans : Revue rétrospective. Paris, H. Fournier,
1834. In-8°.

Voir t. 1, p. 11, 139, 181, et t. 3, p. 331, les allées et venues à
Versailles à cause d'un complot formé contre la vie du roi Louis XIV.

Remarques historiques sur les figures, termes et
vases qui ornent les jardins du parc de Versailles, avec
l'explication des symboles qui les accompagnent, présentées à S. A. Sérénissime, Mme la princesse de Conty,
douairière, par sa très humble, très soumise et très obligée servante Jourdain, le 3 janvier 1695. In-4°. Man.

Etat présent des figures qui sont dans le petit parc
de Versailles, tant en marbre qu'en pierre, plomb,
bronze, avec les noms des sculpteurs et des figures et
leurs attributs, avec les auteurs d'icelles et des piédes-
taux. In-8°. Man.

Rôle des journées d'ouvriers qui ont été employés
pour le roi, au nouveau jardin que l'on fait en son palais
de Trianon, depuis le 29 novembre jusqu'au 11 décembre
inclus, 1700. In-f°. Man.

Remarques historiques sur les figures du parc de
Versailles. In-8°. Man.

Plans des étangs des environs de Versailles. In-12.
Man.

Plans des réservoirs et étangs qui sont aux environs
de Versailles, où est marqué leurs superficies et la quan-

tité d'eau, commençant à Pontgouin et finissant au grand canal, 1680. In-12. Man.

Les Plans, profils et élévations des ville et château de Versailles, avec les bosquets et fontaines tels qu'ils sont à présent, levés sur les lieux, dessinés et gravés en 1714 et 1715. Paris, Demortain. In-f°.

Devis d'ouvrages faits dans les châteaux royaux, par Mansart, 1680.

Voir : 1° Devis des ouvrages de maçonnerie et fouille de terre à faire pour la construction d'une tour que Sa Majesté désire faire construire sur la plaine de Satory, pour faire un moulin à vent, pour servir à élever l'eau de l'aqueduc de l'étang de Trappes et du réservoir bas dans le réservoir haut de ladite plaine ;

2° Mémoire des grosseurs et façons des bois qui seront employés à la construction des ouvrages de charpenterie de l'orangerie que le roi a ordonné de bâtir à Trianon, suivant les plans, élévations et profils qui en ont été faits par le sieur Mansart, premier architecte de Sa Majesté.

3° Devis des ouvrages de maçonnerie à faire à Versailles, suivant les plans, élévations et profils qui ont été faits par le sieur Mansart, premier architecte du roi, pour les bâtiments du logement des prêtres de la mission qui doivent desservir l'église paroissiale dudit lieu.

Mme de La Vallière et Marie-Thérèse d'Autriche, femme de Louis XIV, avec pièces et documents inédits, par l'abbé H. Duclos. Paris, Didier, 1869. 1 vol. in-8°.

Voir p. 76, fêtes de Versailles en 1664 ; p. 122, rencontre de Louis XIV et de Mlle de La Vallière dans le parc de Versailles ; p. 162, portrait de Mlle de La Vallière à Versailles ; p. 193, portrait de Marie-Thérèse à Versailles ; p. 250, le livre du carrousel de 1662 à la Bibliothèque de Versailles ; p. 257, fêtes de Versailles en 1664 ; p. 403, tableau de l'entrée de Louis XIV et de Marie-Thérèse à Douai ; p. 428, le roi établit à Versailles le duc du Maine et Mme Scarron ; p. 488, Colbert ramène Mme de La Vallière à Versailles ; p. 490, Mme de La Vallière revient à Versailles du couvent de Chaillot ; p. 503, portrait de Mme de La Vallière conservé au château de Versailles et gravé par Nanteuil ; p. 534, pavillon de Mme de La Vallière à Versailles ; p. 566, les jours d'appartement de Versailles ; p. 618, le roi à Clagny ; p. 646, carême de 1683 à Versailles ; p. 662, chambre à coucher de la reine à Versailles ; p. 675, mort de Marie-Thérèse à Versailles ; p. 681, le duc de Vermandois à Versailles ; p. 697, la princesse de Conti à Versailles ; p. 727, lettre de faire part de la mort de Mme de La Vallière, écrite par la prieure des carmélites, retrouvée à la Bibliothèque de Versailles ; p. 795, salon de la reine à Versailles; p. 798, le fou de la reine Tricomini à Versailles; p. 944, jeu de la Reine; Marie-Thérèse à Versailles; p. 959 et suivantes, mort de la reine Marie-Thérèse à Versailles.

Le duc d'Antin et Louis XIV; rapports sur l'administration des bâtiments, annotés par le roi, publiés avec une préface, par J.-J. Guiffrey. Paris, Académie des Bibliophiles, 1869. In-12.

Ville de Versailles; Église de Notre-Dame; gros mur de Montreuil. In-f°.

Plans de diverses parties des bâtiments de Versailles. In-f°.

Détails du grand escalier des ambassadeurs au château de Versailles. In-f°.

Jardins de Versailles. In-f°.

Statues du parc de Versailles. In-f°.

Aqueduc de la machine. In-f°.

Détails de l'aqueduc de Maintenon. In-f°.

Apologie des allégories de Rubens et de Lebrun, introduites dans les galeries du Luxembourg et de Versailles, suivie de quelques pièces relatives aux arts, par Dandré-Bardon. Paris, L. Cellot, 1777. 1 vol. in-12.

Dernières paroles adressées par Louis XIV à son arrière-petit-fils Louis XV et à la cour. — Dans : Œuvres chrétiennes des familles royales de France, recueillies et publiées par P. Viollet. Paris, Poussielgue, 1870, p. 242.

Le Chevalier Bernin et Louis XIV; Louis XIV et Courtanvaux; appartements du maréchal de Villars au château de Versailles; derniers moments de Louis XIV. — Dans : Louis XIV. Paris, J. Dumaine, 1869. In-12. V. p. 312, 369 et 413.

Lettres, instructions et mémoires de Colbert, publiés par Pierre Clément. Tome 5, fortifications, sciences, lettres, beaux-arts, bâtiments. Paris, Imprimerie impériale, 1868. In-8°.

Voir p. xxx, Versailles et Paris ; considérations de l'auteur sur les travaux de Versailles ; p. 268, note sur le palais de Versailles ; le projet en cours d'exécution est mesquin ; un nouveau projet serait ruineux et sans grandeur faute d'emplacement ; enfin, Louis XIV s'est prononcé contre la conservation du petit château ; puisse le bâtiment disparaître avec le caprice du roi ! En note, commencements de Versailles ; p. 268, vives remontrances à Louis XIV, sur les trésors enfouis à Versailles et l'abandon du Louvre ; p. 273, projet de feu d'artifice à Versailles ; p. 276, travaux de Versailles ; p. 282, mémoire de ce que le roi désire dans son bâtiment de Versailles.

Année 1669, p. 284, observations sur différents plans pour Versailles ; plans de Vigarani, Gabriel, Claude Perrault, Louis Levau.

Année 1672, p. 324, 4 mai, à Louis XIV, travaux de Versailles : réservoirs, moulins, fontaines ; remplacement du jardinier Marée par Colinot et du contrôleur Petit par Lefèvre. En note, bosquet du Marais, de l'invention de Mᵐᵉ de Montespan ; réponse ; 17 juillet, p. 328, à Louis XIV ; travaux de Versailles et Trianon : sculptures, peintures, grottes, moulins, réservoirs, etc. ; p. 337, 337 *bis*, ordres et règlements pour les bâtiments de Versailles ; surveillance par Lefèvre des ouvrages de Francine, Lenostre, Denis, Robelin, Benoist, Mazelines, d'Orbay, Berthier, etc. ; fontaines, terrassements, plomberie, réparations, marbres, rocailles, etc.

Année 1673, p. 348, juin, travaux de Versailles, bâtiment des nouvelles pompes, logement de Bontemps et grotte ; p. 354, 19 septembre, Louis XIV à Colbert : régler le débit des fontaines, couvrir Trianon et les orangeries, voir les fleurs de Le Bouteux, presser les peintures chez Mᵐᵉ de Montespan pour qu'on ne les sente plus en arrivant ; état des moulins, conduites et réservoirs ; p. 355, 28 septembre, à Louis XIV ; essai des jets d'eau de Versailles avec la moitié des pompes.

Année 1674, p. 363, 18 mai, Louis XIV à Colbert ; comment font les orangers de Versailles ; p. 364, le 12 juin, Louis XIV à Colbert, maison et parc de Clagny pour Mᵐᵉ de Montespan ; p. 366, 21 juin, situation des travaux de Versailles ; réponse du 23 ; p. 368, 24 octobre, ordres et règlement pour les bâtiments de Versailles ; contrôle de Lefèvre sur Colinot, Marin, Le Bouteux, Denis, Ballon, etc. ; entretien des bâtiments, jardins et fontaines ; état détaillé des travaux à faire.

Année 1677, p. 379, 28 mai, Louis XIV à Colbert, approbation de tout ce qui concerne les eaux de Satory ; p. 561, 10 septembre, Mansart à Colbert ; désertion des ouvriers de Clagny ; avancement des travaux ; soins assidus et dévoués ; cabinet de la renommée à Versailles.

Année 1679, p. 563, 2 mars, Lebrun à Colbert ; dessins pour Trianon et la galerie de Versailles ; changements faits à un tableau ; p. 567, mémoire de G. Marinier, sur les dépenses des bâtiments, de 1664 à 1690.

Histoire ecclésiastique de la chapelle de la cour de France, par l'abbé Oroux. Paris, Imprimerie royale, 1777. 2 vol. in-4º.

Voir t. 2, p. 609, Louis XV fait sa première communion à Saint-Cyr; p. 615, réception de chevaliers du Saint-Esprit dans la chapelle de Versailles, le 3 juin 1724; p. 634, discussion entre les aumôniers et les chapelains et clercs de la chapelle; p. 638, les jours où le roi tient grande chapelle.

Description de Versailles en 1720, par Mehemet-Effendi, ambassadeur turc à la cour de France. — Dans : Mercure de France. Paris, Cavelier, 1743. In-12. Décembre 1743, p. 2839.

Vie privée de Louis XV ou Principaux événements, particularités et anecdotes de son règne, par Moufle d'Angerville. Londres, J.-P. Lyton, 1781. 4 vol. in-12.

Voir t. 1, p. 87, camp et petite guerre de Montreuil ; p. 171, lit de justice à Versailles ; p. 179, d'Aguesseau arrive à Versailles.

Tome 2, p. 53, trait de bonté du Dauphin arrivé dans le parc de Versailles ; p. 221, arrivée de Mme de Pompadour à Versailles ; p. 282, anecdote racontée à Versailles par la Dauphine à l'abbé Soldini ; p. 285, anecdotes arrivées aux bals de Versailles donnés aux noces du Dauphin : p. 354, création du chemin de Versailles à Saint-Denis, nommé *Chemin de la Révolte.*

Tome 3, p. 16, origine du Parc-aux-Cerfs ; p. 103, le roi fait boucher toutes les communications de son appartement à celui de Mme de Pompadour ; p. 108, assassinat du roi à Versailles; détails à ce sujet ; p. 167, mesures de précautions prises par les gens du palais ; p. 224, lit de justice tenu à Versailles.

Tome 4, p. 22, mort de l'infante d'Espagne à Versailles ; p. 24, mort de Mme de Pompadour ; dureté de cœur de Louis XV ; p. 32, mort du Dauphin ; anecdote à ce sujet ; p. 35, mort de la Dauphine et de la reine ; p. 75, arrivée de Bigot, intendant de la Nouvelle-France à Versailles ; anecdote ; p. 150, arrivée du chevalier d'Eon à Versailles ; p. 155, le curé de Saint-Louis de Versailles et Louis XV; p. 174, séances du parlement à Versailles ; p. 183, mariage de Marie-Antoinette avec le Dauphin à Versailles ; fêtes à Versailles ; p. 191, Marie-Antoinette assiste, dans une lanterne, au lit de justice tenu à Versailles le 27 juin 1770 ; p. 220, route de Paris à Versailles ; le 13 avril 1771, p. 239, le duc d'Aiguillon fait imprimer au département des affaires étrangères à Versailles la relation de la révolution de Suède ; p. 258, mot de l'abbé Terray dans l'Œil-de-Bœuf ; p. 265, le café de Mme Du Barry; p. 266, anecdotes sur Mme Du Barry; p. 269, maladie du roi à Trianon ; sa mort.

Description de Versailles, Trianon et Saint-Cyr. — Dans : le Voyageur fidèle ou le Guide des étrangers dans la ville de Paris. Paris, P. Ribou, 1716. In-12, p. 422.

Le Roi Louis XV fixe son séjour à Versailles, p. 98; traité de Versailles, p. 603. — Dans : Journal historique ou Fastes du règne de Louis XV, surnommé le Bien-Aimé. Paris, Prault, 1766. 2 vol. in-12.

Description historique et géographique de la France ancienne et moderne, par l'abbé de Longuerue. Paris, J.-H. Pralard, 1719. 1 vol. in-f°.

Voir ce qu'on dit de Versailles aux pages 16 et 143.

Remarques sur ce qu'il y a à faire d'extraordinaire à la chapelle du château de Versailles, le roi y étant, en 1725. In-f°. Man.

Voyage du sieur A. de La Motraye en Europe, Asie et Afrique. Lahaye, J. Johnson et J. Van Duren, 1727. 2 vol. in-f°.

Voir t. 1, p. 130, ce qu'il y a sur Versailles.

Description de Versailles, de Clagny, de Trianon, du château et de la machine de Marly. — Dans : le grand Dictionnaire géographique et critique, par Bruzen La Martinière. Lahaye, Gosse, 1730. 9 vol. in-f°.

Voir t. 2, 2e partie, p. 662.
Tome 5, 2e partie, p. 147.
Tome 8, p. 669.
Tome 9, p. 149.

Vue et description abrégée du château royal et ville de Versailles, séjour ordinaire du roi; 5e feuille. — Dans : Carte générale de la monarchie française, contenant l'histoire militaire depuis Clovis, premier roi chrétien, jusqu'à la quinzième année accomplie du règne de Louis XV, par Lemau de La Jaisse. Paris, 1733. 1 vol. in-f°.

Traité de Vénerie, par d'Yauville. Paris, Imprimerie royale, 1788. 1 vol. in-4°.

Voir p. 192, cerf qui avait la face et les quatre pieds blancs, à Fausse-Repose; Louis XV ne veut pas qu'on le chasse; cette race s'est beaucoup multipliée dans les environs de Versailles; p. 217, en 1734, on bâtit près la grille du Petit-Montreuil un grand chenil pour élever les jeunes chiens; p. 240, diverses dispositions pour la tenue des chiens à la vénerie pendant l été et pendant l'hiver; p. 289, les meutes de la vénerie partent de Versailles pour Saint-Germain vers la fin de décembre, afin d'y chasser la plus grande partie de l'hiver; p. 299, établissement des équipages de chasses à Versailles et dans ses environs : le chenil; rendez-vous; pavillon du Butard ; pavillon de Fausse-Repose; pavillon des Coteaux de Jouy ; pavillon de Verrières ; parc de Meudon ; pavillon d'Ursine et de Trivaux.

Second mémoire et observations concernant le cimetière de la paroisse Saint-Louis de Versailles. In-4°.

On trouve dans ce mémoire une lettre curieuse de Voltaire à l'occasion du cimetière Saint-Louis.

Recueil des comédies et ballets représentés sur le théâtre des petits appartements, pendant l'hiver de 1747 à 1748. 1 vol. in-8°.

Divertissement du théâtre des petits appartements, pendant l'hiver de 1748 à 1749. 3 vol. in-8°.

Spectacles donnés à Versailles devant Leurs Majestés, depuis leur retour de Fontainebleau jusqu'au jeudi 17 mars 1763. C. Ballard, 1763. 1 vol. in-8°.

Recueil des fêtes et spectacles donnés devant Sa Majesté à Versailles, à Choisy et à Fontainebleau, pendant les années 1770 et 1771. Paris, P.-R.-C. Ballard, 1770-1771. 3 vol. in-8°.

On trouve dans ce recueil le récit des fêtes données à Versailles à l'occasion du mariage du Dauphin, depuis Louis XVI, et de celui de M. de Provence, depuis Louis XVIII.

Histoire du cabinet des médailles du château de Versailles, et gravures représentant toutes les médailles qui y étaient contenues sous Louis XV, par J.-P. Mariette. Paris, Imprimerie de l'auteur, 1750. 2 vol. in-f°.

Voir t. 2, Traité des pierres gravées.

Détails sur Versailles et dépendances. — Dans :
L'Etat de la France. Paris, P. Prault, 1736. 6 vol. in-12.

Voir t. 1, p. 414.

Description du château de Versailles et liste des
principales peintures qui s'y trouvent, et description de
Trianon, de Saint-Cyr et de Marly. — Dans : Mémorial
de Paris et de ses environs. Paris, Banche, 1749. 2 vol.
in-12.

Mémorial de Paris et de ses environs, par l'abbé
Antonini, considérablement augmenté par l'abbé Ra-
gnal. Paris, Banche, 1749. 2 vol. in-12.

Voir t. 1, Versailles, Trianon et Clagny, p. 219, 271.

Voyage pittoresque des environs de Paris et
description des maisons royales, châteaux et autres lieux
de plaisance situés à quinze lieux aux environs de cette
ville, par d'Argenville fils. Paris, de Bure, 1755. 1 vol.
in-12.

Voir la description de Versailles à la page 46.

Château de Versailles et ses dépendances. —
Dans : Architecture française ou Recueil des plans,
élévations, coupes et profils des églises, maisons
royales, palais, hôtels et édifices les plus considérables
de Paris, ainsi que des châteaux et maisons de plaisance
situés aux environs de cette ville, ou en d'autres endroits
de la France, bâtis par les plus célèbres architectes et
mesurés exactement sur les lieux, avec la description de
ces édifices et des dissertations utiles et intéressantes sur
chaque espèce de bâtiment, par J.-F. Blondel. Paris,
Ch.-A. Jombert, 1756. 1 vol. in-f°.

Voir t. 4, contenant la description du Louvre et du palais des
Tuileries, celle du château, parc et jardins de Versailles.

Détails des différentes dépenses pour la table du roi
au château de Versailles et dans les autres châteaux
royaux, 1758. 1 vol. in-4°. Man.

Voir état et menu général de la dépense ordinaire de la chambre
aux deniers du roi.

Procès-verbaux des séances des sceaux, tenus par le roi Louis XV, à Versailles, pendant les années 1757, 1758, 1759, 1760 et 1761. Paris, Imprimerie royale, 1762. 1 vol. in-4°.

Nouvelle description des châteaux et parcs de Versailles et de Marly, par Piganiol de La Force. Paris, Hochereau, 1764. 2 vol. in-12.

Description de Versailles et de ses environs. — Dans : Description historique de la ville de Paris et de ses environs, par Piganiol de La Force. Paris, Desprez, 1765. 10 vol.

Voir t. 9, p. 469.

Mémoires de Mme la marquise de Pompadour ; deux tomes en un seul volume. Liége, 1766. 1 vol. in-12.

On trouve dans ce volume quelques détails sur les intrigues de la cour et sur Versailles.

Relevé des dépenses de Mme de Pompadour, depuis la première année de sa faveur jusqu'à sa mort ; manuscrit des archives de la préfecture de Seine-et-Oise, avec des notes, par J.-A. Le Roi. Versailles, Montalant-Bougleux, 1853, 1 vol. in-8°.

Voir t. 3, p. 113, de : Mémoires de la Société des Sciences morales, des Lettres et des Arts de Seine-et-Oise.

Mes Loisirs ou *Journal d'un Bourgeois de Paris*, de 1766 à 1790.—Dans : Nouvelle revue encyclopédique. Paris, MM. Didot frères, 1847-48. In-8°.

Année 1769, t. 4, p. 304, présentation de Mme Du Barry à Versailles ; p. 477, départ de Versailles de Mme Louise, pour Saint-Denis, où elle entre dans l'ordre des Carmélites ; p. 478, arrivée de Marie-Antoinette à Versailles ; p. 479, feu d'artifice sur le Tapis-Vert.
Tome 5, p. 277, conversation entre Mme Du Barry et le roi, à Versailles ; p. 278-279, sur Mme Du Barry ; p. 280, sur la maladie de Louis XV ; p. 282, anecdote sur la mort de Louis XV.

Précis historique de la vie de Mme la comtesse Du Barry. Paris, 1774. 1 vol. in-12.

Voir p. 30, Mlle Lange amenée à Versailles par Lebel ; p. 43, présentation de Mme Du Barry à Versailles; p. 50, entrée de Mme Du Barry au château; p. 55, elle loge dans l'appartement de Mme de Pompadour ; p. 82, le roi est attaqué de la petite vérole; p. 85, Mme Du Barry part de Versailles après la mort du roi, se rend à l'abbaye du Pont-aux-Dames.

Anecdotes sur Mme la comtesse Du Barry. Londres, 1775. 1 vol. in-12.

Voir p. 36. Mme Du Barry à Versailles; p. 53, Lebel fait connaissance de Mlle Lange; p. 64, première entrevue du roi avec Mlle Lange; p. 69, son séjour à Versailles pendant la première année de ses amours avec le roi ; p. 85, présentation de Mme Du Barry à la cour ; p. 96, anecdote sur cette présentation ; p. 102, entrevue de Mme Du Barry et de Mme Dumonceau à Versailles; p. 119, explication entre le roi et le duc de Choiseul à l'occasion de la favorite; p. 142, diverses anecdotes sur Mme Du Barry ; p. 219, anecdote sur le café du roi ; p. 227, aventure de Mme Du Barry dans la chambre du roi ; p. 232, détails sur le pavillon de Louveciennes ; p. 251, visite du prince de Condé, du duc d'Orléans et du duc de Chartres à Mme Du Barry; p. 259, détails d'une fête chez Mme Du Barry; p. 259, aventure de Mme de Rozen chez Mme Du Barry ; p. 267, l'abbé de Beauvais prêche devant le roi à Versailles; anecdote à ce propos ; p. 288, le dauphin marque son mépris pour la favorite; p. 307, aventure arrivée à Mme Du Barry au bal masqué donné pour le mariage du comte d'Artois ; p. 320, Mme Du Barry fait bâtir un hôtel sur l'avenue de Paris; p. 330, cause de la maladie du roi, arrivée à Trianon.

Anecdotes sur Versailles pendant le règne de Louis XV. — Dans : Histoire de la vie privée des Français, depuis l'origine de la nation jusqu'à nos jours, par Legrand d'Aussy. Paris, Ph.-D. Pierres, 1782. 3 vol. in-8°.

Voir : tome 1er, p. 189, goût de Louis XV pour le jardinage, le jardin botanique de Trianon ; p. 190, établissement des serres chaudes; p. 233, Louis XV aime beaucoup les fraises. Duchesne, de Versailles, en nomme dix espèces dont l'une porte spécialement le nom de fraise de Versailles.

Mémoires historiques et politiques du règne de Louis XV, depuis son mariage jusqu'à sa mort, par J.-L. Soulavie aîné. Paris, Treuttel et Wurtz, 1801. 6 vol. in-8°.

Voir sur Versailles :
Tome 1er, p. 76, fêtes de Versailles pour le mariage de Marie-Antoinette; p. 93, portrait du duc de Choiseul, dans les petits appartements ; p. 101, souvenirs de Mme Du Barry et du Parc-aux-Cerfs;

p. 149, maladie de Louis XV; p. 159, l'archevêque de Paris à Versailles; p. 188, Dagé, coiffeur de la cour et Mme de Pompadour; p. 320, mort de la Dauphine à Versailles en 1767 ; p. 329, la cour de Versailles en 1770.

Recueil d'Arrêts, Edits, Déclarations, Lettres-patentes, etc. 1 vol. in-4°.

On trouve dans ce recueil :

1° Lettres-patentes du roi, en forme d'édit, portant réunion de la justice de Villepreux au bailliage de Versailles, 1776 ;

2° Déclaration du roi concernant l'établissement d'un bureau de recommanderesse dans la ville de Versailles, 1761 ;

3° Ordonnance de police rendue par le lieutenant général de police au bailliage de Versailles à l'occasion des farines, 1764;

4° Arrêt de la cour du parlement, rendu au profit des officiers du bailliage royal de Versailles, 1764;

5° Règlement de police pour la ville de Versailles, novembre 1772.

Voyage pittoresque des environs de Paris ou Description des maisons royales, châteaux et autres lieux de plaisance, situés à quinze lieux aux environs de cette ville, par d'Argenville fils. Paris, Debure, 1762. 1 vol. in-12.

Voir p. 52, la description de Versailles.

Description abrégée de Versailles. — Dans : Géographie ou Description du royaume de France, divisé en ses généralités, par Dumoulin. Paris, Leclerc, 1764. 6 vol. in-8°.

Voir 1er vol., p. 100.

Description de Versailles. — Dans : Dictionnaire géographique portatif de la France. Paris, Desaint, 1765. 4 vol. in-8°.

Voir t. 4, p. 513.

Le Gâteau des Rois. Anecdote du château de Versailles en 1767, par Al. Lordier. — Dans : Almanach prophétique, pittoresque et utile, pour 1849. Paris, Pagnerre. 1 vol. in-32.

Voir p. 167.

Description de Versailles en 1773. — Dans : le grand Vocabulaire français, par une Société de gens de lettres. Paris, Panckoucke, 1767-1774. 30 vol. in-4°.

Voir t. 29, p. 402.

Description abrégée de Versailles. — Dans : Plan topographique et raisonné de Paris, ouvrage utile au citoyen et à l'étranger, par Pasquier et Denis, 3ᵉ édition. Paris, Pasquier, 1771. 1 vol. in-12.

Voir p. 82.

Consultation pour les sieur et dame Vaussy., bourgeois de Versailles, plaignants et intimés contre le sieur Armand, ci-devant avocat ès-conseils du roi, accusé de rapt, appelant et ses complices en présence de M. le procureur général, et mémoire pour les mêmes, contre les mêmes, Reynard et Demonville. Paris, 1772. In-4°.

Plans des Tribunes et orchestres de la musique du roi, avec les noms des sujets qui en occupent les places, en l'année 1773, par Métoyen. 1 vol. in-f°. Man.

Contenant : plan de la tribune de la musique du roi en sa chapelle de Versailles ; plan des musiciens du roi au grand théâtre de Versailles, où se trouvent ensemble les sujets qui ne font que le service des opéras et concerts, et ceux qui font le service de la chapelle, avec la distribution qui a été faite des places de l'orchestre par le sieur Métoyen ; plan de l'orchestre du petit théâtre de Versailles.

Toisé des faces des bâtiments appartenant au roi, aux princes et aux seigneurs à Versailles. 1 vol. in-f°. Man.

Les Curiosités de Versailles. — Dans : Curiosités de Paris, de Versailles, de Marly, Vincennes, Saint-Cloud et des environs, par Saugrain et Piganiol de La Force. Paris, lib. associés, 1778. 2 vol. in-12.

Voir t. 2, p. 165.

Les Jardins ou l'Art d'embellir les paysages, poème, par l'abbé Delille. Paris, Imprim. de Fr.-Amb. Didot aîné, 1782. 1 vol. in-4°.

Voir p. 121, 122, 141, ce que dit Delille de Montreuil, Trianon et le rocher des Bains d'Apollon.

Coup d'œil sur Beloeil, par le prince Charles de

Ligue. Belœil, Imprimerie du prince Charles, 1781.
1 vol. in-8°.

Voir p. 2, sur Versailles; p. 78, 111, ce qu'il dit des jardins de
Versailles ; p. 141, sur le jardin de Mme de Guémenée, à Montreuil;
p. 142 et suiv., éloge du petit Trianon.

Versailles sous Louis XV. — Dans : Fragment
des Mémoires de Mme la duchesse de Brancas, de Mme de
Chateauroux. Paris, Buisson, 1802. In-8°.

Voir p. 176, Lettres de L.-B. Lauraguais à Mme ***, dans lesquelles
on trouve des jugements sur quelques ouvrages; la vie de l'abbé de
Voisenon; une conversation de Champfort sur l'abbé Sieyès, et un
fragment historique des Mémoires de Mme de Brancas sur
Louis XV et Mme de Chateauroux.

Le Songe d'une Nuit d'été dans le parc de Versailles. — Dans : Quelques chapitres de la vie et des
voyages du célèbre Boudin, suivis des secondes noces du
seigneur Pandolphe et du songe d'une nuit d'été dans le
parc de Versailles, par Albert Aubert. Paris, Hetzel,
1845. 1 vol. in-12.

Voir p. 333.

Les Rendez-vous du parc de Versailles, par
Huerne de La Motte, avocat. Bruxelles, 1762. 1 vol. (aux
armes de la reine) in-12.

C'est un recueil d'historiettes peu vraisemblables, mais assez intéressantes. L'auteur a voulu parler de la Cour. (Note du marquis
de Paulmy.)

La promenade de Versailles ou Entretien de six
coquettes, par de Saint-Paul. Lahaye, Corneille de Ruyt,
1736. 1 vol. in-8°. Même ouvrage, 1 vol. in-12.

Inventaire des papiers, plans, cartes, etc., appartenant au roi, après le décès du sieur Matis, arpenteur-
géographe des bâtiments du roi, fait à Versailles, à l'hôtel des Inspecteurs, rue du Potager, par Antoine Duchesne et Michel de La Seigne, d'après les ordres du
marquis de Marigny, directeur et ordonnateur des bâtiments, jardins, arts, académies et manufactures royales,
1764. In-f°. Man.

Vente par Eustache, chef de ville, à Pierre Monper-
tuis, d'une maison située à Versailles, rue du Vieux-
Versailles, à l'enseigne du *Pied-de-Biche*, 18 décembre
1722. In-f°. Man.

Mémoires secrets pour servir à l'histoire des
lettres en France, depuis 1762 jusqu'à nos jours (1785),
ou *Journal d'un Observateur*, par de Bachaumont. Londres, J. Adamsohn, 1777. 29 vol. in-12.

Voir dans cet ouvrage :
Tome 1er, p. 115, 9 juillet 1762, mot de Louis XV, à l'occasion
d'une paire de lunettes qu'on lui présente à l'imprimerie des bureaux de la guerre, à Versailles; p. 222, 22 mars 1763, l'abbé de
Voisenon fait jouer la comédie à Mlle Villeneuve devant le roi, dans
l'appartement de Mme de Pompadour; 24 mars, p. 223, *l'Anglais à
Bordeaux* est joué à la cour à Versailles ; 25 mars, p. 223, plusieurs
mots du duc de Berry et du comte de Provence ; 15 juin, p. 269,
on joue la tragédie de *Manco*, de M. Leblanc, à la cour.
Tome 2, 22 avril 1764, p. 51. Le jour de Pâques le roi entend un
sermon de l'abbé Torné; mot du duc d'Ayen à cette occasion; 2 février 1765, le père Elisée prêche devant le roi à Versailles; leçon
sévère qu'il donne au roi, 30 mai 1766.
Tome 3, p. 41, bon mot du roi à l'égard du comte de Lauraguais;
24 octobre, p. 107, le père Elisée chargé de prononcer, à Versailles,
l'oraison funèbre du dauphin.
Tome 18, p. 270, 5 janvier 1767, Mme de Boisgiron est accusée
d'avoir volé la dauphine.
Tome 3, p. 166, l'opéra de *Pandore*, de Voltaire, musique de De-
Laborde, répétés aux Menus-Plaisirs.
Tome 18, p. 282, 19 mai. Le roi s'égare à la chasse à Choisy et
arrive à Versailles passé minuit.
Tome 4, p. 18, 26 avril 1768, la troupe de comédiens d'Audinot
joue avec succès, à Versailles; p. 57, 17 juin 1768, on construit à
Versailles, au château, un théâtre pour les fêtes du mariage du
dauphin ; p. 143, 27 octobre 1768, réception à Versailles du roi de
Danemark et bons mots de ce prince ; p. 222, 25 janvier 1769,
on prépare à Versailles les fêtes pour le mariage du dauphin ;
p. 279, 31 mai 1769, table volante qui monte et redescend dans une
salle à manger que l'on place à Trianon ; p. 288, 8 juin 1769,
modèle du reposoir élevé rue Dauphine, exposé rue de la Paroisse.
Tome 19, p. 91, 10 juin 1769, le roi arrête la liste des pièces qui
doivent être jouées cet hiver à Versailles.
Tome 4, p. 355, 1er septembre 1769, le duc de Fronsac présente
au roi l'Académie française à Versailles.
Tome 19, p. 128, 10 novembre 1769, à un souper avec le roi,
Mme Du Barry fait une plaisanterie contre le duc de Choiseul.
Tome 19, p. 154, 11 février 1770, bon mot du duc de Noailles sur
l'abbé Terrai.

Tome 5, p. 80, 12 février 1770, on répète *Athalie*, pour jouer cette tragédie sur le nouveau théâtre du château de Versailles.

Tome 19, 22 février 1770, on joue à Versailles, sur le théâtre de la ville, la tragédie de *Gaston et Bayard*, de Du Belloy.

Tome 5, p. 86, 25 et 26 février 1770, la salle de l'opéra du château est achevée; on doit y représenter, pour le mariage du dauphin, *Athalie*, *l'Inconnu* et les opéras de *Castor et Pollux* et de *Persée*; p. 93, 9 mars 1770, vers à Mme Du Barry; p. 105, 26 mars 1770, on répète sur le théâtre de l'opéra de Versailles; on y fait manœuvrer des chevaux de la petite écurie; p. 106, 27 mars, on ajoute pour Mlle Clairon, *Tancréde*, aux pièces qu'on doit jouer à la cour; p. 110, 5 avril, bon mot dit au roi par M. le duc de Noailles sur M. le duc d'Aiguillon; p. 129, 29 avril, Mme Du Barry protectrice de Mlle Dumesnil, veut que le rôle d'*Athalie* soit joué à Versailles alternativement par elle et Mlle Clairon; p. 138, 18 mai, on joue à Versailles devant la dauphine l'opéra de *Persée*; *id.*, magnificence des appartements de Versailles et du festin royal le jour du mariage de la dauphine.

Tome 19, p. 185. et t. 5, p. 139, 23 mai 1770, répétition d'*Athalie* sur le théâtre du château et anecdote à ce sujet.

Tome 19, p. 186, 28 mai 1770, bal masqué au château de Versailles, anecdote sur M. de Choiseul.

Tome 5, p. 146, 10 juin, on représente à la cour l'opéra de *Castor et Pollux*; p. 148, éloge en vers de la dauphine et épigramme contre Mme de Noailles; p. 152, 18 juin, les spectacles de la cour se terminent par *Tancréde* et *la Tour enchantée*.

Tome 19, p. 192, 24 juin 1770, quelques détails sur la *Tour enchantée*.

Tome 5, 18 juillet 1770, on joue sur le théâtre de la cour, à Versailles, *Sémiramis* et *l'Impromptu de campagne*; Mlle Dumesnil y paraît avec une robe donnée par Mme Du Barry; p. 174, 5 août 1770, la dauphine donne une médaille d'or à Carlin, de la comédie italienne, pour le plaisir que son jeu lui a fait; *id.*, 7 août, vers faits à Versailles par une femme de 20 ans, le 16 juillet 1770; p. 206, 30 septembre 1770, description de la belle voiture, nommée *Vis-à-Vis*, que vient de faire faire Mme Du Barry.

Tome 19, p. 222, 9 octobre 1770, on vend la voiture de Mme Du Barry qui avait coûté 50,000 francs; vers satiriques sur Mme Du Barry.

Tome 5, p. 249, 17 janvier 1771, *Pater* adressé au roi.

Tome 19, p. 259, 22 février 1771, on répète aux Menus-Plaisirs les spectacles que l'on doit donner au mariage du comte de Provence.

Tome 5, p. 301, 22 avril 1771, bon mot du duc de Nivernais à Mme Du Barry; 24 avril, p. 302, on répète pour le mariage du comte de Provence la *Reine de Golconde*, opéra, la tragédie d'*Œdipe*, la *Fée Urgèle* et l'opéra de *Linus*; p. 312, 19 mai 1771, portrait de la comtesse de Provence et mot du dauphin et du comte d'Artois sur leur belle-sœur; p. 314, 21 mai 1771, gentillesse de la dauphine avec le comte de Provence; p. 372, 18 septembre 1771, on expose à Versailles le buste de la dauphine par Lemoine.

Tome 21, 30 septembre 1771, Mme Du Barry fait obtenir à Ledoux, son architecte, une place qui lui rapporte 8,000 francs de rentes.

Tome 21, p. 290, 21 octobre 1771, Mme Du Barry charge Greuze de faire son portrait en pied.

Tome 6, p. 16, 22 octobre 1771, anecdote sur Mme Du Barry à l'occasion du portrait de Charles Ier placé dans sa chambre.

Tome 21, p. 290, Mme Du Barry se mêle de la direction de la Comédie-Française.

Tome 21, p. 301, 2 janvier 1772, vers en l'honneur de Mme Du Barry.

Tome 6, p. 102, 28 janvier 1772, Mme Du Barry fait placer chez elle deux tableaux de Vernet et lui donne 50,000 francs; p. 107, 3 février 1772, le sieur Liegeon présente au roi et à Mme Du Barry le plan d'une nouvelle salle de spectacle.

Tome 24, p. 241, 30 octobre 1772, ouvrage imprimé à Versailles dans le bâtiment des affaires étrangères.

Tome 6, p. 287, 23 décembre 1772, Mlle Guimard reçoit 1,500 livres de pension de Mme Du Barry et du roi, pour avoir dansé dans un petit ballet à Versailles; p. 301, 10 janvier 1773, le roi présente Mlle Raucour à la dauphine et à Mme Du Barry; p. 318, 29 janvier 1773, Mlle Raucour joue plusieurs fois à la cour, Mme Du Barry l'exhorte à être sage.

Tome 24, p. 276, 1er mars 1773, Mme Du Barry donne une fête dans son pavillon de l'avenue de Paris, à Versailles; p. 278, 3 mars 1773, plaisanterie à l'occasion de la fête donnée par Mme Du Barry.

Tome 6, p. 357, 16 avril 1773, par un édit donné à Versailles, le roi supprime l'office de roi des ménétriers; p. 373, mot spirituel de La Martinière, premier chirurgien du roi, adressé à Louis XV.

Tome 7, p. 33, chanson faite contre Mme Du Barry, attribuée à son beau-frère.

Tome 24, p. 328, 18 août 1773, Voltaire écrit à Mme Du Barry une lettre qui fait grand bruit à la cour et à la ville.

Tome 7, 29 septembre 1773, p. 71, les comédiens français jouent chez la dauphine la *Partie de chasse de Henri IV*; p. 73, 2 octobre 1773, détails des fêtes qu'on doit donner à Versailles pour le mariage du comte d'Artois; p 87, 31 octobre 1773; le sieur Torré est chargé du feu d'artifice qui doit être tiré à Versailles pour le mariage du comte d'Artois; p. 50, 6 novembre 1773, trait de bonté de Madame envers une de ses dames, à Versailles; p. 95, 17 novembre 1773; on joue à Versailles l'opéra d'*Isménor*; p. 97, 20 novembre 1773, description du banquet royal; p. 98, 21 novembre 1773, le feu d'artifice manque; p. 100, 24 novembre 1773, le roi soupe dans les appartements de Mme Du Barry; le marquis de Chauvelin, l'un des invités, y meurt d'une attaque d'apoplexie.

Tome 27, p. 128, 30 novembre 1773, analyse de l'opéra d'*Isménor*, de Desfontaines, joué à Versailles.

Tome 7, p. 106, 1er décembre 1773, on joue à Versailles l'opéra de *Bellérophon*.

Tome 27, p. 138, 4 décembre 1773, aventure arrivée au sieur Quinquet et au sieur Maton au bal masqué du château de Versailles; p. 139, 6 décembre 1773, on joue à Versailles l'opéra de *Sabinus*, paroles de Chabanon, musique de Gossec; p. 142, 9 décembre 1773, le duc de Brissac embrasse Mme Du Barry devant le roi; p. 144, 10 décembre 1773, Mme Du Barry recherche l'amitié de la comtesse d'Artois.

Tome 7, p. 110, 12 décembre 1773, on a joué à Versailles *Ernelinde*; on va y jouer *Céphale* et *Procris*, de Marmontel, musique de Grétry.

Tome 27, p. 149, 14 décembre 1773, Mme Du Barry fait construire son grand hôtel de l'avenue de Paris.

Tome 7, p. 114, 33 décembre 1773, *Ernelinde* est de Sedaine et la musique de Philidor; 26 décembre, l'opéra d'*Issé* est joué à Versailles; la musique est de Destouches; p. 139, 4 février 1774, épitre à Margot, contre Mme Du Barry, qui lui a été lue; elle est de Dorat; p. 144, 9 février, Grignon, ordinaire de la musique du roi, meurt à Versailles le 30 janvier; c'est le dernier musicien qui ait joui de l'office de roi et maître des ménétriers du royaume.

Tome 27, p. 195, 15 février 1774, querelle entre le dauphin et le comte d'Artois.

Tome 7, p. 174, 3 avril 1774, Mme Du Barry fait venir Piccini d'Italie, pour l'opposer à Gluck que protége la dauphine; p. 179, 11 avril 1774, Mme Du Barry donne 50,000 livres pour payer les dettes du danseur Dauberval.

Tome 27, p. 246, 24 avril 1774, l'hôtel de Mme Du Barry, à Versailles, est presque achevé; elle y va établir un aumônier en titre; p. 249, 29 avril 1774, lettre de remerciements de Dauberval à Mme Du Barry.

Tome 7, p. 194, plaisanterie contre l'archevêque de Paris, à l'occasion de la maladie du roi.

Dictionnaire pittoresque et historique, par Hébert. Paris, C. Hérissant, 1766. 2 vol. in-12.

Voir ce qu'on dit de Versailles et de Trianon.

Mozart à Versailles en 1763. — Dans : Vie de Mozart, par Stendhal. 1 vol. in-12.

Voir p. 221, il touche l'orgue de la chapelle du château en présence de la cour.

Observations sur Versailles. — Dans : Lettres de milady Wortley Montague. Londres et Paris, Ve Duchesne, 1783. In-12.

Voir p. 316, 365.

Prières et Instructions à l'usage de la confrérie de la dévotion au Sacré-Cœur de Jésus établie en l'église

royale et paroissiale de Versailles sous l'autorité de Mgr l'archevêque de Paris et sous les auspices de la reine, avec l'office de la fête. Paris, G. Vallègre, 1743. 1 vol. in-12.

Mme de Pompadour et la cour de Louis XV au milieu du xviiie siècle, suivi du catalogue des tableaux originaux, dessins et miniatures vendus après la mort de Mme de Pompadour, du catalogue des objets d'art et de curiosité de M. de Marigny, et de documents inédits sur le théâtre des petits cabinets, avec un portrait gravé d'après le pastel de Latour et le fac-simile d'une lettre, par E. Campardon. Paris, Plon, 1867. In-8°.

Les dernières Amours de Mme Du Barry, par Mme la comtesse Dash, précédées d'une notice sur les maîtresses de Louis XV, par Paul de Saint-Victor. Paris, Plon, 1864. In-8°.

Les Maîtresses de Louis XV, par Edmond et Jules de Goncourt. Paris, Didot, 1860. 2 vol. in-8°.

Mme la comtesse Du Barry, par Capefigue. Paris, Amyot, 1858. In-12.

Cotillon III, Jeanne Bequs, comtesse Du Barry, par Georges d'Heilly. Paris, Faure, 1867. In-12.

Journal du Siége du fort de Montreuil et du camp de Porchefontaine, près Versailles, avec le plan du fort et du camp, et quelques morceaux de poésie. Paris, G. Cavelier, 1722. In-12.

Mémoires du comte de Maurepas, rédigés par Sallé, son secrétaire et publiés par Soulavie aîné. Paris, Buisson, 1792. 3e édition, 4 vol. in-8°.

Voir t. 1er, p. 82, cérémonial de la cour au mariage du prince de Conty.

Tome 3, p. 131, lit de justice tenu à Versailles; p. 301, coiffure des femmes et leur costume; p. 312, paniers portés par les dames de la cour.

Tome 4, p. 22, sur l'étiquette de la cour; p. 24, carnaval de 1739 à Versailles; p. 94, maison de Mme la dauphine; p. 154, aventure galante à Versailles; p. 201, gentillesses des pages ; p. 236 le chanteur Farinelli à Versailles; p. 255, la reine au premier jour de l'an.

Mémoires du duc de Luynes sur la cour de Louis XV (1735-1758), publiés par L. Dussieux et Eud. Soulié. Paris, Didot, 1860-65. 17 vol. in-8°.

Revue rétrospective. Paris, Fournier. 1833. 12 vol. in-8°.

Voir t. 1er, p. 357, assassinat de Louis XV et supplice de Damiens.
Tome 4, p. 438, chronique du règne de Louis XV, 1742-1743; t. 5, p. 25, 213, 376; t. 4, p. 385, le marquis de Mirabeau à Versailles.
Tome 5, p. 5, lettre du Dauphin, fils de Louis XV; p. 474, fusées à la congrève essayées sur le canal de Versailles en 1759.
Tome 9, p. 264, 272, le parlement à Versailles en 1732.
Tome 10, p. 13, 20, 187, mort du duc d'Anjou, deuxième fils de Louis XV; p. 190, duel entre deux chevau-légers; p. 367, conseils tenus à Versailles ; p. 375, le parlement appelé à Versailles ; p. 395, 400, folle arrêtée dans la chapelle du château à Versailles.
Tome 11, p. 23, le parlement à Versailles après la mort de Louis XIV; p. 269, le roi Stanislas à Versailles; p. 276, retour du roi à Versailles.
Tome 12, p. 99, le Dauphin présente la serviette au roi ; p. 122, femme assassinée à Versailles.

Mémoires d'ouvrages faits à l'hôtel de Monsieur à Versailles. 1773. Man. In-f°.

Etat des recettes et dépenses des domaines de Versailles et Marly, ensemble des officiers et domestiques employés sous les ordres de M. le comte de Noailles, gouverneur desdits lieux. 1746. Man. In-12.

Journal et Mémoires de Charles Collé, nouv. édit., par Honoré Bonhomme. Paris, Didot, 1868. 3 vol. in-8.

Voir t. 1er, p. 3, la *Sémiramis* de Voltaire jouée à Versailles; p. 29, les surprises de l'amour de *Gentil-Bernard*, musique de Rameau, représentées sur le théâtre des petits appartements; p. 35, mot de Louis XV après la représentation du *Catilina de Crébillon*; p. 40, mot du maréchal de Saxe; p. 44, ballet donné sur le théâtre de Mme de Pompadour; p. 308, la Seine ayant débordé, on ne peut venir à Versailles par le chemin ordinaire ; p. 417, on montre à Versailles un automate parlant.
Tome 2, p. 323, on représente à Versailles *Dupuis et Desronais*, comédie de Collé.

Tome 3, p. 96, on représente à Versailles la *Partie de Chasse de Henri IV*, de Collé.

Journal et Mémoires de Mathieu Marais, sur la régence et le règne de Louis XV (1715-1737), publiés pour la première fois, d'après le manuscrit de la bibliothèque impériale, par M. de Lescure. Paris, Didot, 1864. 4 vol. in-8°.

Voir t. 2, p. 274, le prince Charles visite Versailles; p. 278, voyage du roi à Versailles; p. 294, baux des maisons de Versailles; p. 297, le roi vient s'établir à Versailles; p. 299, le roi passe l'hiver à Versailles ; p. 319, débauches de la cour; p. 350, attaque du fort de Montreuil, près de Versailles ; p. 407, le roi fait partir de Versailles la maîtresse de Bontemps.
Tome 3, p. 73, le roi revient de Trianon à Versailles; p. 84, le roi fait ôter à la messe les carreaux aux ducs ; p 109, cérémonie des cordons bleus ; p. 431, la revue à Saint-Cyr ; p. 432, divers changements à Versailles ; p. 491, le roi Stanislas à Versailles ; p. 502, le duc de Bourbon à Versailles.
Tome 4, p. 73, feu d'artifice à Versailles ; p. 168, Bachelier est nommé inspecteur des châteaux, parc et gouvernement de Versailles ; p. 314, on tient un grand conseil à Versailles ; p. 407, lit de justice tenu à Versailles; p. 444, le duc d'Anjou a la petite vérole à Versailles ; p. 447, 47 membres du parlement dînent et couchent à Versailles et le roi leur donne audience le lendemain.

Voyage de Madame et de Mme Victoire. Lunéville Messuy. In-12.

Description abrégée d'une horloge d'une nouvelle invention pour la juste mesure du temps sur mer, par Henri Sully, directeur de la fabrique d'horlogerie fondée à Versailles par le Régent. Paris, Briasson, 1726, In-4°.

Voir p. 97, 101, 264, expériences diverses faites à Versailles.

Fêtes de Versailles, 1767. Lits de justice tenus à Versailles, 1756, 1759. Atlas. In-f°.

Paris et Versailles. Journal anecdotique de 1762 à 1789, publié par C. Hippeau. Paris, Aubry, 1869. In-8°.

Voir p. 4, mot de Louis XV en mettant une paire de lunettes pour lire son éloge dans les bureaux de la Guerre à Versailles ; p. 84, sermon hardi prêché à Versailles; p. 87, festin royal auquel prend part Mme Du Barry.

Mesdames de France, filles de Louis XV, par Ed. de Barthélemy. Paris, Didier, 1870. In-8°.

Vie du Maréchal de Lowendal, par le marquis de Sinety. Paris, Bachelin Deflorenne, 1867. 2 vol. in-8°.

Voir t. 1ᵉʳ, p. 201, souper chez la reine; p. 208, sa réception comme chevalier du Saint-Esprit ; p. 285, conférence pour la campagne de 1747.
Tome 2, p. 152, 298, conversations avec le roi.

Œuvres de M. et Mᵐᵉ Favart, leur vie, par lord Pilgrimm ; Mᵐᵉ Favart et le maréchal de Saxe, par Léon Gozlan. Paris, E. Didier, 1853. 1 vol in-12.

Voir *Journal de Favart*, p. 220, 12 décembre 1761, une partie des troupes de comédiens de la foire de Saint-Germain joue à Versailles ; p. 230, 11 novembre 1761, la moitié de la troupe de l'Opéra-Comique de Paris joue à Versailles ; la petite Nessel et Clairval y ont un grand succès; p. 267, 5 mars 1765, Goldoni à Versailles, aimable réception que lui font le dauphin, la dauphine et Madame Adélaïde; p. 291, 10 juin 1770, fête de Versailles à l'occasion du mariage de Marie-Antoinette avec le dauphin, depuis Louis XVI.

La reine Marie Leckzinska, par Mᵐᵉ la comtesse d'Armaillé, née de Ségur. Paris, Didier, 1870. 1 vol. in-12.

Voir p. 103, diverses anecdotes sur la bonté de la reine; p. 113, sa piété ; p. 145, dévouement de la reine pendant la maladie du roi à Metz; p. 150, mort de Mᵐᵉ de Châteauroux; affliction de Louis XV; p. 155, Mᵐᵉ de Pompadour est présentée à la cour; p. 164, la reine conserve le faste de la cour de Louis XIV; p. 179, la reine fait établir dans la chapelle de Versailles un autel en l'honneur du Sacré-Cœur de Jésus-Christ; p. 184, mort de Marie Leckzinska à Versailles.

4° RÈGNE DE LOUIS XVI.

Mademoiselle de Sassenay, histoire d'une grande famille sous Louis XVI, par Mᵐᵉ E. Thuret. Paris, Didier, 1867. 2 vol. in-12.

Voir t. 1ᵉʳ, p. 152, 161, 316, détails sur l'intérieur du château de Versailles sous Louis XVI.

Versailles sous Louis XVI. — Dans : 2ᵉ vol., p. 75,

de *la Vigie de Koat-Ven,* par Eugène Sue. Paris, Vimont, 1833. 4 vol. in-8°.

Les Soirées de l'automne et les épanchements de l'amitié, par C.-F.-X. Mercier. Paris, J. Girouard, 1785. 2 tomes en 1 vol. in-12.

Voir t. 1er, p. 115, promenade au cavalier Bernin.
Tome 2, p. 109, lettre de Versailles du 19 août 1785.

Lettre des laboureuses de la paroisse de Noisy, près Versailles, à la reine. Noisy, 1775. 1 vol. in-f°.

Cette lettre n'est autre chose qu'une critique des énormes coiffures de plumes que portaient les femmes de la cour, et des habits de soie dont s'habillaient les hommes.

Histoire de la Révolution française, par Th. Carlyle, traduit de l'anglais par Elias Regnault et Odysse Barot. Paris, Germer-Baillière, 1865. 3 vol. in-12.

Voir 1er vol., p. 172, procession des Etats généraux à Versailles; p. 210, réunion des députés au Jeu-de-Paume; p. 320, dîner des gardes-du-corps dans la salle de l'Opéra; p. 332, journées des 5 et 6 octobre 1789.

L'Observateur anglais ou Correspondance secrète entre milord All'eye et milord All'ear. Londres, J. Adamson, 1777, 1785. 10 vol. in-12.

Voir t. 1er, p. 12, sur le roi et la famille royale; ce qu'a coûté le palais; p. 22, conversation entre Louis XV et le curé de Saint-Louis à l'occasion des valets du roi qui n'étaient pas payés; p. 28, trait d'esprit de Louis XV lors de la mort du dauphin; p. 32, manière dont le curé de Brétigny fut nommé confesseur de Louis XV en 1764; p. 40, acte de fermeté du dauphin (Louis XVI) à l'égard de Mme Du Barry et de courtisanes amenées au château par Laborde, valet de chambre du roi; p. 42, anecdote à l'occasion d'une grille que fit faire le dauphin (Louis XVI); p. 44, conversation entre le comte d'Artois et le comte de Provence à l'occasion du mariage de celui-ci; p. 47, le comte d'Artois, par plaisanterie, paraît couvert devant Louis XV; p. 198, le 31 décembre 1771, le roi remet la barette au cardinal de La Roche-Aymond, dans la chapelle du château de Versailles; p 241, au jour de l'an on fait une exposition des porcelaines de Sèvres dans la galerie de Versailles; p. 317, deux lettres de Louis XVI à Turgot, écrites à l'occasion de l'émeute de Versailles le 2 mai 1775.
Tome 2, p. 122, l'évêque de Tarbes prend dans sa voiture, **sans**

les connaître, deux nymphes dont la voiture venait de casser en revenant de Versailles.

Tome 3, p. 7, détail sur la salle de l'Opéra de Versailles ; *le Connétable de Bourbon*, de Guibert, y est représenté pour les fêtes du mariage de Madame Clotilde, en 1775 ; p. 9, le roi paraît peu content de cette représentation ; p. 13, chanson satyrique à cette occasion ; p. 15, à la suite de cette tragédie, on exécute le ballet de *Médée et Jason*, de Noverre ; p. 239, lit de justice tenu à Versailles le 12 mars 1776.

Tome 5, p. 80, gentilhomme secouru par le comte de Provence ; p. 173, M. de la Chalotais est mandé à Versailles à l'occasion d'un arrêt du parlement.

Tome 6, p. 10, empoisonnement commis à Versailles par Desrues le 12 février 1777 ; p. 137, arrivée de l'empereur d'Autriche à Versailles ; p. 133, il habite l'hôtel du *Juste*, rue du Vieux-Versailles ; p. 143, étonnement de l'empereur dans sa visite à Versailles ; p. 146, sa vie à Versailles ; p. 166, rapports de l'empereur avec l'abbé de l'Epée ; il le prône à Versailles et excite la reine à aller le voir.

Tome 7, M. Gabriel, architecte de la nouvelle salle de Versailles.

Tome 8, p. 23, la chevalière d'Eon paraît pour la première fois en femme à Versailles avec la croix de Saint-Louis ; p. 220, la comtesse d'Artois accouche le 26 janvier 1778 d'un prince nommé duc de Berrry.

Tome 9, p. 119, grossesse de la reine ; p. 130, la reine choisit pour son accoucheur le sieur Vermont ; p. 138, mauvaise réputation de l'accoucheur de la reine ; p. 252, le duc de Chartres rend compte au roi, à Versailles, du combat d'Ouessant.

Tome 10, p. 310, anecdotes sur le sieur Vermont, accoucheur de la reine ; p. 314, accouchement de la reine ; la reine est en danger ; saignée du pied faite par Vermont qui la sauve.

Anecdotes échappées à l'observateur anglais et aux mémoires secrets, en forme de correspondance, pour servir de suite à ces deux ouvrages. Londres, J. Adamson, 1788. 3 vol. in-12.

Voir t. 1er, p. 11, levée des scellés au château de Versailles, après la mort de Louis XV en 1774 ; p. 19, l'Anglais Sutton vient administrer son remède à Louis XV pendant sa petite vérole ; les médecins s'y opposent ; p. 20, intrigues à Versailles pendant la maladie de Louis XV ; p. 116, discussion entre M. de Maurepas et M. Turgot à Versailles ; p. 123, cadeau fait par Louis XVI à la comtesse d'Artois à l'occasion de sa grossesse ; p. 132, grossesse officielle de la comtesse d'Artois ; p. 144, aventure scandaleuse arrivée à un bal de la reine ; p. 174, on prend à la cour le vêtement à la Henri IV ; p. 187, aventure arrivée à Versailles à Mme Bêche, femme d'un musicien du roi, et vers faits à cette occasion ; p. 190, la reine porte des panaches de deux à trois pieds de hauteur ; p. 233, aventure arrivée à Mme de Monthion dans l'antichambre de la reine ; p. 260, conversation entre le roi et M. Du Muy, à l'occasion de la nomination de M. de Fitz-James comme maréchal de France ; p. 292, on abat les arbres du parc de Versailles en 1775 ; p. 295, émeute à Versailles à l'occasion de la cherté des grains, le 3 mai 1775 ; p. 301, lit de justice tenu à Versailles, le 4 mai 1775; p. 308, suite de l'émeute ; p. 311, vers contre M. de Maurepas à l'occasion de l'émeute de Versailles.

Tome 3, p. 13, M. de Maurepas fait un calembour sur les souliers verts de la reine ; p. 37, explication de l'aventure arrivée au bal de la reine l'année passée ; p. 54, anecdote sur Lacroix, secrétaire de Turgot ; p. 63, vers et bon mot de M. de Malesherbes au premier chirurgien La Martinière ; p. 102, rougeole des princes, juin 1776; p. 196, vive discussion entre M. le comte d'Artois et le comte de Saint-Germain, à l'occasion du changement des uniformes; p. 282, fièvre miliaire du contrôleur général.

Soirées de S. M. Louis XVIII, recueillies et mises en ordre par M. le duc de ***. Paris, Werdet, 1835. 2 vol. in-8°.

Voir t. 1er, p. 50, amusements de Monsieur à Versailles ; p. 64, la société Polignac à Versailles ; p. 74, anecdotes sur Versailles; p. 107, chronique galante de la cour de Louis XVI ; p. 180, récit d'une explication qu'eut le duc d'Orléans avec la reine Marie-Antoinette à Trianon ; p. 218, récit d'un jour de séjour à Trianon; p. 248, récits fantastiques sur Versailles ; p. 265, colloque entre Monsieur et la reine ; p. 294, aventure galante à Versailles ; p. 306, les soirées de bouts-rimés à Versailles ; p. 320, détails sur les causes qui déterminèrent le départ de M. le comte d'Artois de la cour, après le 14 juillet 1789 ; p. 362, la forge royale ; conversation de Louis XVI et de Monsieur, après le 14 juillet 1789.

Les Adieux de Marie-Thérèse-Charlotte de Bourbon. Almanach pour l'année 1796, par d'Albins. Bâle, 1796. 1 vol. in-18.

Voir anecdotes de la cour de Versailles avant la Révolution ; p. 4, premier accouchement de Marie-Antoinette ; p. 5, baptême de Mme la duchesse d'Angoulême ; p. 7, une sentinelle refuse les entrées de l'appartement de la nourrice.

Vente des arbres des jardins de Versailles. Voir une affiche de 1774 : De par le roi et M. le comte d'Angiviller, on fait savoir que le jeudi 15 décembre 1774, il sera procédé à la vente et adjudication des bois de haute futaie, de ligne, de décoration et taillis en massifs, dont sont plantés les jardins de Versailles et de Trianon. In-4° en feuilles.

Placard indiquant les conditions et précautions lors de la coupe du parc de Versailles, en 1774, et sa replantation l'année suivante.

Mes Loisirs ou *Journal d'un Bourgeois de Paris*, de 1766 à 1790. — Dans : Nouvelle revue encyclopédique publiée par MM. Didot frères, 1847, 1848. In-8°.

Voir t. 5, p. 444, maladie de Louis XVI, sa cause ; p. 445, paroles du roi à l'archevêque de Paris ; p. 447, placard contre le roi affiché à Versailles ; p. 639, Benjamin Franklin, Deane et Arthur Lee, députés des Etats-Unis sont présentés au roi à Versailles.

Détails et anecdotes sur la cour de Louis XVI à Versailles. — Dans : Mémoires du comte Alexandre de Tilly, pour servir à l'histoire des mœurs de la fin du xviiie siècle. Paris, Le Normant, 1828. 3 vol. in-8°.

Voir t. 1er, p. 20, Versailles, portrait de la reine ; p. 31, comédie présentée aux acteurs de Versailles ; p. 45, jeune actrice de Versailles ; p. 62, un marchand de tableaux de Versailles ; p. 72, représentation de *Tancrède* à Versailles ; p. 79, mariage à Saint-Louis ; p. 97, Dorat et le Désert, près Versailles ; p. 108, rencontre à l'hôtel du *Juste*, à Versailles ; p. 118, rendez-vous dans la rue de l'Orangerie ; p. 138, M. de Polignac à l'hôtel Fertisson, rue des Bons-Enfants ; p. 144, Mme de Polignac au château et la reine à Trianon ; p. 229, le duc de Mouchy, gouverneur de Versailles ; p. 238, M. de Tilly et la reine.

Tome 2, p. 107, sur la reine et sa conduite à Versailles ; p. 123, Mme d'Angiviller à Versailles ; p. 140, M. de Tilly cherche à voir la reine à Versailles ; p. 143, il quitte Versailles ; p. 291, querelle à l'Œil-de-Bœuf.

Tome 3, p. 8, dispute à Versailles entre M. de Tilly et M. d'Aiguillon.

Mémoires historiques du règne de Louis XVI, depuis son mariage jusqu'à sa mort, par J.-L. Soulavie aîné. Paris, Treuttel et Wurtz, 1801. 6 vol. in-8°.

Voir sur Versailles, t. 2, p. 44, amour de Louis XVI pour la chasse ; p. 64 et 65, la reine à Versailles ; p. 106, gageure du duc de Chartres à Versailles ; p. 290, émeute à Versailles en 1774 ; p. 295, une poissarde va chez la reine ; p. 296, le 5 mai le parlement reçoit l'ordre d'aller à Versailles.

Tome 3, p. 15, le 24 septembre 1775, l'archevêque de Toulouse va à Versailles.

Tome 4, p. 87, cabinet du château où Necker voyait M. de Maurepas ; p. 309, l'empereur Joseph II à Versailles ; p. 343, cabinet de Louis XVI à Versailles.

Tome 6, p. 11, l'archiduc Maximilien à Versailles ; p. 20, les agents des puissances étrangères surveillés à Versailles ; p. 27, la comtesse Jules de Polignac à Versailles ; p. 40, la reine à Trianon ; p. 51, dépenses de la reine à Versailles ; p. 54, *Te Deum* chanté à Versailles; p. 71. affaire du collier; p. 81, explication de cette affaire ; p. 152, Louis XVI visite la tombe de Mme de Vergennes à Versailles; p. 257, le duc de Dorset, à Versailles ; p. 312, le peuple de Versailles chez Necker après la séance royale; p. 313, les troupes à Versailles en 1789 ; p. 319, mouvements du peuple à Versailles.

Faits concernant Versailles pendant le règne de Louis XVI. — Dans : Louis XVI, par le vicomte de Falloux. Paris, Delloye, 1840. 1 vol. in-8°.

Voir p. 3, naissance de Louis XVI; p. 5, son enfance; p. 10, mot du duc de Berry ; p. 18, livre imprimé par le dauphin à Versailles; p. 30, mariage du dauphin à Versailles ; p. 37, état de Versailles ; p. 38, mariage du comte de Provence et du comte d'Artois à Versailles; p. 45, mort de Louis XV ; p. 66, pendant l'hiver de 1775, le roi fait travailler les ouvriers dans le parc ; p. 86, émeute à Versailles en 1774; p. 95, Marie-Antoinette à Trianon; p. 107, Franklin à Versailles; p. 112, l'empereur Joseph II à Versailles ; p. 125, fête à Versailles pour la naissance du dauphin; p. 128, intérieur de Louis XVI à Versailles; p. 130, la reine joue la comédie à Versailles; p. 137, affaire du collier; p. 174, ouverture des Etats généraux à Versailles en 1789; p. 195, Mirabeau à Versailles; p. 302, régiments appelés à Versailles; p. 24, journée du 17 juillet 1789; p. 220, repas des gardes-du-corps ; p. 461, Mounier et l'assemblée des Etats généraux à Versailles.

Correspondance littéraire, philosophique et critique de Grimm et Diderot, depuis 1753 jusqu'en 1790. Paris, Furne, 1829. 16 vol. in-8°.

Voir ce qui concerne Versailles au t. 7 ; p. 6, fêtes de Versailles à l'occasion du mariage de Louis XVI et de Marie Antoinette ; inauguration de la salle de l'Opéra et représentations qui y furent données; p. 280, fêtes de Versailles à l'occasion du mariage du comte de Provence.
Tome 8, p. 326, détails sur la mort de Louis XV.
Tome 10, p. 321, relation des fêtes données à Trianon en 1780 ; p. 420, l'abbé Maury prêche le carême à Versailles devant le roi ; bon mot du roi à l'issue d'un de ses sermons.
Tome 14, p. 337, ouverture des Etats généraux à Versailles, le 5 mai 1789; description de la salle des Etats et de la séance d'ouverture.

Dispute entre les procureurs et les huissiers de Versailles sur les fonctions de leurs charges. — Dans : Causes célèbres. Paris, 1781. In-12.

Voir t. 12, p. 171, vol. 41.

Le Ballon de Versailles, expérience du 19 septembre 1783. Paris, 1784. 1 vol. in-8°.

Voir p. 77, de l'Art de voyager dans les airs ou les Ballons, contenant les moyens de faire des globes aérostatiques suivant la méthode de MM. de Mongolfier et suivant les procédés de MM. Charles et Robert.

Expérience faite à Versailles, le 19 septembre 1783, en présence du roi et de la famille royale, par M. Mongolfier, avec une machine aérostatique de 57 pieds de hauteur sur 41 de diamètre, par Faujas de Saint-Fond. Paris, Cuchet, 1783. 1 vol. in-4°.

Voir p. 36, description des expériences de la machine aérostatique de MM. de Mongolfier et de celles auxquelles cette découverte a donné lieu.

Détails sur les petits appartements du roi, en 1788, et sur les travaux de Louis XVI. — Dans : Tableau de Paris, par Mercier. Amsterdam, 1782 et années suivantes. 12 vol. in-8°.

Voir t. 9, p. 38.

Histoire de Louis XVI, précédée d'un aperçu sur le gouvernement de France, depuis Louis XIV jusqu'à nos jours. Hambourg, 1802. 2 vol. in-12.

Tome 2, p. 23, on trouve ce qui regarde l'histoire du collier; p. 92, procession et ouverture des Etats généraux; p. 113, séance du Jeu-de-Paume; p. 124, journées des 5 et 6 octobre 1789.

Marie-Thérèse et **Marie-Antoinette**, par Mme la comtesse d'Armaillé, née de Ségur. Paris, Didier, 1870. 1 vol. in-12.

Voir p. 98, mariage de Marie-Antoinette à Versailles; bal et fête dans le parc; p. 117, la famille royale à Versailles; p. 122, Mme Adélaïde et ses sœurs au château; p. 138, Mme Du Barry et Marie-Antoinette; p. 214, Marie-Antoinette à Trianon; p. 222, l'archiduc Maximilien à Versailles; p. 231, Mme de Lamballe et la reine; p. 233, la comtesse Jules de Polignac; p. 241, Mme Elisabeth s'attache à la reine; p. 256, l'empereur Joseph à Versailles; p. 302, chansons contre la reine jetées dans l'Œil-de-Bœuf; p. 304, premier accouchement de la reine; accidents qui se manifestent à la suite.

La Vie de Mme Elisabeth, sœur de Louis XVI, par A. de Beauchesne; ouvrage enrichi de deux portraits gravés en taille douce, sous la direction de Henriquel Dupont, par Morse et Emile Rousseau, de fac-simile, d'autographes et de plans, et précédé d'une lettre de Mgr Dupanloup, évêque d'Orléans. Paris, H. Plon, 1869. 2 vol. in-8°.

Voir t. 1er, p. 114, l'envoyé de l'empereur de Maroc présenté à Mme Elisabeth; p. 116, le 5 mai 1777, représentation de *Castor et Pollux* sur le théâtre de l'Opéra du château; p. 158, arrivée à Versailles des commissaires américains Benjamin Franklin, Arthur Lee et Silas Deane; p. 206, le roi achète la maison de Montreuil pour Mme Elisabeth; p. 214, bienfaits de Mme Elisabeth; p. 247, les jardiniers de Montreuil sont effrayés de la quantité de vers blancs; p. 294, mariage de Jacques Bosson, le vacher de Mme Elisabeth, connu sous le nom de *Pauvre Jacques.*

Tome **2**, p. 500, maison de Mme Elisabeth; p. 503, manufacture d'horlogerie établie dans la maison de Mme Elisabeth; p. 504, vente de la maison de Mme Elisabeth; p. 527, pièces diverses concernant Mme Elisabeth; p. 533, meubles de l'appartement de Mme Elisabeth au château de Versailles en 1787; p. 575, documents relatifs à la maison de Mme Elisabeth, sise au Grand-Montreuil.

Voir tout ce qui s'est passé à Versailles à l'occasion de l'affaire du collier. — Dans : Procès du cardinal de Rohan, recueil de pièces, 1786. 1 vol. in-4°.

Description de Versailles en 1779. — Dans : Dictionnaire historique de la ville de Paris et de ses environs, par Hurtaut et Magny. Paris, Moutard, 1779. 4 vol. in-8°.

Voir t. 4, p. 782.

Compliments des marchandes de marée de Paris, à l'occasion de la naissance de Mgr le Dauphin, prononcés par la dame Houdon, le 5 novembre 1781, à Versailles. Paris, Delormel, 1781. In-4°.

Voir la 5° pièce du recueil.

Description des diverses routes qui conduisent à Versailles et des lieux qui s'y rencontrent. — Dans : Itinéraire portatif ou Guide historique et géographique du voyageur dans les environs de Paris, à quarante lieues à la ronde. Paris, Nyon, 1781. 1 vol. in-12.

Voir p. 33, 235.

Itinéraire portatif ou Guide historique et géographique du voyageur dans les environs de Paris, à quarante lieues à la ronde, par Denis. Paris, Nyon, 1781. 1 vol. in-12.

Voir ce qui regarde Versailles, 1ʳᵉ partie, p. 34 et 235.

Table des Observations faites à Versailles, sous les yeux du roi, quatre fois par jour, pendant l'année 1786 (Météorologie), par le P. Cotte. Paris, Imprimerie royale, 1788. 2 vol. in-4°.

Voir p. 586 et le 1ᵉʳ tableau par ordre des latitudes au mot Versailles.
Tome 2, voir Mémoires sur la météorologie pour servir de suite et de supplément au *Traité de Météorologie,* publié en 1774.

Mendicité de Versailles et de Saint-Germain. Sens, Vᵉ Tarbé, 1788. 1 vol. in-4°.

Voir p. 180, le procès-verbal des séances de l'Assemblée provinciale de l'Ile-de-France, tenues à Melun en novembre et décembre 1787.

Eloge historique de Mᵐᵉ Elisabeth de France, suivi de plusieurs lettres de cette princesse, par Ant. Ferrand. Paris, Vᵉ Desenne, 1814. 1 vol. in-8°.

Voir p. 41, ce qui regarde la maison de Madame à Montreuil ; p. 137, 150, 154, sur le même sujet ; p. 60, les journées des 5 et 6 octobre 1789 ; p. 148, ce qui regarde Mᵐᵉ de Raigecourt.

Vie de Marie-Thérèse de France, fille de Louis XVI, par Alf. Nettement. Paris, Designy et Dubey, 1843. 1 vol. in-8°.

Voir p. 12, ce qui regarde Mᵐᵉ Elisabeth ; p. 17, sa maison de Montreuil ; p. 22, la reine à Trianon ; p. 32, naissance de la duchesse d'Angoulême ; p. 46, sa maladie à Versailles ; p. 49, son éducation à Versailles ; p. 52, son mariage.

Quelques détails sur les premières années de Louis XVII à Versailles. — Dans : Mémoires historiques sur Louis XVII, suivis de fragments historiques recueillis au Temple, par M. de Turgy, etc., par Eckard. Paris, Nicolle, 1818. 1 vol. in-8°.

Voir de la page 1ʳᵉ à la page 16.

Education du Dauphin, fils de Louis XVI
(Louis XVII) et ses premières années à Versailles, par
Éckard. Paris, H. Nicolle, 1818. 1 vol. in-8°.

Voir p. 6, 10, Mémoires historiques sur Louis XVII, roi de France
et de Navarre, suivis de fragments historiques recueillis au Temple
par M. de Turgy, et de notes et pièces justificatives.

Quelques faits ayant rapport au Dauphin, fils de
Louis XVI (Louis XVII), pendant son séjour à Ver-
sailles. — Dans : l'Enlèvement et l'existence actuelle de
Louis XVII, démontrés chimériques, par Eckard. Paris,
Ducollet, 1831, Delaunay, 1835. 1 vol. in-8°.

Page 40, même vol., réplique à une réponse évasive ; p. 15, remarque sur un écrit posthume de Peuchet, intitulé : *Recherches pour
l'exhumation du corps de Louis XVII* ; p. 8, on y a joint, comme
preuve historique, un portrait de ce prince.

Mémoire sur l'origine et l'administration de la manufacture de dentelles, établie pour l'instruction des enfants pauvres de Versailles, en 1776, et sa destruction
en 1791. Man. In-f°.

Mémoires inédits de Mme la comtesse de Genlis, sur
le XVIIIe siècle et la Révolution française, depuis 1756
jusqu'à nos jours. Paris, Ladvocat, 1825. 10 vol. in-8°.

Tome 5, p. 129, séjour de Mme de Genlis à Versailles et diverses
étiquettes observées au château de Versailles.
Tome 10, p. 264, 289, 341, 382, 386, Dictionnaire des étiquettes
de la cour, etc.

Première municipalité de Versailles, 1787.
Man. In-f°.

Contenant : 1° le règlement fait par le roi pour la fourniture et
la composition de l'assemblée municipale de la ville de Versailles
en novembre 1787 ;
2° Noms des membres composant la municipalité ;
3° Mémoire sur les droits d'entrée ;
4° Projet à consulter pour la première délibération du corps
municipal de la ville de Versailles ;
5° Distribution du travail de la première municipalité.

Tableau des membres de la maison philanthropique
établie à Versailles, au mois de mai 1786, 1787. 1 vol.
in-12.

Règlement pour l'infirmerie royale de Versailles, approuvé par le roi et arrêté par les ordres de Sa Majesté, le 24 août 1788. Versailles, Ph.-D. Pierres, 1788. 1 vol. in-4°.

Procès-verbal de l'assemblée de notables, tenue à Versailles en l'année MDCCLXXXVII (1787). Paris, Imprimerie royale, 1788. 1 vol. in-4°.

On trouve dans ce volume le plan de la salle des Etats ainsi que la description des diverses cérémonies observées à l'ouverture.

Procès-verbal de l'assemblée de notables, tenue à Versailles en l'année MDCCLXXXVIII (1788). Paris. Imprimerie royale, 1789. 1 vol. in-4°.

On trouve dans ce volume le plan de la salle des Etats ainsi que la description des cérémonies à la séance d'ouverture des Etats.

Discours en vers à l'occasion de l'assemblée des notables en 1787. Paris, Imprimerie de Monsieur, 1787. 1 vol. in-4°.

Ordonnance pour la convocation des trois états de la prévôté et vicomté, hors des murs de Paris, du samedi 4 avril 1789, dans laquelle on trouve ce qui regarde l'élection des députés de Versailles aux Etats généraux. — Dans : Recueil d'Ordonnances concernant les Etats généraux de 1789. 1 vol. in-4°.

Liste par ordre alphabétique des bailliages et sénéchaussées de MM. les députés aux Etats généraux, convoqués à Versailles le 27 avril 1789, avec leurs diverses adresses à Versailles. Paris, Imprimerie royale, 1789. 1 vol. in-4°.

Histoire de France depuis la fin du règne de Louis XVI jusqu'à l'année 1825, par l'abbé de Montgaillard. Paris, Moutardier, 1827. 9 vol. in-8°.

Voir t. 1er, p. 1re, procession et ouverture des Etats généraux ; p. 38, séance du Jeu-de-Paume.
Tome 2, p. 143, très-longues narrations des journées des 5 et 6 octobre et de celles qui les ont précédées.

Histoire de France pendant la République, le Consulat et la Restauration jusqu'à la Révolution de 1830, par M. de Norvins. Paris, Furne, 1839. 1 vol. in-8°, formant le tome 6 de l'Histoire de France, par Anquetil.

Voir p. 58, ouverture des Etats généraux en 1789; p. 62, serment du Jeu-de-Paume; p. 74, journées des 5 et 6 octobre.

Journal des Etats généraux, convoqués par Louis XVI, le 27 avril 1789. Paris, Devaux, 1789. 15 vol. in-8°.

Voir quelques détails sur la tenue des Etats généraux.

Récit des séances des députés des communes, depuis le 5 mai 1789 jusqu'au 12 juin suivant, époque à laquelle la rédaction des procès-verbaux a commencé. — Dans : Recueil sur les Etats généraux. 1 vol. in-8°.

Etats généraux; feuille qui rend compte de tout ce qui se passa à Versailles lors de l'ouverture des Etats généraux. In-4°.

Détails sur les divers employés des châteaux de Versailles et de Trianon. — Dans : Etat général de la France, par L.-C. comte de Waroquier. Paris, Nyon, 1789. 2 vol. in-8°.

Voir t. 1, p. 112.

Maison du roi; ce qu'elle était, ce qu'elle devrait être; examen soumis au roi et à l'Assemblée nationale. Paris, 1789. 1 vol. in-4°.

Ouvrage dans lequel on trouve beaucoup de renseignements sur Versailles et les diverses charges de la cour.

La Bonne Nouvelle; le premier valet de chambre, convaincu d'infidélité et de criminelles intelligences avec les principaux traîtres à la patrie, est chassé avec indignation. Pamphlet contre Thierry et l'abbé de Vermont. — Dans : Recueil de Pamphlets. Tome 3. In-8°.

Mes Adieux à Versailles, par un volontaire de la garde nationale de Versailles. — Dans : Recueil de Pamphlets. Paris, Cailleau. Tome 4. In-8°.

Histoire de la Révolution de France, par le vicomte Félix de Conny. Paris, Méquignon, 1834. 4 vol. in-8°.

Voir t. 1er, p. 140, ouverture des Etats généraux à Versailles ; p. 170, séance du Jeu-de-Paume ; p. 175, séance à l'église Saint-Louis ; p. 187, Versailles après la séance du 23 juin ; p. 189, illuminations ; p. 195, joie du peuple à Versailles après la réunion des trois ordres ; p. 245, éloignement des troupes de Versailles ; p. 259, voyage du roi à Paris ; p. 328, la municipalité de Versailles reçoit les employés de la réunion du café de Foy ; p. 330, état de Versailles ; p. 333, le roi entame des pourparlers avec la municipalité et la garde nationale de Versailles pour laisser arriver des troupes dans cette ville ; p. 335, on demande le régiment de Flandres ; p. 337, repas des gardes-du-corps ; p. 355, le peuple de Paris arrive à Versailles ; p. 359, attaque des gardes-du-corps dans la place d'Armes ; p. 368, arrivée de La Fayette et de la garde nationale de Paris et détails de ce qui se passe à Versailles jusqu'au départ du roi.

Tome 2, p. 355, extrait de la déposition de M. de Virieu, insérée dans la procédure instruite sur les événements des 5 et 6 octobre.

Tome 4, p. 321, liste des prisonniers d'Orléans égorgés à Versailles le dimanche 9 septembre 1792.

Commencements de la Révolution à Versailles. — Dans : Histoire populaire de la garde nationale de Paris, juillet 1789, juin 1832, par Horace Raisson. Paris, Knecht et Roissy, 1832. 1 vol. in-8°.

Voir p. 4, 34 (5 et 6 octobre).

Détails sur les premières journées de la Révolution à Versailles. — Dans : Histoire secrète de la Révolution française, par François Pagis. Paris, Dentu, 1800. 6 vol. in-8°.

Voir t. 1er, p. 85, séance du Jeu-de-Paume ; p. 88, ovation faite à Necker par le peuple de Versailles après la séance royale ; p. 95, soldats entre Versailles et Paris ; p. 110, les troupes de Paris se retirent à Versailles ; p. 137, l'Assemblée nationale accompagne le roi au château ; p. 142, le roi après son voyage à Paris ; p. 196, arrivée du régiment de Flandres à Versailles ; p. 211, journées des 5 et 6 octobre 1789.

Diverses anecdotes sur Versailles. — Dans : Mémoires récréatifs, scientifiques et anecdotiques du physicien-aéronaute E.-G. Robertson. Paris, Wurtz, 1831. 2 vol. in-8°.

Voir t. 1er, p. 37, la machine de Marly, ouvrage de Deville et de

Renkin, deux Liégeois ; p. 44, Bertholet-Flamaël peint plusieurs
tableaux pour le palais de Versailles ; p. 273, Mme de Pompadour
meurt à Versailles et est enterrée dans l'église des Capucines de
Paris ; p. 291, Giroux, maître de chapelle de Versailles, et sa veuve ;
p. 361, la d'Oliva dans les bosquets de Versailles.

Notice historique sur la vie et les travaux de S.-L.-P.
marquis de Cubières, par le chevalier A.-D.-J.-B. Challan. Paris, Huzard, 1822. 1 vol. in-8°.

Voir p. 4, ce qui a rapport à Versailles ; p. 9, anecdote sur la
bonté de Louis XVI ; p. 11, détails intimes sur les journées des 5 et
6 octobre 1789 ; p. 13, anecdote sur le 15 juillet 1789 ; p. 18-22,
quelques détails sur la prison des Récollets en 1794 ; p. 44, détails
sur la pépinière de M. de Cubières, rue de Maurepas.

Description abrégée de Versailles. — Dans : Nouveau tableau historique et géographique de la France,
divisée par généralités ou intendances, par Lecomte.
Paris, Froullé, 1789. 1 vol. in-8°.

Voir p. 14, la description.

Etablissement de moulins à vent à Versailles,
1789. Man. In-f°.

Versailles en 1789. — Dans : Considération sur
les principaux événements de la Révolution française,
ouvrage posthume de Mme la baronne de Staël, publié
par le duc de Broglie et le baron de Staël. Paris, Delaunay, 1818. 3 vol. in-8°.

Voir t. 1er, p. 184, ouverture des Etats généraux le 5 mai 1789,
p. 225, des événements causés par la séance royale du 23 juin 1789 ;
p. 332, des événements des 5 et 6 octobre.

Discours prononcé dans l'église Notre-Dame de
Versailles, le 30 septembre 1789, par M. Ducis, secrétaire ordinaire de Monsieur, l'un des quarante de l'Académie française, à la bénédiction des drapeaux donnés par le roi à la garde nationale de cette ville.
Versailles, Imprimerie royale, 1789. 1 vol. in-8°. —
Dans : Recueil de pièces. 1 vol. in-8°.

Procès-verbal de l'assemblée de la garde bourgeoise de Versailles, du 24 août 1789, à l'occasion d'un
don patriotique offert au roi à l'occasion de sa fête. In-4°.

Histoire de la garde nationale ; récit complet de tous les faits qui l'ont distinguée, depuis son origine jusqu'en 1848, par E. de Labédollière. Paris, Dumineray, 1848. 1 vol. in-12.

Page 21, réunion des troupes entre Versailles et Paris en 1789 ; p. 45, formation de la garde nationale de Versailles ; p. 53, Louis XVI donne mille fusils à la garde nationale de Versailles ; p. 56, journées des 5 et 6 octobre.

La Conduite des gardes-du-corps dans l'affaire qui se passe à Versailles les 5 et 6 du courant (octobre), par le chevalier de Fougères. — Dans : Recueil de pamphlets. Tome 3. In-8°.

Justification des gardes-du-corps du roi et détail très exact de ce qui leur est arrivé à Versailles, par le chevalier de Comeyras, — Dans : Recueil de pamphlets, 1789. Tome 3. In-8°.

Procès-verbal de l'assemblée générale des saints martyrs : confesseurs, anges, chérubins, séraphins, etc., qui a eu lieu en paradis, le 15 novembre 1789, pamphlet dans lequel on fait le récit des journées des 5 et 6 octobre 1789 à Versailles. — Dans : Recueil de pamphlets. Tome 2. In-8°.

Précis historique de la conduite des gardes-du-corps du roi (5 et 6 octobre 1789), par les gardes-du-corps du roi. Paris, Girouard. — Dans : Recueil de pamphlets. Tome 2. In-8°.

Ouvrez donc les yeux! Pamphlet dans lequel se trouvent racontées les journées des 5 et 6 octobre 1789 à Versailles. — Dans : Recueil de pamphlets. Tome 2. In-8°.

Hommage à la mémoire des braves gardes-du-corps, massacrés à Versailles, à l'affreuse époque des 5 et 6 octobre 1789, par de Cléry. — Dans : Recueil de pamphlets. Paris, Goujon, 1789. Tome 2. In-8°.

Miséricordia! ou Discours et situation du comte

d'Estaing, commandant alors des troupes de la garde nationale de Versailles, le 5 octobre 1789, par M. d'Arragon. — Dans : Recueil de pamphlets. Paris, Debray, 1789. Tome 4. In-8°.

Récit en vers de ce qui s'est passé à Versailles aux journées des 5 et 6 octobre 1789. — Dans : Recueil de pièces. In-8°.

Voir t. 3, les Crimes de Paris, poème.

Récit des journées des 5 et 6 octobre 1789 à Versailles. — Dans : Histoire généalogique et chronologique de la maison royale de Bourbon, par N.-S. Achaintre. Paris, Mansut, 1825. 2 vol. in-8°.

Voir t. 2, p. 188.

Récit des scènes des 5 et 6 octobre 1789 à Versailles. Paris, Lebègue, 1814. 1 vol. in-8°.

Voir p. 48, captivité de saint Louis II et son martyre; contenant les journées des 5 et 6 octobre 1789, du 10 juin et du 10 août 1792; élégie par le chevalier de Loizerolles.

Quelques faits sur Versailles et particulièrement sur les 5 et 6 octobre 1789. — Dans : Dernières années du règne et de la vie de Louis XVI, par Fr. Hue. Paris, Imprimerie royale, 1814. 1 vol. in-8°.

Voir p. 14, ouverture des Etats généraux ; p. 41, séance royale ; p. 49, club breton à Versailles ; p. 59, troupes rapprochées de Versailles ; p. 67, le roi fait retirer les troupes ; p. 74, propos tenu contre le roi ; p. 84, voyage du roi à Paris et retour à Versailles ; p. 104, le roi sanctionne les décrets de l'Assemblée ; p. 108, le régiment de Flandres, les chasseurs des Trois-Evêchés et les hussards de Berchiny à Versailles ; p. 117, journées des 5 et 6 octobre 1789.

Pièces justificatives du rapport de la procédure du Châtelet, sur l'affaire des 5 et 6 octobre, fait à l'Assemblée nationale, par Charles Chabroud, membre du Comité des rapports. Paris, Baudouin, 1790, et déclaration de M. Lecointre, négociant, lieutenant-colonel, commandant la première division de la garde nationale de Versailles au Comité de recherches de la municipalité de Paris, avec toutes les pièces justificatives, et sa réponse au discours prononcé par M. de Bonnay, sous-lieutenant des gardes-du-corps, à la tribune de l'Assemblée nationale, à la suite du rapport fait par M. Chabroud, de la procédure du Châtelet, sur l'affaire des 5 et 6 octobre 1789. — Dans : Recueil des pièces sur la Révolution. Paris, Delaguette, 1790. 1 vol. in-8°.

Appel au tribunal de l'opinion du rapport de M. Chabroud, et du décret rendu par l'Assemblée nationale, le 2 octobre 1790 ; examen du mémoire du duc d'Orléans et du plaidoyer du comte de Mirabeau, et nouveaux éclaircissements sur les crimes des 5 et 6 octobre 1789, par Mounier. Genève, 1790. 1 vol. in-8°.

Les Forfaits du 6 octobre ou Examen approfondi du rapport de la procédure du Châtelet, sur les faits des 5 et 6 octobre 1789, fait à l'Assemblée nationale, par M. Charles Chabroud, de Vienne en Dauphiné, député de cette province à l'Assemblée nationale et membre du Comité des rapports, suivi d'un précis historique de la conduite des gardes-du-corps. 1790. 2 vol. in-8°.

Procédure criminelle instruite au Châtelet de Paris, sur la dénonciation des faits arrivés à Versailles dans la journée du 6 octobre 1789, imprimé par ordre de l'Assemblée nationale. Paris, Baudouin, 1790. 1 vol. in-8°.

Observations sur les principes que j'ai soutenus dans l'Assemblée nationale, par Mounier. — Dans : Recueil de pièces. Tome 4. In-8°.

Dans cet écrit, l'auteur revient sur les événements des 5 et 6 octobre 1789.

Faits relatifs à la dernière insurrection, à l'occasion des événements des 5 et 6 octobre 1789, par Mounier. — Dans : Recueil de pièces. Tome 4. In-8°.

Evénements de Versailles, depuis l'ouverture des Etats généraux, jusqu'après les journées des 5 et 6 octobre 1789. — Dans : Histoire de la Révolution fran-

çaise, depuis 1789 jusqu'en 1814, par F.-A. Mignet.
Paris, F. Didot, 1824. 1 vol. in-8°.

Voir p. 35, 53, 58, 82, 88, 118.

Détails sur ce qui s'est passé à Versailles dans les
premiers temps de la Révolution, et en particulier aux
journées des 5 et 6 octobre 1789. — Dans : Histoire de
la Révolution française, par A. Thiers. Paris, Furne.
10 vol. in-8°.

Voir t. 1, p. 36, 42, 44, 61, 62, 65, 67, 78, 80, 160, 309, 339.

Mémoire sur les moulins à bras de Versailles. 1790.
Man. In-f°.

Discours prononcé devant MM. les électeurs de
Seine-et-Oise, pendant la messe solennelle du Saint-
Esprit, chantée dans l'église royale de Saint-Louis de
Versailles, le 17 mai 1790, jour de l'ouverture de l'Assemblée électorale de ce département, par M. Jacob,
curé de ladite paroisse, dont l'impression a été votée et
arrêtée par ladite Assemblée. Versailles, Ph.-D. Pierres,
1790. In-4°.

Discours prononcé à l'ouverture de l'Assemblée de
la cinquième section de la commune de Versailles, pour
l'élection d'un nouveau corps municipal, le 8 février 1790,
par M. Vauchelle, élu président de cette section. Versailles, Ph.-D. Pierres, 1790. In-4°.

Discours prononcé par M. Fredin, citoyen actif,
scrutateur de la sixième section de la ville de Versailles
et premier lieutenant de la seconde compagnie comman-
dée par M. le chevalier de Robart, du 4° bataillon du
quartier Notre-Dame, à la séance de cette section du
mercredi 10 février 1790. Versailles, Ph.-D. Pierres.
In-4°.

Discours de M. Jolly, capitaine d'infanterie, président de la cinquième section de la commune de Versailles, pour la députation de cette section qui a fait part
à la dixième du discours d'ouverture de M. Vauchelle,

son ancien président, le 17 février 1790. Versailles, Ph.-D. Pierres. In-4°.

Discours prononcé par M. Dubuat, avocat, citoyen actif de Versailles et lieutenant-colonel des chasseurs de Clermont-Tonnerre, faisant la seconde division de la garde nationale de Corbeil, à la séance de la sixième section du mercredi 17 février 1790. Versailles, Ph.-D. Pierres, 1790. In-4°

Discours du maire (Coste), à la commune de Versailles, assemblée le dimanche 7 mars 1790, pour l'inauguration de la municipalité et la prestation générale du serment civique. Versailles, Ph.-D. Pierres, 1790. In-4°.

Instruction pour l'élection des juges de paix dans l'étendue du district de Versailles. Versailles, 1790. Imprimerie du Département. In-4°.

Adresse des marchands de vins, aubergistes et limonadiers, à MM. les maires et officiers municipaux de la ville de Versailles, 1790. Versailles, Ph.-D. Pierres, 1790. In-4°.

Discours de M. Challan, procureur général du département de Seine-et-Oise, à l'ouverture de l'Assemblée électorale tenue pour la nomination d'un évêque en l'église Notre-Dame de Versailles, le 5 décembre 1790. Versailles, Imprimerie du Département, 1790. In-4°.

Discours prononcé par M. Savary, président d'âge et élu président de l'Assemblée du département de Seine-et-Oise pour la nomination de l'évêque de ce département. Versailles, Imprimerie du Département, 1790. In-4°.

Discours prononcé par M. Jean-Julien Avoine, curé de Gomecourt, élu évêque du département de Seine-et-Oise le 7 décembre 1790, le 8 dudit mois, lors de sa proclamation en l'église de Notre-Dame de Versailles. Versailles, Imprimerie du Département, 1790. In-4°.

Réplique à un libelle de François-Thomas-Michel Charbonnier, jeune homme de loi et avoué au tribunal du district de Versailles, par J.-B. Lecointre. Versailles, de l'Imprimerie patriotique de J.-B. Lecointre, 1791. 1 broch. in-8°.

Notes sur *Giroust*, surintendant de la musique du roi Louis XVI. Man. In-f°.

Notice historique sur les armoiries de la ville de Versailles, par Sainte-James de Gaucourt. Versailles, Montalant-Bougleux, 1842. In-8°.

Dépenses de plomberie faites au château de Versailles, dans l'appartement de M. Loiseleur (côté du Midi), 1784, 1792. Man. 1 vol. in-f°.

Mémoires secrets pour servir à l'histoire de la République des lettres en France, depuis 1762 jusqu'à nos jours (1785), ou Journal d'un Observateur, par Bachaumont. Londres, J. Adamsohn, 1777. 29 vol. in-12.

Tome 27, p. 256, 4 mai 1774, mort du roi Louis XV; le nouveau roi Louis XVI part de Versailles pour Choisy; p. 257, 11 mai 1774, on met de la chaux vive dans le cercueil de Louis XV et on répand des odeurs par tout le château; p. 260, 14 mai 1774, on enlève le cadavre du feu roi, sans cérémonies, pour le porter à Saint-Denis; p. 261, anecdote de Louis XV et de la fille d'un menuisier à Trianon; p. 265, 21 mai 1774, détails sur ce qui s'est passé dans la chambre de Louis XV avant sa mort; p. 269, 23 mai 1774, le roi donne Trianon à la reine pour en faire une maison de plaisance; p. 279, 8 juin 1774, le roi assiste, à Versailles, à la levée des scellés; p. 280, 8 juin 1774, la reine donne à dîner au roi dans le Petit-Trianon.

Tome 7, p. 219, le marquis de Caraman propose à la reine d'arranger le jardin du Petit-Trianon.

Tome 27, p. 341, 7 septembre 1774, impromptu fait par Monsieur à la reine à l'occasion d'un éventail qu'il avait cassé.

Tome 7, p. 286, 19 décembre 1774, la reine donne des bals chez elle tous les lundis; p. 291, 25 décembre 1774 (voir le supplément pour les années 1774 et 1775) le reine admet des demoiselles dans ses bals; p. 299, 10 janvier 1775, aventure de deux jeunes seigneurs à un bal de la reine; p. 300, 13 janvier 1775, suite de l'aventure du bal de la reine; p. 308, 28 janvier 1775, bal costumé chez la reine; p. 313, 9 février 1775, on présente à la reine un automate qui dessine.

Tome 8, p. 11, 19 avril 1775, Louis XV faisait la cuisine ; le dauphin faisait du plain-chant ; le roi actuel fait de la serrurerie.

Tome 30, p. 244, 3 mai 1775, émeute à Versailles à l'occasion de la cherté du pain ; p. 251, 5 mai 1775, ordonnance contre les attroupements affichée dans Versailles ; p. 253, 6 mai 1775, lit de justice tenu à Versailles ; p. 260, 10 mai 1775, un valet de chambre du comte d'Artois pris dans l'émeute de Versailles et condamné à être pendu ; p. 266, 12 mai 1775, conseils tenus à Versailles pour arrêter la fermentation du peuple.

Tome 8, p. 59, 29 mai, Mesdames royales restent seules à Versailles pendant le sacre du roi ; p. 85, 9 juin 1775, le duc de Choiseul vient faire sa cour à Versailles.

Tome 30, p. 298, 11 juin 1775, suppression de l'imprimerie des affaires étrangères de Versailles.

Tome 8, p. 94, 16 juin, la reine implore le roi pour une injustice faite au sieur Torré.

Tome 30, p. 306, 21 juin 1775, anecdote sur Louis XVI et Grau, son valet de chambre ; p. 322, 8 juillet 1775, les six corps des marchands de Paris complimentent le roi à genoux.

Tome 30, 23 juillet 1775, le comte d'Artois quitte toutes les nuits Versailles pour faire la cour à une dame de Mme la duchesse de Chartres au Palais-Royal.

Tome 8, p. 143, trait de bonté de la reine à l'égard du jeune Duché ; p. 152, 3 août 1775, mot de Guimard, concierge du château de Versailles, adressé au roi ; p. 154 et 155, réflexion du comte d'Artois sur la grossesse de sa femme ; p. 158, 7 août, accouchement de la comtesse d'Artois ; p. 160, joie du comte d'Artois d'avoir un fils ; p. 164, 11 août, on fait des réparations au château de Versailles ; trait de bonté du roi envers une jeune fille de la campagne ; 18 août, on donne à Versailles le *Connétable de Bourbon*, par Guibert ; 19 août, l'impératrice d'Autriche renvoie à Marie-Antoinette le portrait qu'elle avait envoyé, où sa tête était chargée de plumes, en disant que c'était le portrait d'une actrice ; 13 août mariage de Mme Clotilde ; p. 185, la reine chagrine de ne pas avoir d'enfants ; 18 septembre, p. 214, Mme de Marsan de retour à Versailles de son voyage à Turin ; 20 septembre 1775, p. 217, Mme de Lamballe prête serment comme surintendante de la maison de la reine ; 4 octobre, p. 228, un officier revenu de l'Inde présente à la reine un palanquin ; p. 239, 16 octobre, M. de Vergennes, nommé ministre de la guerre, vient visiter les bureaux à Versailles ; p. 263, 1er novembre 1775, M. le comte de Saint-Germain vient à Versailles aux bureaux de la guerre ; p. 270, 4 novembre, la faculté décide que le roi doit subir une opération afin d'avoir des enfants ; p. 271, 5 novembre, légèreté du comte d'Artois ; p. 277, 8 novembre, le roi retarde encore de quelques jours l'opération conseillée par la faculté ; p. 286, 13 novembre, la reine porte une robe couleur puce qui devient à la mode ; plus tard, Monsieur ayant dit qu'une robe que portait la reine était de la couleur de ses cheveux, toutes les dames voulurent des étoffes de cette couleur ; p. 289, 14 novembre, mot contre les femmes d'un certain âge attribué à la reine ; p. 293, 20 novembre, on répand à Versailles les anecdotes sur Mme Du

Barry; p. 303, 23 novembre, reproches de la reine au comédien Brizard sur son jeu au théâtre de la cour; p. 310, les bals de Versailles ont lieu chez Mme de Lamballe; p. 320, 5 décembre, les bals de la cour sont interrompus par un rhume de la reine.

Tome 9, p. 37, 31 janvier 1776, le froid est très-violent; le roi reçoit tous les jours les observations thermométriques faites par Cassini; p. 54, 21 février, on répand à la cour d'affreux couplets sur la reine et sur ses rapports avec Mme de Lamballe; p. 69, 6 mars, il circule à Versailles de nouveaux couplets sur la reine encore plus infâmes que les premiers; p. 80, 24 mars 1776, M. de Fénelon et M. de Fontenilles font le pari à qui irait le plus vite de Paris à Versailles en cabriolet; p. 101, 24 avril, propos de la reine au roi; p. 193, 27 juillet, le roi fait venir à Versailles le prieur des Chartreux et achète 132,000 livres les tableaux de la vie de saint Bruno, de Lesueur; p. 201, 6 août, on joue à Trianon la parodie d'*Alceste*; p. 310, 30 novembre, le duc de Chartres, le duc de Lauzun et le marquis de Fitz-James parient 200 louis à qui ferait le plus tôt, à pied, le chemin de Paris à Versailles; p. 319, 9 décembre, les bals de la reine recommencent à Versailles.

Tome 10, p. 10, 13 janvier 1777, les bals de la reine continuent, mot de la reine à ce sujet; p. 82, 23 mars, réponse de M. Thierry de Ville-d'Avray au roi à l'occasion de ses travaux de serrurerie; p. 114, 17 avril, on va donner sur le théâtre du château *Castor et Pollux* pour l'arrivée de l'empereur; p. 123, 23 avril, Desrues convient qu'il a empoisonné, à Versailles, le fils de Mme de La Motte; p. 132, 1er mai, mot du comte de Falkenstein à Versailles; p. 138, 6 mai, on joue à Versailles *Castor et Pollux*; p. 164, 11 juin, on donne à Versailles l'opéra-comique de *Orgon dans la lune*; p. 211, 8 août, la reine donne des fêtes au roi à Trianon; p. 226, le roi refuse une fête que voulait lui donner la reine à Trianon à cause de la dépense; p. 236, 7 septembre, le roi accepte enfin une fête que lui donne la reine au Petit-Trianon; p. 314, 23 novembre, présentation au roi de la chevalière d'Eon.

Tome 11, 9 janvier 1778, la princesse et la reine font des courses en traîneau; p. 102, l'ambassadeur du Maroc assiste au bal de la reine.

Tome 13, p. 6, 5 juin 1778, Mlle de Montausier et la troupe d'acteurs de Versailles vont jouer à Marly; p. 19, 16 juin, l'opéra-bouffon joué devant Leurs Majestés; p. 92, août 1778, manière dont la reine annonce au roi sa grossesse; p. 140, 1er octobre, la reine établit des jours chez elle; p. 191, 18 novembre, la reine ne sort plus de ses appartements depuis sa grossesse; p. 196, 24 novembre, on vole au jeu de la reine; p. 227, 18 décembre, quelques mots grossiers de Vermont, accoucheur de la reine; p. 231, 20 décembre, le roi envoie un message à Paris après l'accouchement de la Reine.

Tome 12, 11 janvier 1779, p. 292, deux traits de bonhomie du roi; p. 294, 12 janvier 1779, observation de Monsieur au baptême de la fille du roi; p. 323, 7 février, le roi couche avec la reine; p. 341, 25 février, aventure du roi et de M. de Narbonne à un bal chez la reine.

Tome 14, p. 28, 17 avril 1779, la reine commande au joaillier de

la Couronne une paire de girandoles en diamant de un million;
p. 37, 27 avril 1779, amitié de la reine et de Mme Jules de Polignac; p. 81, 31 mai 1779, la reine honore d'une distinction particulière Mlle Bertin, sa marchande de modes; p. 145, 27 juillet 1779, Madame obtient enfin de Monsieur des preuves de son
amour; p. 174, 17 août 1779, le Robinia de la Chine fleurit à
Trianon; p. 179, 22 août 1779, le roi refuse encore les fêtes de
Trianon; p. 200, 12 septembre 1779, on chante un *Te Deum* à Versailles, à l'occasion du combat naval de M. d'Estaing contre l'amiral
Byron; p. 211, 23 septembre 1779, les comédiens de l'Ecluse
jouent devant la reine à Versailles *les Battus payent l'amende*;
p. 368, 31 décembre 1779, M. Dillon est présenté au lever du roi.

Tome 15, p. 17, 10 et 11 janvier 1780, le comte d'Estaing soupe
avec Leurs Majestés; p. 91, 12 mars 1780, la reine fait jouer dans
sa chambre le jeu de *Tire en jambe*; p. 124, 9 avril 1780, on arrête
à Versailles M. de Paradès; p. 124, 10 avril 1780, l'abbé d'Espa-
gnac qui devait prêcher devant le roi le Jeudi-Saint, reçoit l'ordre
du roi de ne point prêcher; p. 140, 18 avril 1780, la reine et sa
famille jouent au jeu du *Décampativos*; p. 154, 29 avril 1780,
nouvelle preuve d'amitié de la reine pour Mme Jules de Polignac;
p. 203, 12 juin 1780, le comte d'Artois apprend à Trianon à dan-
ser sur la corde; p. 227, 26 juin 1780, depuis sa dernière couche,
la reine perd ses cheveux; p. 253, 20 juillet 1780, aventure scandaleuse arrivée à Mme de Balby; p. 323, 15 septembre 1780, discussion entre la reine et Madame au sujet de Mme de Balby;
p. 334, 20 septembre 1780, la reine joue la comédie à Trianon
avec le comte d'Artois.

Tome 16, p. 7, 28 septembre 1780, Monsieur ne veut pas que
Madame joue la comédie avec la reine; p. 16, 6 octobre 1780; la
reine joue la comédie devant les gardes-du-corps; p. 32, 20 octobre 1780, Michu, de la comédie italienne, donne des leçons à la
reine pour jouer l'opéra comique; p. 48, 2 novembre 1780, la
santé de la reine ne lui permet pas de jouer la comédie; p. 105,
13 décembre 1780, Mme de La Borde de Vismes est nommée dame
du lit de la Reine.

Tome 17, p. 62, 7 février 1781, la Faculté va à Versailles pour
demander la grâce du docteur Hallot; p. 91, 18 février 1781, le
vent renverse la grille du château de Versailles; p. 104, 14 mars
1781, l'abbé Maury prêche devant le roi à Versailles; p. 122,
1er avril 1781, le fils de Rochambeau vient prendre les ordres de
la reine avant de partir pour l'Amérique; p. 139, 17 avril 1781,
le roi achète pour la reine une rivière de diamants de 750,000
livres qui avait été faite pour Mme Du Barry; p. 160, 30 avril 1781,
l'abbé Maury parle de politique dans ses sermons devant le roi;
p. 208, 25 mai 1781, le roi et la reine paraissent affligés de la démission de M. Necker; p. 228, 4 juin 1781, mot de M. de Marmontel à Versailles à propos de la disgrâce de Turgot; p. 269,
23 juin 1781, discussion entre la prévôté de l'hôtel et le bailliage
de Versailles; p. 280, 30 juin 1781, bon mot du comte d'Artois à
l'occasion de la grossesse de la reine; p. 347, 3 août 1781, on prépare des fêtes à Trianon pour le comte de Falkenstein; p. 353,
7 août 1781, le neveu du comte de Grasse apporte à Versailles deux

pavillons de Tabago; p. 360, 11 août 1781, mot du roi en recevant les drapeaux de Tabago; p. 362, 13 août 1784, conversation du comte de Falkenstein et du comte d'Estaing dans l'Œil-de-Bœuf.

Tome 18, p. 32, 8 septembre 1781, discussion entre Mlle Bertin, marchande de modes de la reine et Mlle Picot, sa première ouvrière, dans la galerie de Versailles; p. 39, 11 septembre 1781, Sacchini assiste aux fêtes de Trianon, à la représentation d'*Iphigénie*, de Gluck; p. 45, 14 septembre 1781, M. Genet, chef du bureau des interprètes, meurt à Versailles; p. 54, 17 septembre, l'Académie de peinture accorde le 2e prix de peinture à Victor-Maximilien Potain de Versailles; p. 71, 27 septembre 1781, on admire le tableau, les *Adieux de Coriolan à sa femme*, peint par Aubry de Versailles; p. 94, 15 octobre 1781, bruit de la grossesse de Madame; mot de Monsieur à ce sujet à la reine; p. 103, 22 octobre 1781, la reine accouche d'un fils; p. 111, 26 octobre 1781, détails de ce qui s'est passé à la naissance du dauphin; p. 120, 29 octobre 1781, les serruriers présentent une serrure d'or; quand on l'ouvre, il sort un dauphin; p. 134, 6 novembre 1781, les dames de la halle font un compliment au roi sur la naissance du dauphin; p. 139, 7 novembre 1781, les dames de la halle sont reçues par la reine; p. 142, 8 novembre 1781, MM. de l'Eglise de Paris vont faire leur visite à Versailles; p. 152, 12 et 13 novembre 1781, maladie de M. de Maurepas à Versailles; p. 158, 16 novembre 1781, anecdote à l'occasion des visites à Versailles; p. 163, 19 novembre 1781, M. de Maurepas est administré; p. 171, 22 novembre 1781, mort de M. de Maurepas; son corps est transporté à l'Ermitage; vers à l'occasion de sa mort; p. 226, 22 décembre 1781, mot du duc d'Angoulême et réponse de son père, le comte d'Artois, sur le dauphin; p. 230, 27 décembre 1781, banquet et appartement à Versailles pour la naissance du dauphin; p. 238, 28 décembre 1781. le bal que les gardes-du-corps devaient donner à la reine retardé par la maladie de la comtesse d'Artois; p. 242, 30 décembre 1781, MM. de Choiseul et Necker viennent à Versailles après la mort de M. de Maurepas; vers à ce sujet; p. 244, 30 décembre 1781, rétablissement de la comtesse d'Artois.

Tome 20, p. 7, 2 janvier 1782, la grossesse de Madame est démentie; p. 9, 4 janvier 1782, on se dispute à la cour la confiance du roi; p. 26, 14 janvier 1782, il y a appartement, jeu et banquet à Versailles; p. 56, 30 et 31 janvier 1782, les gardes-du-corps donnent un bal à la reine; p. 62, 4 février 1782, le roi veut donner un bal comme celui des gardes; p. 109, 4 mars 1782, mort de Mme Sophie, tante du roi; p. 113, 7 mars 1782, trait de bonté du roi envers M. de Rohan, son grand aumônier; p. 136, 23 mars, affaire de Mme Montausier, du théâtre de Versailles, et le sieur de Neuville; p. 154, 2 avril 1782, continuation de l'affaire Neuville; p. 226, 5 mai 1782, on joue à Versailles la tragédie d'*Agis*, de M. Laignelot; p. 231, 6 mai 1782, le roi fait arrêter à Versailles la publication du journal de M. le comte d'Estaing; p. 265, 23 mai 1782, le comte et la comtesse du Nord sont reçus à Versailles; p. 277, 31 mai 1782, détails sur la visite du comte et de la comtesse du Nord; p. 279, autres détails; p. 297, 11 juin 1782, bal à Versailles pour le comte et la comtesse du Nord; p. 307, 21 juin 1782, départ du comte et de la comtesse du Nord.

Tome 21, 23 juillet 1782, on parle de transporter au Jardin des Plantes de Paris la Ménagerie de Versailles; p. 53, 12 août 1782, les commis de l'octroi arrêtent la voiture du contrôleur général; p. 142, 14 octobre 1782, amitié de la reine pour Mme de Guiche, fille de Mme de Polignac; p. 165, 1er novembre 1782, la reine se charge de faire elle-même l'éducation de sa fille; p. 175, 8 et 9 novembre 1782, détails sur la mort de l'éléphant de la Ménagerie de Versailles.

Tome 22, 1er janvier 1783, p. 7, le nonce va présenter au roi les langes bénis par le Pape; p. 33, 13 janvier 1783, Garat vient chanter devant la reine; p. 38, 16 janvier 1783, le roi reçoit les députés du parlement de Besançon; p. 116, 24 février 1783, on fait encore courir à la cour des couplets affreux sur la reine; p. 149, 9 mars 1783, Mme Poitrine, nourrice du dauphin, chante au roi et à la reine la chanson de Malborough; p. 153, 10 mars 1783, on parle de rebâtir une partie du château de Versailles; le roi s'y oppose et veut qu'auparavant les dettes de la guerre soient acquittées; p. 179, mars 1783, M. Defer propose un moyen d'amener la Loire et l'Eure à Versailles; p. 193, 23 mars 1783, le roi nomme valet de chambre du dauphin un nourrisson de Mme Poitrine qu'elle avait fait venir pour amuser le jeune prince; p. 203, 29 mars 1783, le roi fait attacher à l'église de Paris l'abbé de Bourbon; p. 230, 8 avril 1783, une mulâtresse, fort bien mise, attire dans la galerie de Versailles les regards de la reine et de tous les courtisans; p. 241, 13 avril 1783, continuation de l'affaire du sieur de Neuville; p. 262, 25 avril 1783, l'automate du sieur Authon joue aux échecs à la cour avec le duc de Bouillon; p. 297, 1er mai 1783, Mme Elisabeth veut se faire religieuse; p. 298, 2 mai 1783, Mme Elisabeth veut se sauver de la cour; p. 301, 3 mai 1783, la reine s'occupe activement de l'éducation de Madame royale; p. 332, 18 mai 1783, le roi se moque devant la reine des modes ridicules des femmes; p. 356, 28 mai 1783, Mme Adélaïde cherche à renverser le garde des sceaux Miromesnil.

Tome 23, p. 59, 13 juillet 1783, M. Defer propose de faire un canal navigable de Paris à Rouen et passant par Versailles; p. 23, 24 juillet 1783, la reine, Madame, la comtesse d'Artois, Mme Elisabeth et beaucoup de dames de la cour vont tous les jours pêcher à la ligne le long du canal et de la pièce d'eau des Suisses; p. 189, 19 septembre 1783, ascension du ballon de MM. de Montgolfier dans la cour du château de Versailles.

Tome 24, p. 116, 31 décembre 1783, on arrête un garde-du-corps nommé Desgranges qui se vantait d'avoir les bonnes grâces de la comtesse d'Artois.

Tome 25, 12 janvier 1784, accidents arrivés à Paris et à Versailles par suite de l'hiver rigoureux; p. 39, 15 janvier 1784, détails sur l'affaire du garde-du-corps Desgranges et de la comtesse d'Artois; p. 49, 18 janvier 1784, continuation de l'affaire du garde-du-corps Desgranges; p. 219, 22 mars 1784, affaire de M. le duc d'Aiguillon et des chevau-légers de la garde à Versailles; p. 233, 29 mars 1784, sur la demande de la reine, M. de Boufflers fait une chanson ingénieuse sur les défauts qui lui sont reprochés ; p. 242, 4 avril 1784, chanson de M. de Boufflers sur la reine ; p. 254, 9 avril 1784, la reine demande 900,000 livres à M. de Calonne pour payer ses dettes ; p. 276, 20 avril 1784, visite de M. de Suffren au roi et aux princes ; p. 295, 25 avril 1784, M. de Vermont, l'accoucheur de la reine, propose un prix de 300 livres pour le meilleur mémoire sur l'art des accouchements ; p. 333, 11 mai 1784, pour l'arrivée du roi de Suède on jouera à Versailles l'*Armide*, de Gluck, et *Athalie*, de Racine.

Tome 26, p. 30, 6 juin 1784, discussion entre le comte de Mirabeau et M. de Miromesnil à Versailles ; p. 54, 15 juin 1784, arrivée du comte de Haga à Versailles ; embarras du roi pour le recevoir ; p. 78, 24 juin 1784, enlèvement d'un aérostat dans la cour du château devant le comte de Haga ; p. 85, 29 juin 1784, représentation d'*Armide*, de Gluck, devant le comte de Haga à Versailles ; p. 89, 2 juillet 1784, discussion entre Mlle Montausier, directrice du théâtre de Versailles, et Beaumarchais ; p. 107, quelques réflexions du comte de Haga au concert et au bal de la reine ; p. 137, 25 juillet 1874, récit des opérations de Pilâtre des Rosiers pour l'enlèvement du ballon qui a eu lieu dans la cour du château ; p. 280, 17 octobre 1784, M. Framéry ajoute de la musique au dialogue du *Barbier de Séville* qui est ainsi représenté à Trianon ; p. 302, 19 octobre 1784, le roi achète Saint-Cloud pour la reine.

Tome 27, p. 56, 3 décembre 1784, le jeune Millet vient se jeter aux genoux du roi pour le prier de le délivrer du démon, parce que Mesmer l'avait ensorcelé ; p. 57, 4 décembre 1784, établissement à Versailles d'une espèce de sérail pour les pédérastes et les tribades.

Tome 28, p. 25, 8 janvier 1785, les bals de la reine recommencent ; p. 37, 14 janvier 1785, la reine s'étonne de ne point voir le duc de Chartres à ses bals ; p. 165, 24 février 1785, le roi donne six millions à la reine pour payer Saint-Cloud ; p. 176, 27 février 1785, nouvelle grossesse de la Reine ; p. 227, 19 mars 1785, le roi fait placer à Versailles le cabinet de machines que le sieur d'Auban lui a offert ; p. 257, 1er avril 1785, calembour fait à l'occasion de la facilité de l'accouchement de la reine ; p. 260, 2 avril 1785, M. Delassonne réclame contre les bulletins de la santé de la reine ; c'est à lui seul, premier médecin de Sa Majesté, à les donner ; p. 260, 3 avril 1785, détails de l'étiquette suivie à la naissance du duc de Normandie.

Tome 29, p. 5, 2 mai 1785, bon mot de la reine sur Beaumarchais ; p. 36, 17 mai 1785, on fait un petit jardin pour le dauphin sur la terrasse du château ; p. 58, 18 mai 1785, la reine voudrait acheter Ville-d'Avray ; mot du roi à ce sujet ; p. 67, la reine incommodée va à Trianon ; p. 69, 3 juin 1785, la reine, très-sensible au peu d'accueil qu'on lui a fait à Paris, s'en afflige avec le roi ; p. 201, 13 août 1785, la reine achète le domaine de la Marche ; p. 207, 16 août 1785, arrestation à Versailles du cardinal de Rohan à l'occasion de l'affaire du collier ; p. 217, on joue au Petit-Trianon le *Barbier de Séville* ; la reine fait le rôle de Rosine et le comte d'Artois celui de Figaro ; p. 239, 1er septembre 1785, le dauphin est inoculé par M. Jauberthon ; p. 257, 10 septembre 1785, le sujet des prix de peinture de cette année était *Horace tuant sa sœur Camille* ; le 1er prix a été remporté par M. Potain, de Versailles; p. 260, 12 septembre 1785, aventure arrivée à M. de Lubersac, évêque de Chartres, avec la femme d'un cocher du comte d'Artois.

Tome 30, p. 135, 19 décembre 1785, le sieur Francastel fait pour la reine un petit théâtre portatif; p. 154, 31 décembre 1785, détails sur le lit de justice tenu à Versailles le 23 décembre 1785.

SUPPLÉMENT. — Tome 29, p. 319, 27 novembre 1774, on va couper les arbres du parc de Versailles; p. 319, 27 novembre 1774, la reine court un grand danger dans un traîneau sur la glace ; elle s'en tire par sa présence d'esprit; p. 323, 6 décembre 1774, un homme tombe d'une échelle devant le roi dans ses appartements et se fracasse la tête; p. 325, 11 décembre 1774, grossesse de la comtesse d'Artois; p. 327, 25 décembre 1774, discussion entre M. Berthier et l'imprimerie royale par suite de l'établissement d'une imprimerie à Versailles à l'hôtel de la Guerre et des Affaires étrangères en 1767; p. 339, 24 janvier 1775, on propose de donner l'habillement de l'époque de Henri III aux courtisans dans les réceptions de la cour ; p. 348, 14 février 1775, le comte d'Artois fait sauter la perruque de M. de Montyon qui était entré dans sa chambre pendant qu'il était en chemise; p. 349, le premier architecte du roi, Gabriel, donne sa démission ; il est remplacé par M. Mique, premier architecte du roi de Pologne ; p. 351, 19 février 1775, le roi donne une fête, dans le salon d'Hercule, à l'archiduc Maximilien ; p. 353, 26 février 1775, le contrôleur général apporte 300,000 livres au roi pour payer les dettes de la reine; p. 355, 26 février 1775, Monsieur et le comte d'Artois donnent à l'archiduc Maximilien, dans la salle du manége de la Grande-Ecurie, une fête qui coûte 600,000 livres ; p. 356, 2 mars 1775, amitié de la reine pour Mme de Lamballe ; p. 357, 5 mars 1775, détails sur la fête donnée par les princes à l'archiduc Maximilien.

Mélanges sur Versailles et ses environs, par l'abbé Tessier, de l'Académie des Sciences, vers 1789. Man. In-4°.

Apologie des allégories de Rubens et de Lebrun, introduites dans les galeries du Luxembourg et de Versailles, par Dandré-Bardon. Paris, L. Collot. 1777. 1 vol. in-12.

Rapport des inoculations dans la famille royale au château de Marly, par de Lassoue. Paris, Imprimerie royale, 1774. 1 vol. in-4°.

Voir Histoire de l'Académie royale des sciences, année 1771, avec les mémoires de mathématiques et de physique pour la même année.

Rendez-vous de chasse du roi dans les environs de Versailles. — Dans : l'Art du Valet de Limier, par Desgraviers. Paris, Prault, 1874. 1 vol. in-12.

Mémoire sur le programme proposé par le comte d'Angivillers, relativement à la machine de Marly, septembre 1784. — Dans : Observations sur quelques objets d'utilité publique, par de Marivetz. Paris, Visse, 1786. 1 vol. in-8°, p. 164.

Description de l'aqueduc de Maintenon ; reprise des travaux ; du parti que l'on pourrait tirer de l'aqueduc de Maintenon s'il était achevé. — Dans : Observations sur quelques objets d'utilité publique, par de Marivetz. Paris, Visse, 1786. 1 vol. in-8°, p. 211.

Quelques détails sur le manége et les écuries du roi à Versailles, par Levaillant de Saint-Denis. Versailles, Blaizot, 1789. 1 vol. in-8°.

Voir p. xii, 10, 15, 111, 117, 122, 127, Recueil d'opuscules sur les différentes parties de l'équitation.

Mémoires de la baronne d'Oberkirch, publiés par le comte de Montbrison, son petit-fils, avec un fac-simile de l'écriture de S. M. Marie Féodorowna. Paris, Charpentier, 1853. In-12.

Voir dans cet ouvrage : t. 1er, p. 154, la reine accouche d'un dauphin à Versailles; p. 193, le comte du Nord à Versailles; p. 195, le comte et la comtesse du Nord présentés au roi; p. 204, spectacle à Versailles et à Trianon; p. 206, on joue l'opéra d'*Aline, reine de Golconde*, sur le théâtre du château ; p. 209, la Ménagerie de Versailles; p. 210, les petits appartements; p. 232, aventure arrivée à la cour ; p. 236, mot de la comtesse du Nord à Mme de Polignac sur Mme Elisabeth ; p. 238, on représente *Iphigénie en Aulide*, de Gluck, sur le théâtre du château; p. 271, on joue l'opéra de *Zémire et Azor* sur le théâtre de Trianon; p. 278, la reine donne un bal dans ses appartements; p. 280, le roi et toute la famille royale vont jouer au loto chez Mme la princesse de Lamballe.
Tome 2, p. 45, les carabas et les pots de chambre sur la route de Paris à Versailles ; p. 57, la reine se promène dans le parc avec sa fille; p. 98, le comte de Haga à Versailles; p. 107, Mme d'Oberkirch est présentée à la cour; p. 118, on joue sur le théâtre du château l'opéra *d'Armide* pour le roi de Suède; p. 140, détails sur le dauphin; p. 143, on enlève une montgolfière à Versailles ; p. 144, trait du dauphin; p. 145, une aventure de l'abbé de l'Epée;

p. 155, détails sur la princesse de Lamballe; p. 197, affaire du collier; p. 235, détails sur le dauphin et sur le duc de Normandie; p. 255, présentation à la cour de Mme de Marconnay; p. 298, bal chez la reine; p. 349, mot de Madame royale à Mme d'Oberkirch.

Collection complète des tableaux historiques de la Révolution française. Paris, Imprimerie de Pierre Didot, 1798. 3 vol. in-f°.

Dans le 1er vol. on trouve : 1° discours préliminaire aux tableaux de la Révolution française; assemblée des notables tenue à Versailles le 22 février 1787 ; description et gravures ;
2° Discours; lit de justice tenu à Versailles le 6 août 1787; description et gravures; 1er tableau de la Révolution, le Serment de l'Assemblée nationale, dans le Jeu-de-Paume, à Versailles, le 20 juin 1789 ; description et gravures ; 26e tableau, députation des femmes artistes présentant leurs pierreries et bijoux à l'Assemblée nationale à Versailles, le 7 septembre 1789; description et gravures ; 28e tableau, orgie des gardes-du-corps à Versailles, le 5 octobre 1789 ; description et gravures ; 30e tableau, le roi au balcon du château de Versailles promettant de venir à Paris avec toute sa famille ; salve d'artillerie sur la place d'Armes et dans les cours du château le 6 octobre 1789 ; description et gravures.

Histoire numismatique de la Révolution française ou Description raisonnée des médailles, monnaies et autres monuments numismatiques relatifs aux affaires de la France, depuis l'ouverture des Etats généraux jusqu'à l'établissement du gouvernement consulaire, par H. Paris, Merlin, 1826. 1 vol. gr. in-4°.

Voir p. 93, médailles, 6 février 1790, hommage de la garde nationale de Versailles; p. 105, médaille, 11 juillet 1790, fédération de Versailles.

Mémoires de Gohier. Paris, Bossange, 1824. 2 vol. in-8°.

Voir tome 1er, p. 426, sur le serment du Jeu-de-Paume.
Tome 2, p. 8, domaine de la Ménagerie donné à Sieyès.

Installation des juges du district de Versailles, 25 novembre 1790 ; procès-verbal. Versailles, Imprimerie de la Municipalité, 1790. In-4°.

Lettres inédites de Robespierre, par J.-A. Le Roi. Versailles, Montalant-Bougleux, 1849. In-8°.

Voir p. 173, t. 2, des Mémoires de la Société des sciences morales, des lettres et arts de Seine-et-Oise.

Collection générale des décrets rendus par l'Assemblée nationale, faisant suite à la Collection des décrets sanctionnés par le roi. Paris. Baudouin, 1791. 11 vol. in-8°.

Page 60, janvier 1791, la municipalité achète pour 1,093,474 livres 12 sols de biens nationaux.

Page 179, mai 1791, le Directoire du département de Seine-et-Oise est autorisé à se placer à l'hôtel du Grand-Veneur, sis à Versailles.

Page 166, juin 1791, il sera établi à Versailles un tribunal de commerce; p. 295, et une forte garde aux dépôts des affaires étrangères, de la guerre et de la marine qui sont établis dans cette ville.

Page 367, août 1791, l'hôtel qui était occupé à Versailles par la ci-devant compagnie des gardes de la Porte est mis au nombre des domaines nationaux et sera vendu comme tel.

Pages 47 et 291, décrets relatifs à la remise faite par le Châtelet, de la procédure instruite contre les attentats commis dans le château le 6 octobre 1789, et à l'impression de cette procédure ; p. 143, suppression du traitement du bailli de Versailles; p. 288, défense de chasser sur toutes les propriétés enclavées dans le grand et le petit parc.

Page 221, novembre 1790, Versailles aura deux juges de paix et un troisième pour les paroisses extérieures de son canton.

Page 28, décembre 1790, suppression de l'indemnité accordée à la fabrique de la paroisse Notre-Dame de Versailles ; p. 246, cette ville achète pour 408,120 livres de domaines nationaux.

Œuvres complètes de Rivarol, précédées d'une notice sur sa vie. 2ᵉ édition. Paris, L. Collin, 1808. 4 vol. in-8°.

Voir pour tout ce qui se passe à Versailles dans les premières journées de la Révolution de 1789; p. 12, ouverture des États-Généraux; p. 16, salles des Etats-Généraux; p. 23, séances du Jeu-de-Paume et de l'église Saint-Louis; p. 36, le peuple de Versailles insulte l'archevêque de Paris ; p. 38, réunion des trois ordres; p. 42, Versailles mis en défense ; p. 56, le peuple à l'Assemblée ; p. 59, Versailles alarmé du voyage du roi à Paris ; p. 138, le peuple menace le clergé de l'Assemblée ; p. 208, Paris menace de venir à Versailles ; p. 259, le peuple à Versailles en effervescence ; p. 277, le comte d'Estaing commandant de la garde nationale de Versailles ; p. 286, les poissardes à Versailles ; p. 293, le roi à la chasse le 5 octobre 1789 ; p. 365, l'Assemblée nationale quitte Versailles le 15 octobre 1789.

Histoire de Louis–Philippe–Joseph, duc d'Orléans, et du parti d'Orléans, dans ses rapports avec la Révolution française, par Tournois. Paris, Charpentier, 1842. 2 vol. in-8°.

Voir ce qui a rapport à Versailles au commencement de la Révolution : t. 1er, p. 29, le duc de Chartres est reçu froidement à Versailles par Louis XVI, après la bataille de Neerwinden; p. 45, mort du régent à Versailles; p. 48, naissance à Versailles de Louis, duc d'Orléans ; p. 58, naissance à Versailles de Louis-Philippe, duc d'Orléans ; p. 75, mariage de ce prince et de la fille du duc de Penthièvre, dans la chapelle de Versailles; p. 143, le duc d'Orléans au bal à Versailles; p. 208, ouverture des Etats-Généraux ; p. 211, séance du Jeu-de-Paume; p. 234, régiments autour de Versailles ; p. 252, Bésenval à Versailles; p. 255, Lecointre à l'Assemblée nationale ; p. 351, repas des gardes-du-corps ; p. 377, le 6 octobre 1789.

Versailles et Quiberon ou Précis historique sur le massacre des prisonniers d'Orléans, égorgés à Versailles, le dimanche 9 septembre 1792, à trois heures après midi, et sur l'expédition de Quiberon, par F.-L. Janillion. Paris, Locard et Davi, 1816. 1 vol. in-8°.

Notice sur J.-B.-C. Hanet-Cléry, dernier serviteur de Louis XVI, et sur le Journal de la Tour du Temple, suivie de quelques autres notices. Paris, Everat, 1825. 1 vol. in-8°.

Voir p. 28, trait de Richaud, maire de Versailles, par Eckard.

Voyage dans les départements de la France par une société d'artistes et de gens de lettres, département de Seine-et-Oise. Paris, Brion, 1792. 1 vol. in-8°.

Voir p. 6, une curieuse description de Versailles.

Histoire-Musée de la République française, depuis l'assemblée des notables jusqu'à l'empire, par Aug. Challamel. Paris, Challamel, 1842. 2 vol. in-8°.

Voir 1er vol., p. 5, prédiction faite à Marie-Antoinette à son arrivée à Versailles; p. 19, le 2 mai 1789, présentation des députés au roi; p. 21, ouverture des Etats-Généraux ; p. 23, les députés à la procession de la Fête-Dieu à Versailles en 1789 ; p. 25, séance royale du 22 juin 1789; p. 44, délibérations de l'Assemblée;

p. 47, le roi fait un voyage à Paris; p. 52, retour de Necker à Versailles ; p. 63, journées des 5 et 6 octobre 1789.

Mémoire tendant à remédier à la mendicité autour de Versailles. In-f°. Man.

Contenant : 1° Mémoire pour détruire la mendicité par le travail en 1793 ;
2° Moyen pour remédier à la mendicité à Saint-Cyr ;
3° Idem à Bois-d'Arcy ;
4° Idem à Viroflay ;
5° Idem à Versailles ;
6° Idem à Rocquencourt ;
7° Idem au Chesnay ;
8° Idem à Montigny-le-Bretonneux ;
9° Distribution de terres de la Liste civile par les représentants du peuple Musset et Delacroix.

Membres du club de Versailles. Paris, Imprimerie nationale, 1793. In-8°. Tome 2, p. 159.

Voir troisième Recueil, pièces imprimées d'après le décret de la Convention nationale du 5 décembre 1792, l'an premier de la République, déposées à la Convention extraordinaire des Douze, établie pour le dépouillement des papiers trouvés dans l'armoire de fer du château des Tuileries et cotés par le ministre de l'intérieur et les secrétaires, lors de la remise qu'il en fit sur le bureau de la Convention.

Discours projeté des Demoiselles de la nation de Versailles à l'Assemblée nationale. Paris, Gattey, 1790. In-8°.

Voir t. 3, n° 79, p. 8, les Actes des apôtres.

Les Actes des apôtres. Paris, Gattey, 1790. In-8°.

Voir t. 3, n° 84, p. 8, romance du Pauvre-Jacques ou la duchesse parodiant la Bergère, avec accompagnement de harpe ou piano.
Tome 5, n° 138, p. 3, lettre du maire de la Falaise, près Mantes, à la garde nationale de Versailles, en réponse à l'invitation que celle-ci avait faite à tous les habitants des villes, bourgs, villages et hameaux de son arrondissement, de venir fédérer avec elle le 11 juillet 1790.
Tome 6, n° 152, p. 1 (après la page 16), extrait de la procédure criminelle, instruite au Châtelet, de Paris, sur la dénonciation des faits arrivés à Versailles dans la journée du 6 octobre 1789.
Tome 6, n° 155, épitaphe de M. de Varicourt, tué à la porte de la Reine et enterré à Versailles.

12

On tire un coup de fusil sur une tête de Jupiter (antique) à Versailles ; rapport sur le vandalisme, par Grégoire, séance du 8 brumaire an III de la Convention nationale. Paris, 1851, 10e série. In-8°.

Voir p. 64, Bulletin du Bibliophile, publié par J. Techener.

Disette de Versailles en 1793. In-f°. Man.

Contenant : an III, 1° rapport du comité des subsistances ;
2° Autre rapport ;
3° Autres rapports.

Observations présentées aux comités de liquidation et des finances, sur le traitement définitif des pensionnaires et gagistes de la ci-devant Liste civile (par ceux de Versailles). Paris, Chemin, 1794. In-4°.

Aux Pères et Mères de famille habitant le département de Seine-et-Oise, les professeurs de l'Ecole centrale établie à Versailles. Versailles, Leblanc, an V. In-8°.

C'est le prospectus de l'Ecole centrale qui venait d'être formée.

Collection de matériaux pour l'histoire de la Révolution de France, depuis 1787 jusqu'à ce jour, bibliographie des journaux, par Deschiens. Paris, Barrois aîné, 1829. 1 vol. in-8°.

On trouve dans cet ouvrage des renseignements intéressants sur les divers journaux publiés à Versailles :
Page 123, Courrier de Versailles à Paris, 1789, in-8° ; p. 124, Courrier de Paris à Versailles, 1789, in-8° ; p. 214, Journal de la Société des Amis de la Constitution séante à Versailles, 1791, in-8° ; p. 222, Journal de Seine-et-Oise, 1823, in-f° ; p. 223, Journal de Versailles, par Regnaud de Saint-Jean-d'Angely, 1789-1790, in-4° ; p. 266, Journal du département de Seine-et-Oise, in-8°, 1er vendémiaire an V ; p. 506, anecdote sur Louis XVI et le libraire Blaizot, à Versailles, à l'occasion de pamphlets que celui-ci fournissait au roi ; p. 522, révolutions de Versailles et de Paris dédiées aux dames françaises, 1789, in-8° ; p. 594, Versailles et Paris ou Rapport des séances de l'Assemblée nationale et des Communes de Paris, 1791, in-8°.

Les Fêtes révolutionnaires à Versailles, par E.-B. de Gaucourt. Versailles, Montalant-Bougleux, 1849. 1 vol. in-8°.

Voir t. 2, p. 153, Mémoires de la Société des Sciences morales, des Lettres et des Arts de Seine-et-Oise.

Couplets patriotiques pour le 10 août 1793, chantés à Versailles. Versailles, Imprimerie des Beaux-Arts, 1793. In-8°.

Hymne des Versaillais, par Delrieu, imprimeur à Falaise, 1793. In-8°.

Lazare Hoche, général en chef des armées de la Moselle, d'Italie, des côtes de Cherbourg, de Brest et de l'Océan, de Sambre-et-Meuse et du Rhin, sous la Convention et le Directoire, 1793-1797, par Émile de Bonnechose. Paris, L. Hachette, 1867. 1 vol. in-12.

Procès-verbaux des ventes faites au garde-meuble du château de Versailles, du 22 ventôse an IV au 5 ventôse an V. In-f°. Man.

Le citoyen Brunyer, médecin à Versailles, est appelé au Temple pour soigner la fille de Marie-Antoinette, le 13 janvier 1793. In-8°.

Voir t. 14, p. 248, Revue rétrospective.

Décret de la Convention nationale, portant que le ci-devant château de Versailles sera consacré à un établissement public national, juillet 1793. Paris, Imprimerie nationale, 1793. 1 vol. in-4°.

Recueil d'hymnes et cantiques pour les fêtes religieuses et morales célébrées par les théophilanthropes. Versailles, Jacob, an V, 1797. 1 vol. in-18°.

RÉPUBLIQUE. — 2° DIRECTOIRE.

Exercice général et distribution solennelle des prix de l'École centrale de Seine-et-Oise. Versailles, Jacob. In-4°.

An VI et an VII de la République française, une et indivisible, programme des exercices qui doivent avoir lieu dans le mois de thermidor.

An VIII de la République, à l'École centrale de Seine-et-Oise, exercices publics et distribution des prix pour la clôture de l'année scolaire.

An XII et premier de l'Empire français, Ecole centrale de Seine-et-Oise; cantate pour la distribution des prix de l'Ecole centrale du département de Seine-et-Oise, du 7 fructidor an XII, paroles de Guzard, musique de Desprez.

Quelques détails sur les deux manufactures d'armes et d'horlogerie qui existaient à Versailles en l'an VIII de la République. — Dans : Dictionnaire universel de la Géographie commerçante, par J. Pluchet. Paris, Blanchon, an VIII. 5 vol. in-4°.

Description de Versailles, où l'on parle des manufactures d'armes et d'horlogerie. — Dans : Nouveau Dictionnaire universel de la Géographie moderne, par F.-D. Aynès. Paris, L. Saint-Michel, 1813. 2 tomes en 1 vol. in-8°, p. 1054.

Procès-verbal de présentation du guidon de la gendarmerie du département de Seine-et-Oise, le 20 floréal an VIII de la République. Versailles, Ph.-D. Pierres. In-8°.

La Bibliothèque nationale de Versailles, poème, par le citoyen Lemoine. Versailles, Blaizot, an VIII. 1 vol. in-8°.

Discours sur la nécessité de cultiver les arts d'imitation, prononcé dans la séance publique tenue au salon d'Hercule du palais national de Versailles et présidée par le citoyen Germain Garnier, membre associé de l'Institut national, préfet du département de Seine-et-Oise, à l'occasion de la distribution des prix d'encouragement accordés aux étudiants de l'Ecole du modèle vivant, par E.-A. Gibelin; ensemble le procès-verbal de la séance, le prix historique des opérations de la direction et l'organisation de cet établissement. Versailles. Ph.-D. Pierres, an VIII de la République. In-4°.

Description de Versailles et de ses environs. —

Dans : Nouvelle Géographie universelle, description historique, industrielle et commerciale des quatre parties du monde, par William Guthrie. Paris, Langlois, 1800. 6 vol. in-8°.

Voir tome 3, p. 35.

Aperçu géologique et agricole du département de Seine-et-Oise, par Duchesne, an XI. Versailles, Jacob. In-8°.

Discours prononcé à la rentrée des classes de l'Ecole centrale, le 1ᵉʳ brumaire an XII, par le citoyen Caron. Versailles, Dufaure. In-8°.

Détails sur Versailles. — Dans : Description topographique et statistique de la France ; département de Seine-et-Oise. 1 vol. in-4°.

Anecdotes gastronomiques sur Versailles. — Dans : Physiologie du goût ou Méditations de gastronomie transcendante, par Brillat-Savarin. Paris, Charpentier, 1842. 1 vol. in-12, p. 91, 108, 129.

Voir p. 80, le greffier Laperte et les huîtres ; p. 97, M. Delacroix et le sucre ; p. 119, Suisse mort de soif à Versailles.

Versailles sous la Révolution. — Dans : le Spectateur français pendant le gouvernement républicain, par Delacroix. Versailles, J.-A. Lebel, 1815. 1 vol. in-8°.

Voir p. 372, 383.

Education. Prospectus de la maison d'éducation du citoyen Moutonnet, rue de la Paix, n° 1, à Versailles. Versailles, Leblanc. In-8°.

Notice des tableaux, statues, vases, bustes, etc., composant le musée spécial de l'Ecole française, avec la description des tableaux formant les plafonds des appartements, de la chapelle du château de Versailles et des statues du parc. Versailles, Leblanc, an X. 1 vol. in-12.

Idées et Vues sur l'usage que le Gouvernement

actuel de la France peut faire du château de Versailles, par P.-J.-F. Luneau de Boisjermain. Paris, an VI. In-8°.

Description abrégée de Versailles. Paris, Moutardier, 1803. 12 vol. in-8°.

Tome 6, p. 327, Abrégé de l'histoire générale des voyages faits eu Europe par le continuateur de l'Abrégé de l'histoire générale des voyages faits par La Harpe.

Le Cicérone de Versailles ou l'Indicateur des curiosités et établissements de cette ville. Versailles. J.-P. Jacob, 1804. 1 vol. in-12.

Description de Versailles. Paris, Delaunay, 1804. 2 vol. in-18.

Voir t. 2, p. 266, Manuel des voyageurs aux environs de Paris, par P. Villiers.

EMPIRE. — RÈGNE DE NAPOLÉON Ier.

Projet d'une nouvelle machine hydraulique pour remplacer l'ancienne machine de Marly, suivi de l'aperçu d'un autre moyen de fournir des eaux à la ville et aux jardins de Versailles, sans employer la force motrice de la rivière, par J. Baader. Paris, A.-A. Renouard, 1806. 1 vol. in-4°.

Mémoire contenant le projet de l'établissement d'un commerce maritime à Paris et à Versailles, par Ducrest. Paris, Maradan, 1806. 1 vol. in-8°.

Visite du pape à Versailles. Paris, Devaux, 1807. 1 vol. in-18.

Voir p. 96, Voyage en France du souverain pontife Pie VII.

Mémoire sur la possibilité de substituer le bélier hydraulique à l'ancienne machine de Marly, par J. Montgolfier.—Dans : Journal de l'Ecole polytechnique, publié par le Conseil d'instruction de cet établissement. Paris, Imprimerie impériale, 1808. In-4°.

Voir t. 7, p. 289.

Essai sur la géographie minéralogique des environs de Paris, par G. Cuvier et Al. Brongniart. — Dans : Mémoire de la classe des sciences mathématiques et physiques de l'Institut impérial de France. Paris, F. Didot, 1811. In-4°.

Année 1810, 1ʳᵉ partie, on trouve dans ce Mémoire tout ce qui regarde le terrain de Versailles.

Description de Versailles, Trianon, Clagny, Montreuil. — Dans : Description historique et topographique du département de Seine-et-Oise, divisé en six arrondissements communaux, chefs-lieux de cantons, de justice de paix, communes et hameaux dont elles sont composées, et diverses anecdotes historiques extraites de divers auteurs, par A.-J. M. Paris, 1812. 4 vol. in-4°. Man.

Voir t. 1ᵉʳ, p. 7.

Mémoire pour Mᵐᵉ Montausier, Vᵉ Bourdon-Neuville, propriétaire de la salle de spectacle de Versailles. Paris, Porthmann, 1813.

Second Mémoire pour dame Marguerite Brunet de Montausier, Vᵉ d'Honoré Bourdon-Neuville, et propriétaire de la salle de spectacle de Versailles. Paris, Laurens, 1814. In-4°.

Voir tout ce qui est dit sur Versailles aux pages 213, 247, 248. — Dans : L'Art entomologique, poème didactique, en six chants avec des notes, où les insectes sont considérés relativement à leur utilité, aux traits particuliers de leur histoire et à l'art de les recueillir, de les élever et de les conserver, par Le Roux. Versailles, J.-A. Lebel, 1814. 1 vol. in-8°.

Carte topographique des environs de Versailles, dite des chasses impériales, levée et dressée, de 1764 à 1773, par les ingénieurs-géographes des camps et armées, commandées par feu Berthier, colonel, leur chef, terminée en 1807 par ordre de Napoléon Iᵉʳ, pendant le ministère du maréchal Alexandre Berthier, sous la direction du général Sanson. 1 vol. in-f°.

Un Voyage à Versailles, par Alexandre de Ferrière. Paris, 1806. In-8°.

La Ville de Versailles à S. M. l'Empereur Napoléon. — Dans : Couronne poétique de Napoléon le Grand ou Poésies composées en son honneur, recueillie par Labbée. Paris, A. Bertrand, 1807. In-8°.

RESTAURATION. — 1° RÈGNE DE LOUIS XVIII.

Exposé des événements qui ont eu lieu dans la ville de Versailles, aux époques mémorables des invasions faites par les armées des puissances alliées, en 1814 et 1815, par le chevalier de Jouvencel, ex-maire de Versailles. In-f°. Man.

Sur les événements arrivés en 1814 et 1815. — Dans : Précis de la Vie de M. de Liendé, baron de Sepmanville, avec des détails sur Henri IV, la pyramide d'Ivry et sur les événements arrivés à Versailles en 1814 et 1815, par Auguste Gady. Versailles, Jacob, 1817. 1 vol. in-8°.

Liste des habitants de Versailles qui ont contribué au don volontaire offert à S. M. Louis XVIII, à l'occasion de son avénement au trône. Versailles, J.-A. Lebel, 1814. In-4°.

Le Cicérone ou l'Indicateur du château et des jardins de Versailles et de ses principaux édifices. Versailles, J.-P. Jacob. 1 vol. in-18.

Prospectus de deux maisons d'éducation fondées par l'Association paternelle des chevaliers de l'ordre royal et militaire de Saint-Louis et du mérite militaire à Versailles. Paris, Patris, 1816. In-8°.

Dictionnaire historique, topographique et militaire de tous les environs de Paris, par P. Saint-A. Paris, C.-L.-F. Panckoucke. 1 vol. in-12.

Ouvrage très-intéressant dans lequel on trouve de curieux dé-

tails sur Versailles : p. 571, son histoire sous Louis XIV; sous la
Révolution; les premières séances des Etats généraux; les journées
des 5 et 6 octobre; le massacre des prisonniers d'Orléans; son état
sous l'Empire; son envahissement par les alliés en 1814 et le combat qui eut lieu contre les Prussiens en 1815; ses hommes illustres;
la description de ses principaux édifices; enfin la description dé-
taillée du château et du parc et ses vicissitudes depuis la Révolution; ses réparations sous l'Empire; la visite du pape, et, en 1814,
des souverains alliés, etc.; de plus, p. 551, description et histoire
du Grand et du Petit-Trianon ; p. 511, description de la machine
de Marly ; p. 409, description du château et de l'aqueduc de Marly.

Description de Versailles. — Dans : Dictionnaire
géographique des environs de Paris jusqu'à vingt lieues
à la ronde de cette capitale, par Ch. Oudiette. Paris, chez
l'auteur, 1817. 1 vol. in-8°. Page 658.

A M. Cazotte, bibliothécaire de la ville de Versailles,
par D. Baillot, 1818. In-8°.

Discussion à l'occasion de la suppression de la place de sous-
bibliothécaire qu'occupait le sieur Baillot.

Pèlerinage du duc de Berry à Versailles. — Dans :
Mémoires, lettres et pièces authentiques touchant la vie
et la mort de S. A. R. Mgr Charles-Ferdinand d'Artois,
fils de France, duc de Berry, par le vicomte de Chateau-
briand. Paris, Lenormand, 1820. In-8°. Page 143.

Description de Versailles. — Dans : Dictionnaire
géographique ou Description de toutes les parties du
monde, par Vosgien, nouvelle édition, revue, etc., par
J.-D. Goigoux. Paris, Menard et Desenne, 1821. 1 vol.
in-8°. Page 634.

Nouvelle description des ville, château et parc
de Versailles, du Grand et Petit-Trianon, etc., avec des
explications historiques, des peintures, statues, etc., suivie d'un extrait des événements arrivés à Versailles sous
Louis XVI, etc., par l'auteur du Voyage descriptif de
l'ancien et du nouveau Paris, etc. Paris, A. Prudhomme,
1824. 1 vol. in-12.

Nouvelle description des ville, château et parc
de Versailles, du Grand et du Petit-Trianon, etc., avec

des explications historiques, des peintures, statues, groupes, vases, bassins, labyrinthe, bosquets, jeu des eaux, etc., suivie d'un extrait des événements arrivés à Versailles sous Louis XVI, et d'une description de la maison de Saint-Cyr, le château de Saint-Cloud, Sèvres, etc. Paris, Prudhomme, 1824. In-12.

Vers improvisés dans le parc de Versailles, lorsque l'empereur Alexandre de Russie le visita le 11 mai 1814, par D.-P. Baillot de Malpière. — Dans : Fragments épiques et autres poésies. Paris, Amyot, 1829. In-8°, p. 259.

Vénerie de Versailles et chasses royales. Atlas. In-f°.

RESTAURATION. — 2° RÈGNE DE CHARLES X.

Table alphabétique des rues, impasses, passages, places, etc., de la ville de Versailles, avec l'indication des statues, vases et autres objets d'art qui décorent le parc pour l'intelligence du plan de cette ville, par Ch. Piquet. Paris et Versailles, Étienne, vers 1825. In-8°.

Discours prononcé à la distribution solennelle des prix du collége royal de Versailles, le jeudi 17 août 1826, par l'abbé Bouchetté. Versailles, Daumont. In-8°.

Tableau statistique du département de Seine-et-Oise ; discours prononcé pour l'ouverture du cours de géométrie et de mécanique appliquées aux arts à Versailles, le 7 novembre 1826, par le baron Charles Dupin. Paris, Fain, 1826. In-8°.

Tableau descriptif, historique et pittoresque de la ville, du château et du parc de Versailles, compris les deux Trianons, par Vaysse de Villiers. Versailles, Étienne, 1827. 2 vol. in-32.

Discours prononcé à la distribution des prix, faite le 30 août 1827, aux élèves de l'Ecole modèle d'enseignement mutuel, fondée par la Société de Versailles, par le chevalier de Jouvencel. Versailles, J.-P. Jalabert. In-8°.

Description de Versailles, dans laquelle se trouvent quelques renseignements sur l'industrie et le commerce de cette ville. — Dans : Dictionnaire de la Géographie physique et politique de la France et de ses colonies, par Girault de Saint-Fargeau. Paris, Renard, 1827. In-8°.

Rapport fait au Conseil municipal de la ville de Versailles par la commission nommée dans sa séance du 1er mai 1827, composée de MM. Usquin, Du Tremblay, Fricotté, de Belle-Isle et Lavedan, sur plusieurs établissements qu'il serait utile de créer dans l'intérêt de la ville. Versailles, Vitry, 1827. In-4°.

Instruction adressée aux instituteurs des écoles primaires pour les garçons, par le comité des trois cantons de Versailles, créé en exécution de l'ordonnance royale du 21 avril 1828, ensuite de celles du 29 février 1816 et autres. Versailles, Vitry, 1829. In-8°.

Description de Versailles, dans laquelle on trouve quelques renseignements sur l'industrie de Versailles. Paris, Delalain, 1836. 2 vol. in-8°.

Voir t. 2, p. 737, Dictionnaire universel des géographies physique, commerciale, historique et politique du monde ancien, du moyen âge et des temps modernes, comparées, par J.-G. Masselin.

RÉVOLUTION DE JUILLET 1830. — RÈGNE DE LOUIS-PHILIPPE.

Revue du roi à Versailles, 17 octobre 1830. Paris, Ve Agasse, 1833. 3 vol. in-8°.

Voir p. 431, discours, allocutions et réponses de S. M. Louis-Philippe, roi des Français, avec un sommaire des circonstances qui s'y rapportent. — Extraits du *Moniteur*.

Rapport sur les pertes éprouvées par la ville de Versailles et sur les moyens de les réparer, par la Société constitutionnelle de Versailles. Versailles, Allois, 1831. In-8°.

Lettre adressée par Mgr l'évêque de Versailles aux

curés de son diocèse (1831), à l'occasion de la fête du roi. Paris, Vᵉ Agasse, 1831. 1 vol. in-8°.

Voir p. 12, description de la cérémonie qui a eu lieu à cette occasion dans la cathédrale ; p. 26, revue à Versailles, le 30 mai 1831 ; p. 166, relation de la fête du roi, des grandes revues et des deux voyages de Sa Majesté dans l'intérieur du royaume, en mai, juin et juillet 1831.

Règlements sur les cimetières de la ville de Versailles. Versailles, Montalant-Bougleux, 1831. 1 vol in-4°.

Inauguration de la statue du général Hoche, par la ville de Versailles, le 5 août 1832. Versailles, Montalant-Bougleux. In-8°.

Biographie des hommes remarquables du département de Seine-et-Oise, depuis le commencement de la monarchie jusqu'à ce jour, par MM. E. et H. Daniel, de Versailles. Versailles, Angé, 1832. 1 vol. in-8°.

Règlement de la Société de Versailles, pour l'instruction élémentaire, dans le département de Seine-et-Oise. Versailles, Montalant-Bougleux, 1832. In-8°.

Tarif et Règlement de l'octroi de la ville de Versailles. Versailles, Montalant-Bougleux, 1832. 1 vol. in-4°.

Rapport fait au Conseil municipal de la ville de Versailles par la commission nommée, le 17 novembre 1831, pour examiner toutes les questions qui se rattachent à la propriété de la place du Marché-Notre-Dame, séances des 20 et 23 février 1832. Versailles, Montalant-Bougleux, 1832. In-4°.

Recherches statistiques sur Versailles, notes lues à la Société des Sciences naturelles et insérées dans *l'Echo de Seine-et-Oise*, par J.-B.-M. Baudry de Balzac. Versailles, 1833. In-8°.

Statistique des lettres et des sciences en France, institutions et établissements littéraires et scientifiques, hommes de lettres et savants existant en France, leurs ouvrages, leur domicile, etc., par Guyot de Fère. Paris, 1834-35. 1 vol. in-8°.

Voir p. 260, 319 (Jomard); p. 323 (Michaux); p. 360, 415 (Mme Babois); p. 417 (Mme Collin); p. 364, 372, 374, 375, 377, 379, 380, 382, 384, 392, 395, 401, 404, 405, 408, 410, ce qui a rapport aux sociétés savantes de Versailles et à quelques savants et littérateurs de cette ville.

Description abrégée de Versailles, par V.-A. Loriol. Paris, Roret, 1834. 1 vol. in-18°.

Voir p. 64, Nouveau Manuel de géographie physique, historique et topographique de la France, divisée par bassins.

Discours d'ouverture prononcé dans la grande salle de la mairie de Versailles, le 27 mars 1834 (Cours d'histoire moderne), par Marc Petit. Versailles, Montalant-Bougleux. In-8°.

Règlement des salles d'asile communales de Versailles. Versailles, Montalant-Bougleux, 1834. In-8°.

Voitures à vapeur sur les routes ordinaires, service régulier pour les transports de Paris à Versailles et retour par les voitures à vapeur de l'invention de M. Galy-Cazalat, qui a obtenu un privilége exclusif le 4 novembre 1833, et la durée de 15 ans. Paris, 1835. In-4°.

Situation de l'instruction primaire, en 1835, dans Versailles et le département de Seine-et-Oise, circulaire du préfet. Versailles, Dufaure. In-8°.

Recherches historiques et biographiques sur Versailles, biographie sommaire des personnes illustres, célèbres, remarquables, etc., nées dans cette ville, par Eckard. Versailles, Dufaure, 1836. 2e édit. 1 vol. in-8°.

Opinion prononcée par un membre du Conseil municipal de Versailles, sur le projet d'établissement d'un cimetière unique et dont le Conseil a voté l'impression, avril 1836. Versailles, Montalant-Bougleux, 1836. In-4°.

Palais de Versailles. Représentation du samedi 10 juin 1837. 1 vol. in-8°.

Versailles, Compiègne et Fontainebleau, suivis des descriptions de Saint-Cloud, Meudon, Saint-Denis et Saint-Germain. Versailles, J. Angé, 1837. 1 vol. in-12.

Souvenirs historiques des résidences royales de France, palais de Versailles, par J. Vatout. Paris, F. Didot, 1837. 1 vol. in-8°.

Biographie des hommes remarquables de Seine-et-Oise, depuis le commencement de la monarchie jusqu'à ce jour, précédée d'un aperçu historique et suivie d'écrits relatifs à ce département, par Hippolyte Daniel de Saint-Anthoine. Paris, Angé, 1837. 1 vol. in-8°.

Mémoire sur les eaux de Versailles, présenté au roi et communiqué au Conseil municipal, par M. Usquin, mai 1836. Versailles, Montalant-Bougleux.

Nouveau Mémoire sur les eaux de Versailles, par M. Usquin. Versailles, Montalant-Bougleux, 1837. In-4°.

Itinéraire ou Guide du voyageur dans la ville, le château, le parc de Versailles et les deux Trianons. Versailles, Marlin, 1837. 1 vol. in-12.

Mémoire ampliatif sur les eaux de Versailles, Conseil municipal, séance du 26 novembre 1838. Versailles, Montalant-Bougleux. In-4°.

Palais de Versailles; la cour des statues; notices biographiques, par Montalant-Bougleux, 1838. 1 vol. in-8°.

Almanach spécial de Versailles, précédé de la description de la ville et de ses monuments, du château et du musée, des parcs et des deux Trianons, rédigé par Th. Durieux. Versailles, Locard-Davi, 1838. 1 vol. in-12.

Versailles, Notice. Paris, Pourrat, 1838. 1 vol. in-8°.

Voir p. 1, Paris, illustrations, albums de gravures par les premiers artistes de France, avec des textes, pièces de vers, nouvelles, etc.

Galeries historiques de Versailles, par Ch. Gavard. Paris, Gavard, imprimerie d'Eug. Duverger, 1838. 13 vol. et Supplément. Grand in-f°.

Galeries historiques de Versailles, histoire de France servant de texte explicatif aux tableaux des galeries de Versailles. Paris, Ch. Gavard, 1838. 2 vol. petits in-f°.

Galeries historiques du palais de Versailles. Paris, Imprimerie royale, 1839. In-8°.

Ouvrage attribué à Louis-Philippe.

Voir tout ce qui est dit de Versailles, de ses environs, de sa population, etc., aux p. 42, 117, 125, 126, 141. — Dans : Abrégé de géographie rédigé sur un nouveau plan, d'après les derniers traités de paix et les découvertes les plus récentes, par Ad. Balbi. Paris, J. Renouard, 1838. 1 vol. in-8°.

Chemin de fer de Paris à Versailles, par Neuilly, Saint-Cloud et Ville-d'Avray. Versailles, Montalant-Bougleux. In-4°.

Rapport fait au Conseil municipal sur le nouveeu tracé du chemin de fer (rive droite) pour son entrée à Versailles, présenté à l'enquête *de commodo*, par une Commission municipale composée de MM. Douchain, de Fresquienne, Demay, Marciliac, et Deschiens, rapporteur, séance du 17 mai 1838. Versailles, Montalant-Bougleux, 1838. In-4°.

Délibération du Conseil municipal de Versailles à l'occasion du nouveau tracé du chemin de fer (rive droite), pour son parcours dans Versailles. Versailles, Montalant-Bougleux. In-4°.

Cours d'eau de Seine dans Versailles. Rapport et proposition de M. Remilly, maire de Versailles, au Conseil municipal, séance du 27 octobre 1838. Versailles, Montalant-Bougleux. In-4°.

Projet d'exécution d'un entrepôt général à Versailles, pour les grains et les boissons. Versailles, Montalant-Bougleux. In-4°.

A Monsieur le Maire et à Messieurs les Membres du Conseil municipal de la ville de Versailles ; lettre pour l'établissement d'un jardin des plantes à Versailles, par Fr. Philippar. Versailles, Montalant-Bougleux, 1838. In-8°.

Versailles ancien et moderne, par le comte Alex. de Laborde. Paris, Everat, 1839. 1 vol. in-8°.

Les Fastes de Versailles, depuis son origine jusqu'à nos jours, par H. Fortoul. Paris, H. Delloye, 1839. 1 vol. in-8°.

Séance d'installation de la Société des Sciences naturelles et de la Société des Sciences morales, Lettres et Arts de Seine-et-Oise, le samedi 23 mars 1839, dans l'hôtel de la Bibliothèque de la ville de Versailles. Versailles, M. Fossone, 1839. In-8°.

Opinion de M. Remilly, député et maire de Versailles, sur le projet de loi relatif à un prêt de cinq millions pour l'achèvement du chemin de fer (rive gauche), 8 juillet 1839. Versailles, Montalant-Bougleux, 1839. In-8°.

Allocution de M. de Jouvencel à MM. les électeurs des trois cantons de Versailles, au moment de sa réélection pour la cinquième fois à la députation, par 223 suffrages sur 267 votants. Versailles, Montalant-Bougleux. In-8°.

De l'extinction de la mendicité dans les villes, et notamment à Versailles. Versailles, J. Angé, 1840, par Sainte-James de Gaucourt. In-8°.

Voir ce qui a rapport à Versailles. — Dans : Géographie universelle ou Description de toutes les parties du monde, sur un plan nouveau, d'après les grandes divisions naturelles du globe, précédée de l'histoire de la

;éographie chez les peuples anciens et modernes, et
l'une théorie générale de la géographie mathématique,
physique et politique, par Malte-Brun, 5e édition, revue, etc., par J.-J.-N. Huot. Paris, Furne, 1841.
6 vol. in-4°.

Voir t. 2, p. 293, 360, 374.

Almanach du commerce de la boucherie de Versailles. Dufaure, 1841. 1 vol. in-12.

Description d'une nouvelle coupe géométrique,
pour l'habillement de l'homme, par D. Desaulnée, tailleur
à Versailles, rue de la Paroisse, 11. Versailles, Montalant-Bougleux, 1841. 1 vol. in-8°.

Galeries historiques du palais de Versailles. Paris,
Fain, 1842. 1 vol. in-8°.

Bas-relief en bois doré servant d'enseigne à un marchand de curiosités (place d'Armes).

Voir dans : *Le Culte de la sainte Vierge dans toute la catholicité* ;
études religieuses, historiques et artistiques, par Egron. Paris,
Gaume, 1842. 1 vol. in-8°, p. 672.

Funérailles de M. William Edwards, Versailles, le
26 juillet 1842 ; discours de M. Berriat-Saint-Prix, membre de l'Institut. Paris, P. Renouard, in-8°.

Observations générales sur la scène lyrique ; proposition d'établir à Versailles une succursale du Conser-
vatoire, instituée comme théâtre d'essai et d'école royale
d'application, par C. Robillon, directeur du théâtre depuis
1806, août 1848. Paris, Vinchon. 1 vol. in-4°.

Revue de Versailles et de Seine-et-Oise, 1re et 2e années. Versailles, Montalant-Bougleux, 1842. 2 vol. in-8°.

Voir tome 1er, p. 44, 144, 197, 472, Travaux des sociétés ; p. 45,
banquets de Versailles et de Ville-d'Avray ; p. 48, 94, le Parisien à
Versailles ; p. 82, une promenade dans le musée de Versailles, par
Montalant ; p. 84, distribution des prix au Collége; p. 215, 287, 329,
394, 490, 549, notice historique sur les jardins de Versailles, par
Philippar ; p. 274, notice sur l'ancienne machine de Marly, par
M. Carron ; p. 471, galeries historiques de Versailles, par Bouchitté.

Tome 2, p. 84, nomination du député de Versailles; p. 89, le Petit-Trianon, par M. Chenel; p. 194, notice historique sur les armoiries de la ville de Versailles, par M. de Gaucourt; p. 251, fondation à Versailles d'une école théorique et pratique de l'art théâtral.

Un mot sur la situation actuelle du chemin de fer de Paris à Versailles, rive gauche, par P.-V. Glade. Paris, F. Didot, 25 juin 1842. In-8°.

Procès soutenu par Dufaure, imprimeur à Versailles, contre : 1° Augé, libraire ; 2° M. le procureur du roi, sur la plainte portée par Mgr Blanquart de Bailleul, évêque de Versailles, à l'occasion des eucologe, paroissien et livres d'usages publiés par M. Dufaure. Versailles, Dufaure, 1842. In-8°.

Les fastes de Versailles, poème en quatre chants, par Diogène (Léon de Chanlaire). Paris, Bossange, 1843. 1 vol. in-8°.

Inauguration de la statue de l'abbé de l'Epée, dans Versailles, sa ville natale, le dimanche 3 septembre 1843. Versailles, Montalant-Bougleux. In-8°.

L'abbé de l'Epée et l'abbé Sicard, hommage poétique, par Ch. Véron. Paris, Ducessois, 1843. in-8°.

Manufacture de Versailles des velours sculptés et cuirs vénitiens pour tentures et ameublements, introduction de l'art dans les étoffes, par M. Despreaux. Versailles, Klefer, 1843. In-8°.

Discours prononcés sur la tombe de M. Deschiens, par MM. Fremy et Thery. Versailles, Montalant-Bougleux, 1843. In-8°.

Annales de Versailles ; revue du barreau de la littérature et des beaux-arts, par Ch. Durand. Versailles, 1843. 1 vol. in-8°.

Mémoire pour les libraires, éditeurs de livres d'église et d'usages à l'occasion du procès soulevé devant le tribunal de Versailles, entre l'évêque de cette ville et l'imprimeur Dufaure, par A. Landrin. Paris, Fain et Thunot, 1843. In-4°.

Versailles sous le rapport géologique. — Dans : Essai d'une description géologique du département de Seine-et-Oise, par de Sénarmont. Paris, Béthune et Plon, 1844. 1 vol. in-8°.

Voir p. 115, 187, 193, 195, 196, 197.

Association pour l'extinction de la mendicité dans la ville de Versailles. Versailles, Dufaure, 1844. In-8°.

Prison cellulaire ; allocution faite aux prisonniers en présence des autorités réunies, pour l'inauguration de la nouvelle prison cellulaire, par l'abbé Pétigny. Versailles, Klefer, 1845. In-8°.

Règlement de l'association médicale de l'arrondissement de Versailles. Versailles, Dufaure, 1846. In-8°.

Discours prononcé le 3 novembre 1846, à l'audience de rentrée du tribunal civil de Versailles, par M. Rabou, procureur du roi, Versailles, Dufaure, 1846. In-8°.

Annuaire des sociétés savantes de la France et de l'étranger, publié sous les auspices du ministère de l'instruction publique. Paris, V. Masson, 1846. 1 vol. in-8°.

Voir page 915, ce qui a rapport à Versailles.

Statuts du diocèse de Versailles donnés par Mgr Jean-Nicaise Gros, évêque de Versailles. Versailles, J. Angé, 1846, 1 vol. In-8°.

Installation de la nouvelle administration municipale de Versailles, le mardi 7 juillet 1846 ; discours prononcés par M. Aubernon et par M. Remilly. Versailles, Montalant-Bougleux, 1846. In-8°.

Course aux Trianons, par F.-G. de Tournebelle (F.-Grille). Paris, Techener, 1846. 1 vol. in-8°.

Géographie départementale, classique et administrative de la France, publiée sous la direction de Badin et de Quantin, département de Seine-et-Oise. Paris, J.-J. Dubochet, 1847. In-12.

Versailles sous le rapport des arts.

Voir dans : Annuaire des lettres, des arts et des théâtres. Paris, Lacrampe, 1846-1847. 1 vol. in-8°, p. 164, 176, 343, 345.

Troisième Mémoire sur les eaux de Versailles, par Usquin. Versailles, Montalant-Bougleux, 1848, 1 vol. in-4°.

Discours prononcé à la distribution des prix des écoles gratuites de Versailles, par M. Barthe. Versailles, Montalant-Bougleux. In-8°.

L'Été à Paris, par Jules Janin. Paris, Curmer, p. 175. In-8°.

Voir chap. XI. Versailles.

Revue des Œuvres scientifiques et agricoles imprimées de M. l'abbé Caron, par C. Levasseur. Versailles, Dufaure. In-8°.

Hommage offert à M. l'abbé Rivet, curé de l'église paroissiale de Notre-Dame de Versailles, à l'occasion de son élévation au siége épiscopal de la métropole de Dijon, par un habitant de Versailles (Perrin). Versailles, Klefer. 1 vol. in-12.

Le Parc de Versailles, ses vues pittoresques, par Eug. Le Poitevin. Paris. 1 vol. in-f°.

Voyage pittoresque de Paris à Versailles. Paris, E. Bourdin. In-12.

Le roi Louis-Philippe et sa Liste civile, par le comte de Montalivet. Paris, Michel-Lévy, 1850. 1 vol. in-12.

Coup d'œil sur Versailles en 1847. Dialogue entre un Versaillais et un Parisien, par Aug. Michaut.

Voir t. 2, p. 243, des Mémoires de la Société des sciences morales, des lettres et des arts de Seine-et-Oise. Versailles, Montalant-Bougleux. 1849. In-8°.

Versailles et son Musée, à-propos en vers, par Antony Beraud. Paris, A.-E. Bourdin, 1836. 1 vol. in-8.

Notice sur M. de Jouvencel, par Godart de Saponay. Paris, Schneider, 1841. In-8°.

La vision ou l'ombre de Louis XIV, inaugurant le musée de Versailles. Pièce de vers, par Wains des Fontaines.

Voir Mémoires de la Société royale de Douai. Douai, V. Adam, 1841. In-8°.

Album des élèves de l'Ecole royale spéciale militaire, par L. Richoux, lithographié par Courtin, Jacottet et L'Héner, les figures par V. Adam. 3ᵉ édition. Paris, Engelman, 1833. In-f°.

Nécrologie du Dʳ Maurin. Versailles, Dufaure. 1842. In-8°.

Essai sur le département de Seine-et-Oise, par A. Egron. Paris, Pihan de La Forest. 1832.

Voir p. 3, description de Versailles et son état à cette époque.

RÉPUBLIQUE.

Arrêté du ministre de l'intérieur en date du 24 mars 1848, qui classe la salle du Jeu-de-Paume de Versailles, parmi les monuments historiques. Paris, J.-B. Dumoulin, 1847-1848. In-8°.

Voir p. 360, 4ᵉ vol., 2ᵉ série, de la Bibliothèque de l'Ecole des Chartes.

Carrousel militaire exécuté à Versailles, le 19 août 1849, devant M. le lieutenant général Prevost, inspecteur général, par le 2ᵉ régiment de cuirassiers, par d'Elbée, capitaine instructeur au 2ᵉ régiment de cuirassiers, ou programme d'un carrousel militaire servant de complément à l'instruction des recrues. Versailles, Brunox-Mer-laud, août 1849. 1 vol. in-8°.

Concours agricole de Versailles. — Dans : Concours régionaux d'animaux reproducteurs, d'instruments, machines, ustensiles ou appareils à l'usage de l'industrie agricole et des divers produits de l'agriculture ou des différentes industries agricoles, tenus à Saint-Lô, à Aurillac et à Toulouse, et concours national de Versailles. Paris, Imprimerie nationale, 1851. 1 vol. in-8°.

Exposition versaillaise, 1849, salle du Jeu-de-Paume. Album in-f°.

EMPIRE. — RÈGNE DE NAPOLÉON III.

Expériences faites à Versailles par MM. Coste et Valenciennes, pour acclimater en France plusieurs poissons des eaux douces de l'Allemagne. Paris, Bachelier. In-4°.

Voir t. 32, p. 821, des Comptes-Rendus hebdomadaires des séances de l'Académie des sciences.

Le parc et les grandes eaux de Versailles, ouvrage illustré. Paris, Hachette, 1853. 1 vol. in-18°.

Parc de Versailles. Description de ses jardins et de ceux des Trianons, suivie de la relation des fêtes extraordinaires qui s'y sont données pendant sept jours consécutifs, et auxquelles assistaient trois reines et plus de trois cents autres dames de la cour. Versailles, Klefer. 1 vol. in-16.

Versailles et ses grandeurs, par Mme Plocq de Bertier (Extrait d'un poème sur les villes de France), 1855. Man. in-f°.

Douze vues des châteaux et parcs de Versailles et Trianon, par Jaime. Versailles, Klefer, 1857. In-12.

Fête à l'Hôtel-de-Ville de Versailles, le 7 janvier 1856, à l'occasion du retour des braves soldats de l'armée d'Orient. 1 vol. in-f°. Man.

Etude sur les eaux de Marly et de Versailles, par Vallès. Paris, Dunod, 1864, avec plans des systèmes d'eaux.

La Question théâtrale à Versailles, par Léon Rameau. Versailles, Cerf, 1866. In-8°.

Vidange et engrais. Notice sur les expériences faites à Versailles, le 14 octobre 1861, par Louis Gaucher, Paris, lithographie de Gavany. In-4°.

Notice sur la vie, la mort et les funérailles de Mgr Jean-Nicaise Gros, évêque de Versailles, par un prêtre du Diocèse. Versailles, Dagneau, 3ᵉ édition, 1857. In-8°.

CHUTE DE L'EMPIRE. — RÉPUBLIQUE.

Le Nouvelliste de Versailles, nᵒˢ 1 à 13, 1870. 1 vol. in-4°.

Le Moniteur officiel du département de Seine-et-Oise, 1870-71. 1 vol. in-f°.

M. Thiers à Versailles. L'Armistice, par Georges d'Heylli. Paris, 1871. 1 vol. in-12.

Versailles, quartier général prussien, par Dieuleveut. Paris, Lachaud, 1872. 1 vol. in-12..

Tableau de la guerre des Allemands dans le département de Seine-et-Oise, par G. Desjardins, 1872. 1 vol. in-8°.

Versailles pendant l'occupation, par E. Delerot. Versailles, 1872. 1 vol. grand in-4°.

1870-1871, par Eugène Bazin. Paris, Sauton, 1872. 1 vol. in-8°.

Huit Jours dans Seine-et-Oise, 1872. 1 vol. in-12.

Versailles. L'Assemblée nationale. Histoire de la salle, par L. d'Aubenton. Paris, 1871. In-8°.

Rapports sur les opérations de la Société interna-
tionale de secours aux blessés. Comité de Versailles.
Versailles, 1874. 1 vol. gr. in-8°.

Epreuves et Luttes d'un volontaire neutre, par
John Furley, traduit de l'anglais par Mme E. de Villers.
Paris, 1874. In-8°

TABLE DES MATIÈRES

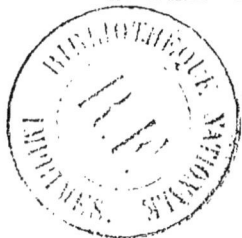

Histoire générale de Versailles.

Histoire particulière de Versailles.

Versailles. — Imprimerie de E. Aubert,

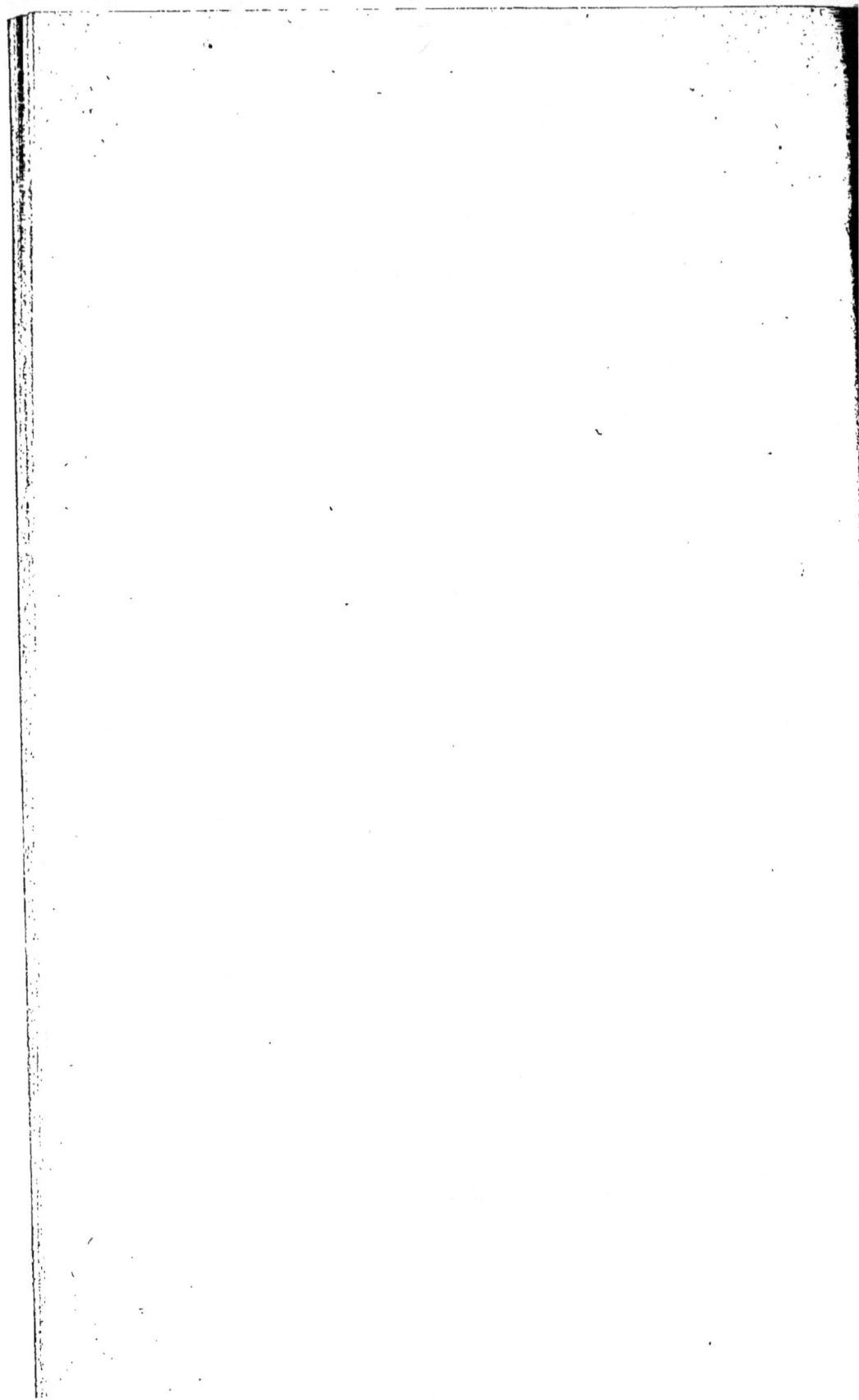